Lições de jurisprudência

ADAM SMITH

Lições de jurisprudência
1766

Tradução
Eveline Hauck
Pedro Paulo Pimenta

Apresentação
Eveline Hauck

editora unesp

Título original: *Lectures on Jurisprudence*

Direitos de publicação reservados à:

Fundação Editora da Unesp (FEU)
Praça da Sé, 108
01001-900 – São Paulo – SP
Tel.: (0xx11) 3242-7171
www.editoraunesp.com.br
www.livrariaunesp.com.br
atendimento.editora@unesp.br

Dados Internacionais de Catalogação na Publicação (CIP) de acordo com ISBD
Elaborado por Vagner Rodolfo da Silva – CRB-8/9410

S642l

Smith, Adam
Lições de jurisprudência: 1766 / Adam Smith; traduzido por Pedro Paulo Pimenta, Eveline Hauck; apresentação de Eveline Hauck. – São Paulo: Editora Unesp, 2025.

Tradução de: *Lectures on Jurisprudence*
Inclui bibliografia.
ISBN: 978-65-5711-288-5

1. Filosofia. 2. Direito. 3. Economia. 4. Estado. 5. Nação. 6. Leis. 7. Justiça. 8. Igualdade. 9. Liberdade. 10. Liberalismo. 11. Propriedade. 12. Soberania. 13. Governo civil. 14. Sociedade. I. Pimenta, Pedro Paulo. II. Hauck, Eveline. III. Título.

2025-3484 CDD 100
CDU 1

Editora afiliada:

Asociación de Editoriales Universitarias de América Latina y el Caribe

Associação Brasileira de Editoras Universitárias

Sumário

Adam Smith, filósofo do direito

Adam Smith foi professor na Universidade de Glasgow entre 1751 e 1764, inicialmente na cadeira de Lógica e, mais tarde, de Filosofia Moral. De seu ensino, preservaram-se alguns manuscritos, entre os quais se destacam as *Lectures on Rhetoric and Belles Lettres* [*Lições de retórica e belas-letras*] e as *Lições de jurisprudência*. O texto que o leitor encontra nesta tradução refere-se especificamente a um relatório datado de 1766, que provavelmente corresponde às aulas ministradas por Smith em 1763 e 1764. Esse manuscrito tem uma trajetória histórica notável: foi publicado pela primeira vez em 1896 por Edwin Cannan, sob o título *Lectures on Justice, Police, Revenue and Arms*. Posteriormente, em 1958, o professor John M. Lothian descobriu outro manuscrito, provavelmente relacionado às lições ministradas anteriormente, em 1762 e 1763. Ambas as versões – conhecidas como LJ(B) e LJ(A), respectivamente – encontram-se disponíveis em *The Glasgow Edition of the Works and Correspondence of Adam Smith*.

Os dois manuscritos apresentam diferenças consideráveis, tanto em sua origem quanto em seu conteúdo. O manuscrito A aparenta ser fruto de anotações feitas por um aluno durante o curso, enquanto o manuscrito B provavelmente resulta de uma transcrição realizada por um copista profissional. No que diz respeito ao conteúdo, o manuscrito A oferece uma abordagem mais detalhada sobre os temas da jurisprudência, articulando de forma mais rica as relações entre teoria e história da lei e do governo. Por sua vez, o manuscrito B se mostra mais esquemático e direto, distinguindo-se especialmente pela maior extensão: LJ(A) abrange apenas cerca de dois terços da seção intitulada "Polícia" presente em LJ(B). As diferenças também se manifestam na organização dos temas: LJ(A) inicia com a discussão sobre propriedade e direitos em geral, para depois tratar do direito doméstico e do governo; já LJ(B), em contrapartida, começa diretamente pela análise das formas de governo.[1]

A escolha por se traduzir o manuscrito B, apesar de sua origem menos direta e caráter mais esquemático,[2] fundamenta-se sobretudo em sua completude. Para justificar essa opção, é necessário revisitar um percurso que conecta a biografia de Smith ao conteúdo tratado nas *Lições de jurisprudência* como expressão do desenvolvimento de seu pensamento.

Adam Smith nasceu em Kirkcaldy, uma pequena cidade na costa leste da Escócia, em junho de 1723. Estudou na Burgh School, onde teve contato com latim, matemática, história e redação. Aos 14 anos, em 1737, ingressou na Universidade de

1 Para uma comparação mais detalhada dos manuscritos, veja a Introdução à edição das *Lectures on Jurisprudence* de *The Glasgow Edition of the Works and Correspondence of Adam Smith.*

2 Acrescentaram-se ainda nesta edição alguns excertos de LJ(A) como anexos com o intuito de minimizar as perdas dessa escolha.

Glasgow, onde foi aluno de Francis Hutcheson, uma das maiores influências intelectuais de sua juventude. Em 1740, recebeu a bolsa Snell Exhibition para estudar no Balliol College, em Oxford, onde permaneceu até 1746. Contudo, Smith criticou a qualidade do ensino em Oxford, considerando-o inferior ao oferecido em Glasgow.

Logo após sua saída de Oxford, em 1748, foi incentivado por Henry Home (que mais tarde se tornaria Lord Kames) a ministrar palestras públicas em Edimburgo sobre variados temas filosóficos, incluindo retórica e jurisprudência. Embora haja poucas informações sobre esses cursos e nenhum manuscrito sobre seu conteúdo, é possível que as ideias apresentadas fossem próximas, ainda que em estágio inicial, das lições que Smith viria a ministrar posteriormente na Universidade de Glasgow.[3] Apesar de Edimburgo não ter à época a efervescência que modificava rapidamente a provinciana Glasgow, foi lá que Smith se fez conhecido e estabeleceu vínculos com figuras centrais do Iluminismo escocês, como David Hume, com quem cultivou uma profunda amizade e colaboração intelectual.

Desde esse período, Smith já demonstrava preocupação com a sociedade moderna, o que em grande medida orientaria todo o desenvolvimento de seu pensamento. Aluno de Hutcheson, foi profundamente influenciado pelas ideias deste acerca da sociabilidade natural e da relação intrínseca entre a natureza humana, ou ciência do homem, e a sociedade. Hutcheson foi

---

3 Essa é a conclusão de Nicholas Phillipson, cuja biografia de Smith explora com minúcia documentos da época para embasar sua ideia. Veja Phillipson, N. *Adam Smith: An Enlightened Life*. London: Penguin Books, 2010.

responsável por restabelecer o ensino de filosofia moral na Universidade de Glasgow, ministrando suas aulas em inglês (rompendo com o hábito do latim até então predominante) e promovendo uma estrutura ideológica que vinculava a educação universitária ao Estado moderno e livre. Não por acaso, a universidade tornou-se um centro de grande importância para o Iluminismo escocês. Embora Hutcheson tenha aberto o caminho, coube a Smith oferecer, com rigor e coerência, uma visão sistemática da sociedade comercial moderna.

No esforço de desenvolver uma filosofia à altura da modernidade, Smith parte de um princípio formulado por David Hume, segundo o qual é "evidente que todas as ciências têm uma relação, maior ou menor, com a natureza humana".[4] Nesse sentido, qualquer "ciência" da sociedade – como a economia política viria a ser a ciência da sociedade comercial para Smith – deve fundamentar-se, antes de tudo, em uma ciência do homem. É por isso que a filosofia moral ocupa, em sua obra, uma posição chave: ela ilumina tanto o lugar da *Teoria dos sentimentos morais* no sistema de pensamento de Smith quanto sua articulação com *A riqueza das nações*.[5]

Ora, teoria moral e economia política entrelaçam-se de maneira singular, mas não sem o intermédio da justiça, que Smith considera "o fundamento de todo governo civil" (p.25). Os cursos que ministrou na Universidade de Glasgow revelam a sofisticação com que concebia a arquitetura da filosofia moral; seu

4 Hume, D. *A Treatise of Human Nature*. Oxford: Oxford University Press, 2007, p.4

5 Relação essa que foi tratada como problemática por alguns autores, ficando conhecida como *Das Adam Smith Problem*.

projeto filosófico abrangia não apenas uma teoria moral e uma economia política, pelas quais é hoje conhecido,[6] mas também uma história da literatura, da filosofia e da eloquência – hoje reunida sob o título de *Ensaios filosóficos* –[7] e, ainda, uma teoria e história da lei e do governo. Esta última, embora não tenha sido publicada pelo autor, pode ser em parte conhecida graças às *Lições de jurisprudência*.[8]

Em 1764, Smith deixou seu posto na Universidade de Glasgow para assumir a tutoria de Henry Scott, jovem duque de Buccleuch. A posição lhe assegurava não apenas um salário generoso, mas também a oportunidade de viajar pela Europa. Durante esse período, visitou a França e a Suíça, onde teve contato direto com importantes figuras do Iluminismo francês, como Voltaire, Turgot e François Quesnay, líder da escola fisiocrática.

Em 1766, após retornar à Escócia, Smith retirou-se para Kirkcaldy, onde permaneceu por cerca de uma década dedicado à redação de *Uma investigação sobre a natureza e as causas da riqueza das nações*, publicada em 1776. Grande parte das ideias desen-

---

6 Os únicos textos publicados por Smith foram a *Teoria dos sentimentos morais* e *A riqueza das nações*. De 1759, a *Teoria dos sentimentos morais* foi muito bem recebida, consolidando a reputação de Smith como filósofo moral e tendo sido revisada várias vezes pelo autor ao longo de sua vida, chegando à 6ª edição. No Brasil, há diversas traduções de ambas as obras.

7 Smith, A. *Ensaios filosóficos*. Tradução de Alexandre Amaral Rodrigues, Pedro Fernandes Galé e Pedro Paulo Pimenta, São Paulo: Editora Unesp, 2019.

8 Mais propriamente a questões relacionadas ao governo e à justiça, pois as seções Receita, Polícia e Armas tiveram parte de seu conteúdo incluído em *A riqueza das nações*.

volvidas nessa obra já vinha sendo elaborada ao longo dos anos e aparece, de forma embrionária e esquemática, nas lições ministradas em Glasgow.[9]

Se considerarmos o percurso intelectual de Smith, desde os cursos ministrados em Edimburgo até a publicação de *A riqueza das nações*, as *Lições de jurisprudência* ocupam uma posição mediadora importante não apenas por apresentarem, de forma inédita, os contornos de sua concepção sobre justiça e governo, mas também por oferecerem elementos para se analisar o desenvolvimento de suas ideias econômicas e avaliar a influência que a fisiocracia exerceu sobre sua obra. Afinal, o intervalo entre os temas discutidos nas aulas de Glasgow e seu posterior desenvolvimento em *A riqueza das nações* é precisamente aquele marcado pela viagem de Smith à França e seu contato direto com os fisiocratas.

Nesse sentido, o manuscrito B se mostra particularmente valioso, um material mais extenso e articulado, o que permite examinar com mais precisão as elaborações já presentes no pensamento de Smith antes de sua aproximação com a escola fisiocrática. Ao tomarmos esse manuscrito como referência de sua análise da economia do período, identificamos elementos centrais que permanecem entre as décadas de 1760 e 1770, como a crítica ao mercantilismo e a ênfase na divisão do trabalho como motor do crescimento da riqueza. Por outro lado, também se notam transformações significativas que ganham relevância no sistema posterior, como, por exemplo, a diferenciação entre as ordens (ou classes) de homens e sua interdependência no

---

9 Prova disso é o conteúdo do manuscrito da mesma época conhecido como *Primeiro esboço de 'A riqueza das nações'*. Em português, publicado na coletânea *Ensaios filosóficos*.

funcionamento da economia, bem como a teorização sobre o emprego do capital,[10] suas subdivisões e centralidade.

Sem a intenção de propor um esquema de leitura, abaixo apresentamos um panorama geral do conteúdo das *Lições de jurisprudência* como um convite a leitores e pesquisadores a conhecerem outros aspectos do pensamento smithiano e até mesmo a se aprofundarem no percurso intelectual do autor no ano que antecede a comemoração dos 250 anos de publicação de *A riqueza das nações*.

As *Lições de jurisprudência*

No século XVIII, a jurisprudência era uma subárea da filosofia moral. De origem latina (*juris prudentia*), a disciplina era tratada por Hutcheson sob a forma da lei natural ou lei de natureza. Em um compêndio dos cursos ministrados na Universidade de Glasgow, o *Philosophiae Moralis Institutio Compendiaria*, publicado em 1742, cujo objetivo era servir de manual para os estudantes universitários, ele afirma que:

> O ramo que se chamava filosofia moral continha as seguintes partes: a ética, entendida mais estritamente, que ensina a nature-

10 "Estoque" é utilizado amplamente por Smith em uma variedade de contextos, enquanto "capital" aparece em algumas poucas circunstâncias, apenas no sentido de principal (como em "crime capital" e "montante principal"). Nas *Lições de jurisprudência*, Smith ainda não distingue *stock* de *capital*, como faria mais tarde em *A riqueza das nações*. Vale recordar essa diferença, sobretudo considerando que o termo *capital* não apenas aparece extensivamente nesta última obra, mas se torna central.

> za da virtude e regula as disposições internas; e o conhecimento da lei de natureza. Esta última compreendia: (1) a doutrina dos direitos privados, ou as leis e direitos que vigem na liberdade natural; (2) a economia, ou as leis e direitos dos diversos membros de uma família; e (3) a política, que apresenta os diferentes modelos de governo civil e os direitos dos Estados em relação uns aos outros.[11]

A jurisprudência corresponderia, portanto, ao segundo tópico de filosofia moral, e teria por categorias uma doutrina do direito privado, uma economia e uma política. Para Hutcheson, economia dizia respeito apenas a questões privadas e familiares, e qualquer consideração acerca da economia pública estava no domínio da política. Smith segue apenas parcialmente o programa estabelecido por Hutcheson, diferenciando, dessa forma, política de polícia, e restabelecendo a disciplina de filosofia moral.

A primeira parte das *Lições de jurisprudência* trata da **Justiça** conforme os autores que ele próprio cita no início, os únicos dignos de menção: Grotius, Hobbes, Pufendorf e Cocceji. A primeira coisa a ser notada é o conceito restrito de justiça, limitado à propriedade, e a segunda é a ligação entre a justiça (no que concerne à relação entre lei e governo) e os direitos perfeitos.

A justiça, portanto, tomada nesse sentido restrito, diz respeito à proteção da pessoa, da propriedade e dos contratos. Esses são os três grandes objetos da justiça comutativa, que,

11 Hutcheson, F. *Philosophiae moralis institutio compendiaria: with a Short Introduction to Moral Philosophy* [1747]. Impresso e vendido por Robert & Andrew Foulis, Impresso para a Universidade, Glasgow, 1753, p.V.

ao contrário da justiça distributiva, pode ser exigida e imposta coercitivamente. Como Smith deixa claro, a violação da justiça é uma injúria, e, por isso, pode ser punida. Trata-se de uma obrigação negativa, isto é, de um dever de se abster de prejudicar o outro, não de promover ativamente o seu bem. O sujeito injusto é aquele que causa dano; a justiça, nesse sentido, não exige beneficência nem gratidão, mas apenas a contenção da ação ofensiva.

Smith distingue, assim, a justiça enquanto virtude moral e a justiça enquanto objeto de jurisprudência. A primeira pertence ao domínio da moral, tratada em *Teoria dos sentimentos morais*; a segunda é de interesse da ciência do direito civil. A jurisprudência não se ocupa da moral em geral, mas apenas daquela parte da conduta que diz respeito aos direitos que podem ser violados, isto é, os direitos perfeitos. A administração da justiça, nesse sentido, é o que define o governo civil. Como afirma Smith, "o fim principal e mais importante de todos os governos é preservar a justiça entre os membros da sociedade".[12] A injustiça é, portanto, o primeiro e mais grave mal social que a autoridade política deve impedir.

A discussão sobre os três objetos da justiça – pessoa, propriedade e contrato – ocupa toda essa primeira parte das *Lições de jurisprudência*. A abordagem de Smith é, nesse ponto, estruturalmente alinhada à tradição do direito natural moderno, ainda que ele não se limite a repeti-la. Ao tratar da pessoa, Smith considera os crimes contra a vida, contra a integridade física e contra a liberdade, distinguindo os graus de violência e anali-

---

12 Smith, A. *Lectures on Jurisprudence*. Edição de Ronald Meek e David Raphael, Oxford: Clarendon Press, 1978, LJ(A), p.9.

sando os fundamentos do direito à autodefesa. Em seguida, ao abordar a propriedade, ele reconhece sua origem nas primeiras formas de ocupação, herdando elementos do modelo grociano, mas introduz uma ênfase nas transformações históricas que determinam as formas de posse e transferência. Finalmente, na análise dos contratos, Smith distingue os diferentes tipos de acordo, tratando de promessas, vinculações, cumprimentos e quebra, e as condições sob as quais cada um deles pode ser passível de um processo judicial.

Na seção sobre **Receita**, Smith examina as formas pelas quais o Estado obtém os recursos necessários para sua manutenção, com ênfase na tributação. Ele analisa os princípios que devem orientar a arrecadação de impostos, antecipando argumentos que serão mais amplamente desenvolvidos em *A riqueza das nações*. Entre os pontos centrais discutidos está a distinção entre os diferentes tipos de tributos, incidentes sobre pessoas, propriedades, consumo, renda, entre outros, bem como a defesa do princípio da proporcionalidade, segundo o qual os súditos devem contribuir para a manutenção do governo na medida de suas capacidades. Smith também critica os impostos que desestimulam a produção ou que são distribuídos de forma injusta, e demonstra preocupação com a eficiência da arrecadação, enfatizando a importância de um sistema tributário de baixo custo administrativo e de fácil compreensão para os contribuintes.

Nos trechos finais das *Lições de jurisprudência*, Smith trata das **Armas** e das **Leis das Nações**, completando os quatro grandes subgrupos da jurisprudência. No tópico sobre **Armas**, Smith analisa a organização da defesa do Estado, distinguindo entre milícias e exércitos permanentes. Embora reconheça a eficiência dos exércitos profissionais em sociedades modernas, Smith expressa a preocupação de que sua existência possa ameaçar a liberdade civil, tema que também será amplamente discutido em *A riqueza das nações*. Já nas **Leis das Nações**, Smith aborda de forma breve os princípios que regulam as relações entre Estados soberanos, como tratados, alianças, guerras e comércio internacional, notando que, ainda que de grande importância, essas normas não possuem a mesma força que as leis civis, por dependerem mais do costume e da conveniência do que de uma autoridade comum. Com isso, Smith encerra seu curso articulando a teoria da legislação interna à ordem internacional, enfatizando a necessidade de estabilidade tanto dentro quanto fora das fronteiras do Estado.

O que mais chama a atenção aqui, no entanto, é a introdução de uma longa seção anterior, sobre **Polícia**. Na verdade, o destaque dado por Smith em seu curso de jurisprudência à **Polícia** é expressão de um aspecto fundamental de seu pensamento, qual seja, o papel da riqueza e da opulência no progresso da sociedade. Para Smith, a opulência das nações não é uma questão meramente econômica, mas um fator crucial para a promoção da justiça e da liberdade. Segundo ele, foi Hume quem primeiro estabeleceu a conexão da abundância, criada pelo comércio e pela manufatura, com o bom governo e a liberdade:

> [...] o comércio e as manufaturas introduziram gradualmente a ordem e o bom governo e, com eles, a liberdade e a segurança dos indivíduos entre os habitantes do campo, que antes viviam quase em estado contínuo de guerra com os vizinhos e em uma dependência servil em relação aos superiores. Este, embora tenha sido o menos observado, é de longe o mais importante de todos

os seus efeitos. O Sr. Hume é o único autor que, tanto quanto sei, até agora chamou a atenção para isso.[13]

Tanto Hume quanto Smith engajaram-se em um diálogo com Montesquieu, que buscava compreender a relação entre liberdade e comércio nas grandes monarquias de seu tempo. No entanto, enquanto Montesquieu enfatizava o papel da nobreza como contrapeso ao poder monárquico – impedindo-o de se tornar despótico –, Smith, seguindo Hume, estava interessado na opulência das nações e em seu papel na manutenção da estabilidade política, com o surgimento de uma ordem de homens cujo poder econômico pudesse mediar o poder político da nobreza. Para Smith, a abundância e a barateza eram fatores centrais que contribuíam para a opulência nacional – uma noção que se inscrevia no domínio da polícia.

Embora estranho em inglês, o termo *police*, traduzido aqui como "polícia",[14] dominou o discurso econômico da Europa continental, sendo predominante na França e nas discussões cameralistas na Alemanha durante o século XVIII. Delamare, em seu *Traité de la police*, cujo primeiro tomo fora publicado em 1722, oferecia um relato abrangente sobre a regulamentação da ordem pública, do comércio e da administração urbana. O que há de particularmente interessante é que Smith define o termo *police*

---

13 Smith, A. *An Inquiry into the Nature and Causes of the Wealth of Nations*. Edição de Roy Campbell e Andrew Skinner. Oxford: Clarendon Press, 1979, vol. I, p.412.

14 Embora "polícia" tenha no português contemporâneo referência apenas à segurança pública, optamos por manter a raiz do termo na tradução, bem como o estranhamento que já estava presente no uso que Smith faz do termo na língua inglesa. Ver nota 2, à p.25.

em sua conexão com a governança geral de todos os Estados, independente de sua forma; quer dizer, polícia não se confunde com política. Ainda assim, haveria uma mudança de paradigma entre as *Lições de jurisprudência* e *A riqueza das nações* no que concerne ao uso de "polícia": Smith abandona o termo como categoria geral, dando a ele um sentido mais restrito e negativo, movendo-se, portanto, de uma concepção de administração para um discurso econômico mais liberal, da economia política.[15]

No tempo de Smith, a política era o campo voltado aos assuntos públicos e à felicidade da nação. Todavia, Smith desloca esse foco. Como observa Nicholas Phillipson, Smith tinha uma leitura "revisionista" da literatura antiga; ele se preocupava em oferecer uma base filosófica moderna para as sociedades modernas.[16] Smith estava, de fato, desenvolvendo algo novo – uma trajetória intelectual que culminaria em *A riqueza das nações*. Como ele afirma de maneira emblemática: "A divisão do trabalho é o que aumenta a opulência de um país" (p.175). Não por acaso, esse mesmo tema viria a servir de abertura para *A riqueza das nações*.

Eveline Hauck

15 Uma discussão mais ampla sobre "polícia" pode ser encontrada em Cunha, A., A Previously Unnoticed Swiss Connection in the Dissemination of Cameralist Ideas during the Second Half of the Eighteenth Century, em *History of Political Economy*, 49:3 (2017).

16 Phillipson, op. cit, p.101.

Lições de jurisprudência

Jurisprudência

Introdução

Jurisprudência é a ciência que investiga os princípios gerais que estão no fundamento das leis de todas as nações. Grotius foi, se não me engano, o primeiro que tentou oferecer ao mundo algo como um sistema regular de jurisprudência natural, e seu tratado sobre as leis da guerra e da paz, malgrado imperfeições, talvez seja atualmente a obra mais completa a respeito. Trata-se de uma espécie de livro de casuística para soberanos e Estados, que determina em quais casos é justo promover a guerra e até que ponto se deve conduzi-la. Como os Estados não têm um soberano em comum e estão, uns em relação aos outros, em estado de natureza, a guerra é o único método para a reparação de ofensas. Segundo Grotius, a guerra é legal sempre que o Estado sofre uma ofensa como aquelas que seriam reparadas por um magistrado civil equânime. Isso o levou naturalmente a investigar a constituição dos Estados e os princípios das leis civis, os direitos dos soberanos e dos súditos, a natureza de crimes, de contratos e da propriedade, e tudo mais que seja objeto de lei;

os dois primeiros livros de seu tratado, dedicados a esse assunto, formam um sistema completo de jurisprudência.

O próximo autor de destaque foi o sr. Hobbes, o qual tinha completa repulsa pelos eclesiásticos. A intolerância de sua época o levou a pensar que a causa das dissensões e guerras civis ocorridas nos períodos de Carlos I e de Cromwell era a submissão da consciência dos homens à autoridade eclesiástica. Em oposição a essa autoridade, tentou estabelecer um sistema em que a consciência dos homens se submetia ao poder civil e no qual a vontade do magistrado era representada como a única regra válida de conduta. Segundo Hobbes, antes do estabelecimento da sociedade civil o gênero humano se encontrava em estado de guerra; para evitar os males desse estado natural, os homens adotaram um contrato de obediência a um único soberano, que determinaria todas as disputas. A obediência à vontade do soberano constituiria o governo civil, sem o qual nenhuma virtude poderia existir e que seria, por isso, o fundamento e a essência mesma da virtude.

Os sacerdotes, percebendo que teriam de se opor a essa perniciosa doutrina sobre a virtude, atacaram-na tentando mostrar que um estado de natureza não era um estado de guerra, e que nele a sociedade poderia subsistir, ainda que não de maneira harmoniosa, sem instituições civis. Nesse estado, o homem tem certos direitos que lhe pertencem, tais como o direito ao seu corpo, aos frutos de seu trabalho e ao cumprimento de contratos. Puffendorf escreveu seu tratado precisamente com esse intento. A primeira parte é dedicada exclusivamente à refutação de Hobbes, embora o autor reconheça que, no fundo, não há razão para tratar das leis que existiriam no estado de natureza ou dos meios pelos quais a transmissão de propriedade seria efetuada, pois na realidade esse estado não existe.

Depois de Puffendorf veio o barão de Coceii,[1] um prussiano. Sua obra foi publicada em cinco volumes in-fólio e contém muitas passagens notáveis, em particular as que tratam das leis. No último volume, ele expõe os sistemas elaborados na Alemanha.

Tais são os únicos sistemas a respeito dignos de menção.

Jurisprudência é a teoria dos princípios gerais do direito e do governo.

O direito tem quatro objetos principais: a Justiça, a Polícia,[2] a Receita e as Armas.

O objetivo da Justiça é proteger contra a ofensa; é o fundamento de todo governo civil.

Os objetivos da Polícia são o bom preço das mercadorias, a segurança pública e a ordem, mas as duas últimas são minuciosas demais para serem tratadas em nossas lições, e neste tópico trataremos apenas da opulência do Estado.

O magistrado, que dedica seu tempo e trabalho à administração do Estado, tem de ser devidamente recompensado. Com esse propósito, e para reembolsar os gastos do governo, deve-se arrecadar um fundo de alguma espécie. É a origem da Receita.

---

1 Trata-se de Samuel von Cocceji, presidente do departamento de justiça da Prússia durante o reinado de Frederico II, nomeado posteriormente por ele para reformar o sistema legal de todo o reino. (N. T.)

2 Os termos *policy* e *police* são usados por Smith. Optamos pela tradução de ambos por "polícia", para manter a raiz latina. O sentido diz respeito tanto às leis, ou políticas, que têm por objetivo garantir a segurança e a ordem pública quanto a um regime geral de regulamentação governamental, aplicado inclusive à economia. Em algumas poucas ocorrências, traduzimos *policy* por "política". (N. T.)

Nesse tópico, serão considerados os meios apropriados para a arrecadação de receita junto ao povo por meio de impostos, aduanas etc. Deve-se preferir, em geral, os métodos de arrecadação mais suaves e imperceptíveis. Mostraremos em seguida como as leis da Grã-Bretanha e de outras nações europeias respondem a esse propósito.

Nem mesmo a melhor Polícia poderia garantir a segurança se o governo não fosse capaz de se defender de ofensas e agressões estrangeiras. É o quarto objetivo do direito, e neste tópico serão mostradas as diferentes espécies de Armas com suas respectivas vantagens e desvantagens, a constituição de exércitos permanentes, de milícias etc.

Por fim, serão consideradas as leis das nações que contêm as demandas de cada sociedade independente em relação às outras, os privilégios de estrangeiros e os fundamentos apropriados da guerra.

Primeira parte: Da Justiça

A justiça tem por finalidade proteger contra a ofensa. Um homem pode se sentir ofendido sob diferentes aspectos.

1º) como homem;
2º) como membro de uma família;
3º) como membro de um Estado.

Como homem, ele pode ser ofendido em relação ao seu corpo, à sua reputação ou aos seus bens.

Como membro de uma família, ele pode sê-lo enquanto pai, filho, marido ou esposa, senhor ou servo, guardião ou pupilo – relação esta que deve ser considerada como de família, até que o pupilo seja capaz de cuidar de si mesmo.

Como membro de um Estado, um magistrado pode ser ofendido por desobediência, um súdito por opressão etc.

Um homem pode sofrer ofensa em relação ao corpo por ferimento, mutilação ou assassinato, ou ainda pelo infringimento de sua liberdade.

Um homem pode sofrer ofensa em relação à reputação ao ser representado falsamente como objeto de ressentimento ou de punição, como quando o chamam de ladrão ou salteador, ou ao ter seu mérito depreciado, como quando tentam degradá-lo em relação ao nível de sua profissão. O caráter de um médico é ofendido quando dizemos às pessoas que ele mata mais pacientes do que cura, pois com isso ele perde sua clientela. Mas não ofendemos um homem só porque não lhe damos todos os elogios que ele merece. Não é uma ofensa dizer que Sir Isaac Newton não era melhor filósofo que Descartes ou que o sr. Pope não estava acima de outros poetas de seu tempo. Exprimindo-nos assim, não os elogiamos como merecem, mas nem por isso os ofendemos, pois não os rebaixamos em relação aos homens de mérito mais comum de suas respectivas profissões. Os direitos do homem à preservação de seu corpo e à proteção de sua reputação são chamados de direitos naturais, ou, como os juristas se referem a eles, *iura hominum naturalia.*

Um homem pode ser ofendido em relação a seus bens. Seus direitos a seus bens são chamados de direitos adquiridos, ou *iura adventitia*, e são de dois gêneros, direitos reais e direitos pessoais.

Um direito real é aquele que tem por objeto uma coisa real que pode ser reclamada *a quocumque possessore*, tais como as posses, os imóveis, o mobiliário.

Direitos pessoais são os que podem ser reclamados por meio de processo legal, de uma pessoa particular, mas não *a quocumque possessore*, tais como as dívidas e contratos cujo pagamento ou cumprimento só poderia ser exigido de uma única pessoa. Se eu comprar um cavalo e o antigo proprietário vendê-lo a outra pessoa em vez de entregá-lo a mim, posso reclamá-lo *a quocumque possessore*, mas, se ele não o entregar a mim, sem vendê-lo a outro, cabe-me processá-lo como vendedor.

Há quatro espécies de direitos reais: de Propriedade, de Servitudes, de Garantias e de Privilégios de Exclusividade.

Propriedade é uma posse, não importa de que gênero, que, se perdida ou extorquida por violência ou roubo, pode ser intimada *a quocumque possessore*.

Servitudes são encargos sobre propriedade de outrem. Assim, eu posso ter a liberdade de passar pelos campos de outrem se eles se encontrarem em meu caminho para a estrada, ou de entrar na propriedade alheia com meu gado se houver nela uma abundante fonte de água, quando na minha não existe nenhuma. Esses encargos sobre a propriedade alheia são chamados de servitudes. Originalmente, eram direitos pessoais, mas, devido aos trâmites e despesas envolvidas nos numerosos processos legais para garanti-los a cada vez que a propriedade adjacente a que se aplicam trocava de mãos, os legisladores foram induzidos a torná-los direitos reais, reclamáveis *a quocumque possessore*. Desde então, as propriedades a que se aplicam passaram a ser transferidas com servitudes legais incidentes a elas.

Garantias incluem todas as penhoras e hipotecas, e são salvaguardas de outra coisa à qual temos direito. As leis da maioria das nações civilizadas as consideram como direitos legais e dão liberdade para que sejam reclamadas enquanto tais.

Privilégios de Exclusividade são tais como o que o editor tem, por alguns anos, de vender um livro e impedir qualquer outro de fazê-lo pelo mesmo período. Esses direitos são no mais das vezes crias da lei civil, embora alguns sejam direitos naturais, como no estágio dos caçadores, antes mesmo da origem do governo civil: um homem que tenha avistado uma lebre e a persiga por algum tempo tem o privilégio exclusivo de caçá-la, o que impede que outro homem se lance sobre ela com uma nova matilha de cães.

Um herdeiro tem, da mesma maneira, o privilégio exclusivo de impedir que outra pessoa se aproprie da herança que recebeu enquanto ele delibera se é de seu interesse ou não tomar posse dela e, por exemplo, quitar as dívidas que lhe são incidentes.

Há três espécies de direitos individuais, os que derivam de Contrato, de Quase-Contrato e de Delito.

O contrato tem como fundamento uma expectativa razoável, da parte de uma pessoa em relação a outra, que se compromete com ela, e seu cumprimento pode ser garantido pela força.

Quase-contrato é o direito de alguém a uma compensação pelos trâmites e despesas necessárias relativas aos negócios de outrem. Uma pessoa que encontra um relógio em uma estrada pode reclamar por uma recompensa e pelas despesas em que incorreu para encontrar o proprietário. Um homem que me empresta uma soma de dinheiro tem direito não apenas a reavê-la, como também a juros.

O direito de delito tem como base o dano feito a qualquer pessoa, seja por malícia ou por negligência culpável. Uma pessoa só pode reclamá-lo em relação a outra.

Os objetos dos sete direitos aqui elencados respondem pela totalidade dos bens de um homem.

A origem dos direitos naturais é bastante evidente. Ninguém duvida que uma pessoa tenha o direito de proteger seu corpo contra danos, e sua liberdade, contra infrações, a não ser que exista uma causa apropriada. Mas direitos adquiridos, como o direito à propriedade, exigem maiores explicações. Existe uma estrita dependência entre a propriedade e o governo civil, já que este surge com a preservação da propriedade e a desigualdade de posses, e a situação da propriedade sempre varia, dependendo da forma de governo. Os juristas começam pela consideração do governo, e depois tratam da propriedade e de outros direitos. Outros que escreveram sobre o assunto começam por esses direitos e então consideram a família e o governo civil. Cada um desses métodos tem suas vantagens, embora, no geral, o do direito civil pareça preferível.

Da jurisprudência pública

Dois princípios induzem os homens a entrar em sociedade civil, e os chamaremos de autoridade e utilidade. No topo de toda pequena sociedade ou de associação entre homens encontramos uma pessoa dotada de capacidade superior: em uma sociedade de guerreiros é um homem de força superior; em uma sociedade polida, um homem de capacidade mental superior. A idade e a longa permanência no poder também tendem a fortalecer a autoridade. Pois, em nossa imaginação, a idade conecta-se naturalmente à sabedoria e à experiência, e a permanência no poder confere uma espécie de direito a exercê-lo. Mais do que estas, porém, a qualidade que mais contribui para dar autoridade é uma fortuna superior. Isso advém não tanto de uma suposta dependência dos pobres em relação aos ricos, pois os pobres são em geral independentes e conseguem se sustentar com seu próprio trabalho, quanto de uma forte propensão a respeitar os mais ricos, por mais que não esperem deles nenhum benefício. Esse princípio é tratado exaustivamente na *Teoria dos sentimentos morais*, onde se explica que ele surge de uma simpatia maior pelos que são superiores a nós do que por nossos iguais ou inferiores: admiramos sua propícia situação, entramos nela com prazer e tentamos promovê-la.

Em se tratando dos grandes, nem sempre é fácil julgar se são dotados ou não de capacidades superiores, sejam elas do corpo ou do espírito, e, por isso, é mais comum que se prefira julgá-los pelas riquezas. É evidente que uma família antiga, que há muito tempo obteve distinção por sua riqueza, adquire dessa forma mais autoridade que qualquer outra. Um arrivista é sempre uma figura desagradável; invejamos sua superioridade em relação a nós e nos julgamos tão intitulados à riqueza quanto ele. Se me dizem que o avô de um homem era muito pobre e dependia de minha família, não me agradará ver seu neto em uma posição acima da minha e não me disporei a submeter-me à sua autoridade. Portanto, as quatro coisas que dão autoridade a um homem sobre outro são, ao que parece, a idade, capacidades superiores de corpo ou de espírito, uma família antiga ou uma fortuna superior.

O segundo princípio que induz os homens a obedecer ao magistrado civil é a utilidade. Todos percebem que esse princípio é necessário à preservação da justiça e da paz na sociedade. As instituições civis garantem que os mais pobres tenham a reparação pelos danos infligidos a eles pelos mais ricos e mais poderosos, e, embora existam, sem dúvida, em casos particulares, certas irregularidades, resignamo-nos a elas para, com isso, evitar males maiores. O que influencia os homens a obedecer é mais um senso de utilidade pública do que de utilidade privada. Pode ser de meu interesse, eventualmente, desobedecer, e clamar pela destituição do governo, mas percebo que outros têm uma opinião diferente da minha, e não estão dispostos a se unir a mim nessa empreitada. Submeto-me assim à decisão deles, em nome do bem comum.

Existe perfeita autoridade quando um governo perdura por longo tempo em um país e é sustentado por arrecadação própria, encontrando-se ao mesmo tempo nas mãos de um homem dotado de grande capacidade.

Ambos os princípios existem em todos os governos, mas em uma monarquia prevalece o princípio de autoridade, e em uma democracia, o de utilidade. Na Grã-Bretanha, que é um governo misto, as facções que há algum tempo se formaram sob as denominações de Whig e Tory foram influenciadas por esses princípios; os primeiros submeteram-se ao governo por conta de sua utilidade e das vantagens que extraíam dele, enquanto os últimos alegaram que era de instituição divina e seria um crime ofendê-lo, como no caso de uma criança que se rebela contra seus pais. Os homens em geral seguem esses princípios dependendo de suas disposições naturais. O princípio da utilidade predomina em homens de pendor robusto, ousado, animado, enquanto aqueles de pendor pacífico e tranquilo costumam se contentar com uma pacata submissão à superioridade.

Uma doutrina disseminada neste país reza que o contrato é o fundamento da aliança com o magistrado civil. No entanto, não é o caso, como veremos pelas seguintes razões.

Em primeiro lugar, a doutrina do contrato original é uma peculiaridade britânica, mas há governos nos mais diferentes lugares, nos quais nunca se ouviu falar dela, o que se aplica, inclusive, à maioria do povo deste país. Se perguntares a um carregador ou a algum outro trabalhador diarista por que ele obedece ao magistrado, ele dirá que é certo fazê-lo, ou que vê que os outros o fazem, ou mesmo, talvez, que é pecar contra Deus não fazê-lo. Em nenhuma circunstância, porém, você ouvirá a menção a um contrato como fundamento de sua obediência.

Em segundo lugar, é verdade que, por vezes, quando certos poderes de governo foram pela primeira vez confiados a certas pessoas dentro de certas condições, a obediência dos que o fizeram tem fundamento em um contrato, mas a posteridade deles não tem nada a ver com isso, não está ciente disso e não tem, portanto, nenhuma obrigação para com esse contrato. Alguém poderia dizer que, ao permanecer no país em que nasceste, consentes tacitamente ao contrato e tem obrigação para com ele. Mas poderia ser diferente? A maioria das pessoas não conhece outro país ou outra língua, é pobre e é constrangida a permanecer próxima de onde nasceu, pois ali encontra trabalho para sua subsistência. Portanto, não cabe dizer que consinta a um contrato, por mais que tenha um fortíssimo senso de obediência. Dizer que um homem que permanece em um país concorda com um contrato de obediência ao governo é o mesmo que forçar alguém a embarcar em um navio e, a certa distância da costa, declarar que, por encontrar-se no navio, ele deve, por um contrato, obedecer ao comandante. O fundamento de um dever não pode ser um princípio que os homens desconhecem por completo. Eles devem ter alguma ideia, por mais confusa que seja, do princípio pelo qual pautam suas ações.

No entanto, voltemos à suposição de um contrato original. Se você deixa o Estado em que nasceu, declara expressamente que não mais será seu súdito e estará livre de toda obrigação para com ele; no entanto, todo Estado reclama pela fidelidade de seus súditos e pune-os por causa de práticas como essa, o que seria uma injustiça completa, de acordo com a suposição de que viver em um país implica o consentimento a um acordo previamente estabelecido. Ainda segundo essa mesma suposição, pessoas que venham a se instalar em um país estrangeiro dariam expresso consentimento ao contrato original, mas todo Estado sempre desconfia de que os estrangeiros mantenham uma propensão por seu país de origem, e, por isso, jamais são tratados como súditos livres de nascença. Tão grande é a influência desse princípio no direito inglês, que nenhum estrangeiro pode servir ao governo, por mais que tenha sido naturalizado por um Ato do Parlamento. Por fim, de acordo com essa suposição, não se entende por que o Estado exige um juramento de fidelidade sempre que um homem assume um cargo público, pois, se houvesse mesmo um contrato original, não seria necessário renová-lo. A quebra da fidelidade ou alta traição é um crime muito mais grave, e punido de forma muito mais severa, em todas as nações, do que a quebra de contrato, que, para ser reparada, exige apenas que ele seja cumprido. Trata-se, portanto, de coisas bem diferentes. O contrato menor não poderia, de modo algum, incluir o maior. Logo, o contrato não é o princípio de obediência ao governo civil, e esta depende dos princípios de autoridade e utilidade que expusemos.

Tentaremos agora explicar a natureza do governo, suas diferentes formas, as circunstâncias que lhe dão origem e os meios de sua manutenção.

As formas de governo, por mais variadas que sejam, podem ser reduzidas, com alguma segurança, a três: Monárquico, Aristocrático e Democrático. Elas podem se misturar entre si, produzindo muitas outras, e costuma-se denominar o governo a partir da forma predominante.

Governo monárquico é aquele em que o poder e a autoridade suprema são investidos em um único indivíduo, que faz o que bem entende, decreta a paz ou declara a guerra, coleta impostos e outras coisas afins.

Governo aristocrático é aquele em que uma ordem dentre as que compõem o povo, seja a dos mais ricos, seja a de umas poucas famílias seletas, tem o poder de escolher magistrados que serão responsáveis pela administração do Estado.

Governo democrático é aquele em que a administração dos assuntos públicos pertence a um só corpo, composto pelo povo como um todo.

As duas últimas formas podem ser chamadas de republicanas, e, nesse caso, a divisão das formas de governo se dá entre monárquica e republicana.

Para adquirir noções adequadas do que é o governo, é preciso considerar sua primeira forma e observar como as demais surgem a partir dela.

Em uma nação de caçadores não há, propriamente dizendo, governo como tal. A sociedade consiste em umas poucas famílias independentes, que vivem no mesmo vilarejo, falam a mesma língua e decidiram entre si permanecer juntas, em nome de sua segurança mútua, mas nenhuma delas tem autoridade sobre as outras. Quando ocorre uma agressão, a sociedade como um todo se mobiliza. Seus membros tentam apaziguar as partes envolvidas; e, quando isso não é possível, aquele que cometeu o crime é banido, executado ou entregue ao ressentimento da parte ofendida. Contudo, isso não é o mesmo que um governo regular. Pois, embora alguns possam ser mais respeitados que outros e tenham grande influência em suas decisões, jamais poderiam atuar sem o consentimento do todo.

Portanto, os caçadores não têm um governo regular; vivem de acordo com as leis da natureza.

O governo regular surgiu da apropriação de gado e rebanho, que introduziu a desigualdade de fortuna. Antes de haver propriedade não pode haver governo, pois a finalidade de todo governo é assegurar a riqueza e proteger os ricos dos pobres. Na era dos pastores, um homem que tenha quinhentos bois não poderia tê-los se não houvesse um governo para assegurar que sua posse não seja usurpada por aquele que não a tem. Essa desigualdade de fortuna estabelece uma distinção entre os ricos e os pobres, e dá aos primeiros enorme influência sobre os últimos, pois aqueles que não têm gado nem rebanho dependem, inevitavelmente, daqueles que os tenham, dado que não é mais possível subsistir da caça, que foi domada e apropriada pelos ricos. O Antigo Testamento mostra que Abraão, Lot e outros patriarcas eram como principezinhos. Observe-se de passagem que em uma nação de pastores a influência dos ricos sobre os pobres é maior do que nos períodos subsequentes. Em nossos dias, um homem pode gastar uma grande fortuna e, mesmo assim, não adquirir nenhuma influência. A riqueza aumenta as artes e manufaturas, mas pouquíssimas pessoas se tornam dependentes por causa delas. É o contrário do que acontece em uma nação de pastores. Pois, como não há luxo doméstico, o único meio de gastar a própria fortuna é oferecer presentes aos pobres, obtendo assim uma influência sobre eles que os transforma em uma espécie de escravos.

Explicaremos agora como um homem adquiriu mais autoridade do que o resto e como se introduziu a figura dos chefes.

Uma nação consiste de muitas famílias que se encontraram e concordaram em viver umas com as outras. Em seus encontros públicos há sempre alguém com mais influência que o resto, que termina, em grande medida, por governar suas resoluções; resume-se a isso, em um país bárbaro, a autoridade de um chefe. Ora, como o chefe é o líder da nação, é natural que seu filho se torne o chefe principal das pessoas mais jovens e suceda seu pai quando da morte deste, e assim a chefia se torna hereditária. Com o progresso da sociedade, o poder de chefia aumenta, devido a uma variedade de circunstâncias. O número de presentes que ele recebe aumenta sua fortuna, e, por conseguinte, sua autoridade. Pois, em nações bárbaras, ninguém se dirige ao chefe nem lhe roga a satisfação de algo de seu interesse sem ter um presente em mãos. Em nações civilizadas, o homem que presenteia é sempre superior à pessoa que recebe o presente; mas, em uma nação bárbara, acontece exatamente o contrário.

Consideraremos agora os diferentes poderes que naturalmente pertencem ao governo, como eles são distribuídos, e qual seu progresso nos primeiros períodos da sociedade.

O governo tem três poderes, a saber: o Legislativo, que faz leis para o bem público; o Judiciário, que obriga pessoas privadas a obedecer a essas leis e pune os que as desobedecem; e o Executivo, ou, como preferem alguns, o poder Federal, ao qual cabe fazer a guerra ou a paz.

Na forma original de governo, esses três poderes pertenciam ao corpo do povo como um todo. Levou algum tempo para que o poder legislativo fosse introduzido, pois o mais alto exercício do governo é fazer leis e estabelecer regras para obrigar não apenas a nós mesmos, mas também à nossa posteridade e àqueles que nunca deram qualquer consentimento à sua elaboração. Quanto ao poder judiciário, quando havia uma querela entre duas pessoas, a sociedade como um todo naturalmente se interpunha, e, quando não conseguia resolver o problema, as expulsava da sociedade. Nesse estágio inicial, os crimes eram poucos, e demorou para que a punição fosse equivalente ao crime.

Os primeiros crimes a serem punidos foram a covardia e a traição. Os caçadores consideram a covardia como uma traição. Quando saíam em pequenos grupos, se um inimigo os atacasse e houvesse deserção, o prejuízo era certo para aqueles que permanecessem, o que explica por que os desertores eram punidos por traição.

O governo nessa época era tão fraco que os sacerdotes costumavam executar a punição, como se fosse por mandamento dos deuses. De maneira similar, o poder de fazer a guerra ou a paz pertencia ao povo, e todos os chefes de família eram consultados a respeito.

As relações do poder judiciário com os indivíduos permaneceram por longo tempo precárias. De início, a sociedade atuava interpondo-se amigavelmente às disputas, e, depois, passou a arbitrá-las. Quanto ao poder executivo, não demorou para que fosse exercido de maneira absoluta. Uma querela privada envolvendo a propriedade de uma vaca ou de um boi não diz respeito diretamente à sociedade. Já a promoção da paz ou da guerra lhe interessam profundamente. Na era dos pastores, esse poder é exercido de maneira absoluta. Na Grã-Bretanha, observam-se vestígios da precariedade do poder judiciário, mas não do executivo. Quando um criminoso era levado a juízo, perguntava-se a ele como gostaria que sua causa fosse decidida, se por meio de um combate, de um julgamento em particular, ou das leis de seu país. A sociedade garantia que sua decisão fosse respeitada. Na Inglaterra, a questão ainda é feita, mas a resposta deixou de ser arbitrária. Em épocas mais rudes, era muito comum que se julgasse uma pessoa mergulhando uma de suas mãos em água fervente, método pelo qual a maioria era inocentada; hoje, poucos podem contar com ele para escapar à sua sorte. Pessoas que viviam em contato direto com o clima pouco temiam a água fervente, enquanto hoje ela tende a exercer o efeito contrário. A escolha desse meio de julgamento mostra a fraqueza das leis judiciais. O combate judicial continuava a ser adotado na Inglaterra nos dias de Elisabeth I. Desde então, essa prática desapareceu gradual e insensivelmente, sem que se precisasse promulgar uma lei ou édito contrário a ela.

Como observamos, havia poucos crimes no período dos caçadores e pescadores, e também no dos pastores; pequenos delitos mal eram notados. Nessas épocas, não havia controvérsias sobre a interpretação de testamentos, acordos ou contratos, como as que tornam tão numerosos nossos processos, e isso porque tais coisas eram desconhecidas. Surgiram com a diversificação das práticas de ofícios, quando as controvérsias se tornaram mais frequentes. Contudo, precisamente porque os homens se dedicavam a uma atividade ou outra, não tinham tempo para aguardar por decisões, a não ser em detrimento de sua prática. Por isso, causas que se mostrassem mais difíceis eram deixadas em aberto ou à espera de um método mais conveniente para todos os membros da sociedade. O meio mais natural que lhes teria ocorrido seria escolher alguns indivíduos aos quais todas as causas deveriam ser referidas. O chefe, que até então se distinguira por sua influência superior, seria naturalmente, em razão de sua precedência, um dos escolhidos para essa função. Outros seriam escolhidos para sentarem-se a seu lado. Nas primeiras épocas da sociedade, o número destes era considerável. Receava-se entregar questões importantes nas mãos de uns poucos, e em Atenas, por exemplo, quinhentos juízes sentavam-se ao mesmo tempo. Com isso, a autoridade do chefe aumentava ainda mais, e o governo adquiria feições monárquicas. No entanto, apenas em aparência, pois a decisão final competia ao corpo do povo como um todo, e o governo permanecia, na realidade, democrático.

Observamos que o poder de promulgar a paz ou a guerra encontrava-se de início instaurado no corpo do povo como um todo. No entanto, com o avanço da sociedade, a fortificação das cidades, a edificação de armazéns, a reunião de estoques[3] de dinheiro, a nomeação de oficiais e de generais, esse corpo deixou de dar conta de todas as deliberações necessárias. Esse domínio passou para a corte de justiça ou para algum outro grupo de pessoas nomeadas para tal propósito, embora, naturalmente, de início tenha cabido à corte de justiça. É o que se chama de poder senatorial, que em Roma cuidava da arrecadação pública, das edificações públicas e de outras coisas

---

3 Smith usa *stock* amplamente em suas *Lições de jurisprudência*. Há diversos sentidos para *stock* em inglês, que não são contemplados pela palavra "estoque" em português. Na maior parte dos casos, optamos pela palavra "estoque" para mostrar como Smith ainda não tem, nas *Lições*, conceitos variados para os diferentes acúmulos, ou seja, de mercadorias, bens, dinheiro e capital. Apenas em duas situações optamos por uma tradução mais interpretativa: quando se trata de dinheiro, dizemos "fundo", e quando se trata de mercado financeiro, dizemos "ação". (N. T.)

similares. Mais tarde, no entanto, a corte de justiça e a corte senatorial se tornaram completamente distintos. O mesmo aconteceu na corte do areópago de Atenas.

Faremos agora algumas observações sobre as nações, nos primeiros períodos da sociedade, ou seja, o dos caçadores e o dos pastores.

Em uma nação de caçadores e pescadores poucas pessoas podem viver juntas, pois, do contrário, a caça se extinguiria e elas não teriam meios de subsistência. Em tais nações, vinte ou trinta famílias, no máximo, poderiam se agregar, compondo um vilarejo. Mas, como a finalidade de sua agregação é a defesa e assistência mútua, tais vilarejos não poderiam ser muito distantes uns dos outros. Nessas condições, quando eclode uma controvérsia entre pessoas de vilarejos diferentes, forma-se, para arbitrá-la, uma assembleia geral com membros de ambas as vilas. E, assim como cada vilarejo tem seu líder, deve haver um líder da nação como um todo. A nação é formada por uma aliança entre diferentes vilarejos, e os chefes têm grande influência em suas resoluções. Isso vale especialmente para a época dos pastores, quando a ancestralidade da família é mais respeitada do que em qualquer outro período. O princípio de autoridade opera fortemente, e a manutenção do direito e do governo é guiada pelo mais vivo senso de utilidade.

As diferentes condutas dessas nações na paz e na guerra é digna de nossa observação.

Os feitos dos caçadores, embora corajosos e galantes, raramente são consideráveis. Como não podem marchar em grandes grupos, seu número poucas vezes excede os duzentos, e não conseguem se sustentar por mais do que catorze dias. Portanto, uma nação de caçadores não representa nenhum perigo, e os receios de nossas colônias em relação a eles são desprovidos de fundamento. É verdade que suas incursões e assaltos causam alguns problemas, mas não chegam a ser de monta. Já os pastores podem viver em grupos bastante numerosos. Pode haver até mil famílias em um mesmo vilarejo. Os árabes e os tártaros, que desde sempre foram pastores, causam as mais lamentáveis calamidades. Um chefe tártaro é uma figura formidável, e quando um deles se impõe a outro seguem-se as mais deploráveis e violentas revoluções. Levam seus rebanhos consigo ao campo de batalha, e aquele que perde se vê privado de seu povo e de suas riquezas. E, caso a nação vitoriosa, acompanhada de seus rebanhos, decida levar além suas conquistas, chegando a uma terra cultivada, certamente será invencível. Foi assim que Maomé devastou a Ásia.

Há uma grande diferença entre as nações bárbaras e as minimamente civilizadas. Pessoas que vivem em uma terra que não é dividida e que levam consigo suas próprias cabanas não têm nenhuma ligação com o solo, e toda a sua propriedade consiste de víveres que trazem facilmente consigo. Por isso, nações bárbaras estão sempre prontas a abandonar seu país, o que explica as migrações dos helvécios, dos teutônicos e dos cimbrianos. Os hunos, que por tanto tempo viveram ao norte da muralha da China, expulsaram os ostrogodos do Palus Maeotis, depois os visigodos, e assim por diante.

Tendo considerado os princípios originais de governo, vimos que são democráticos, e acompanhamos seu progresso nas primeiras épocas da sociedade. Consideraremos agora a introdução dos governos republicanos. Deve-se observar que, em geral, a localização de um país e o grau de aprimoramento do qual é suscetível não apenas no cultivo da terra, mas em outros ramos de atividade, são determinantes para a introdução de um governo republicano.

É pouco provável que um governo como esse venha a ser introduzido na Tartária ou na Arábia, pois a localização desses países é tal que eles não admitem aprimoramentos. São formados, na maior parte, por montanhas e desertos que não se deixam cultivar, e servem apenas ao pastoreio. Costumam ser secos e desprovidos de rios importantes. Encontraremos uma situação contrária nos países em que governos republicanos foram estabelecidos, como a Grécia em particular. Dois terços da Ática são cercados por mar, e o restante, por uma cadeia de montanhas elevadas. Desse modo, podiam se comunicar com os países vizinhos pelo mar e ao mesmo tempo estavam protegidos contra invasões. A maioria dos países europeus dispõe das mesmas vantagens. São divididos por rios e entradas de mar, e são naturalmente aptos ao cultivo do solo e de outras artes. Veremos agora o quanto isso favorece a instalação de um governo republicano.

Podemos supor que o progresso da sociedade na Ática tenha sido, inicialmente, muito similar ao da Tartária e de outros países que mencionamos, e, de fato, constatamos que, na época da guerra de Troia, ela se encontrava nessa mesma situação, pois quase não havia cultivo do solo e o gado respondia pela principal parte de sua propriedade. Em Homero, todas as disputas acerca de propriedade envolvem gado. Assim como em todos os países que se encontram no mesmo período, a influência do chefe sobre seus vassalos era considerável. Quando a divisão de terras ocorreu e seu cultivo se tornou uma prática generalizada, é natural que as pessoas que habitassem tal país passassem a oferecer aos habitantes dos países vizinhos o excedente de sua produção, o que funcionaria como uma espora à industriosidade. Ao mesmo tempo, porém, cresceria em seus vizinhos a tentação de invadi-los. Teriam, por isso, de atinar com algum método para se proteger dos perigos e preservar o que tanto custou para ser obtido. Seria mais fácil fortificar uma cidade em um lugar conveniente do que fortificar as fronteiras de todo o país, o que os levou a adotar precisamente esse método. Construíram cidades fortificadas nos lugares mais convenientes, e, sempre que eram invadidos, abrigavam-se nelas com seus rebanhos e bens móveis, e voltavam ao cultivo das artes e ciências. Teseu fortificou Atenas e ordenou ao povo da Ática que se deslocasse para lá trazendo consigo seus bens, o que aumentou seu poder sobre ele e também o do Estado ateniense sobre outros. Se as pessoas concordassem em viver em cidades, os chefes de muitos clãs perderiam sua autoridade e o governo se tornaria republicano, devido à pequena arrecadação, insuficiente para que se impusessem aos outros e os tornassem dependentes de si. Com o aumento de sua riqueza, os cidadãos se aproximariam do chefe, que, por seu turno, protegeria com zelo sua autoridade. O próprio Teseu foi destituído, e em seu lugar assumiram nove regentes, de início investidos com autoridade vitalícia, mas depois reduzida a dez anos. E assim Atenas, a exemplo de outros estados gregos, passou de um governo de chefes a algo como uma monarquia e, desta, a uma aristocracia. Como foi observado, não há arrecadação suficiente para sustentar a autoridade de numerosos chefes; mas quando uns poucos dentre eles se tornam ricos, forma-se uma aristocracia.

Observe-se que há uma diferença considerável entre as aristocracias antigas e as modernas. Em repúblicas modernas como Veneza, Milão e outras, o governo do Estado se concentra inteiramente nas mãos da nobreza hereditária, que detém os três poderes do governo. E, se tanto nas aristocracias antigas quanto nas modernas o povo escolhe a quem cabe a autoridade, em tempos modernos apenas a nobreza é elegível. A causa dessa diferença é a escravidão. Quando o trabalho dos homens livres era executado inteiramente por escravos, eles tinham a possibilidade de participar das deliberações públicas. Contudo, quando a terra passou a ser cultivada por homens livres, os de extração inferior não tinham mais a possibilidade de participar; ao contrário: levando em consideração seu interesse, evitavam participar. Em Veneza, o populacho manifestou expressamente o desejo de se imiscuir de tais deliberações. Da mesma maneira, as cidades da Holanda outorgaram-na deliberadamente ao conselho municipal, que, com isso, foi investido com todo o poder de autoridade. Não houve nada similar a isso nas repúblicas da Grécia e de Roma. Em suas primeiras épocas, esses estados eram aristocracias, pois, embora o populacho detivesse inteiramente o poder, os magistrados eram escolhidos junto aos membros da nobreza. Não havia lei que os impedisse de proceder de outra maneira, mas seguiam o costume, pois as classes mais baixas eram sustentadas pelas fortunas dos ricos e eram dependentes deles, cada um delegando seu voto àquele de cuja generosidade desfrutava. Por mais que houvesse desavenças entre os nobres, jamais lhes ocorreria propor a eleição de plebeus. E assim o direito da nobreza era garantido, mas não por alguma proibição expressa.

Em Atenas, Sólon decretou que os membros da classe mais baixa dentre as quatro em que o povo era dividido seriam inelegíveis para a magistratura. Posteriormente, no entanto, passaram a ser eleitos magistrados de todas as classes, e o governo tornou-se democrático.

Em Roma, levou muito tempo para que a elegibilidade fosse estendida ao corpo do povo como um todo. Com a nomeação dos *decemvirs*, o poder do povo começou a aumentar em relação ao dos nobres, e cresceu ainda mais quando os tribunos militares passaram a ser eleitos. A causa foi o aumento das artes e manufaturas. Quando um homem adquire a possibilidade de gastar com luxo doméstico o que antes destinava ao sustento de cem criados, é natural que haja uma diminuição de seu poder e influência. Além disso, os grandes costumavam dispor de escravos para a execução dos ofícios e não podiam contar com os votos de alfaiates ou sapateiros que não eram seus dependentes. Os líderes populares se empenharam para a aprovação de leis pelas quais pudessem ser autorizados a se eleger como magistrados. Contudo, demorou para que isso lhes fosse concedido pela maioria, incluindo os plebeus, que não viam com bons olhos a elevação de seus iguais a uma condição tão superior à sua. Com o tempo, porém, os líderes populares conseguiram aprovar a divisão equânime da autoridade entre patrícios e plebeus, com a escolha de um cônsul para cada um desses grupos.

Mostramos como surgem as repúblicas e como elas se tornam democráticas. Mostraremos a seguir como elas perderam sua liberdade, e uma monarquia, ou algo similar a ela, foi introduzida.

Considerando-se esses mesmos estados na situação que acabamos de descrever, da posse de cidades e dos campos adjacentes a elas, veremos que eles ou se mantêm nos limites em que se encontram ou expandem seus territórios por meio de conquistas; em um caso, serão o que poderíamos chamar de república defensiva, no outro, de república conquistadora. Os estados gregos são um bom exemplo das primeiras; Roma e Cartago, da segunda. Mostraremos como estas últimas perderam sua liberdade; mas, antes, veremos como isso se deu com os primeiros.

Países que chegam a certo grau de refinamento se tornam menos aptos para a guerra. Quando as artes chegam a certo grau de aprimoramento, o número de pessoas aumenta, mas o de guerreiros diminui. Em um estado de pastores, a nação como um todo vai à guerra; e, mesmo que se torne mais refinada, que a divisão do trabalho seja introduzida e que cada um possua sua pequena fazenda, ainda conseguem enviar bom número de homens à guerra. Nessa época, suas campanhas são sempre no verão, e desde o plantio até a colheita os jovens outra coisa não fazem além de servir na guerra. Os afazeres internos podem ser realizados pelos homens e mulheres mais velhas, que mesmo assim, por vezes, na falta de soldados, comparecem ao campo de batalha. Em um Estado no qual as artes são cultivadas e que é formado principalmente por manufatores, não há como enviar tantos homens à guerra, pois se um tecelão ou alfaiate é convocado, não há ninguém para realizar suas tarefas. A Grã-Bretanha ou a Holanda mal conseguem mobilizar um entre cem de seus habitantes. Destes, cinquenta são mulheres, e, dos cinquenta homens, metade não tem condições de lutar. Na guerra mais recente, a Grã-Bretanha sequer pode contar com 25 de 50 homens, como, inclusive, cada um pode constatar por si mesmo – basta pensar em quantas pessoas conheceu que perderam a vida nesse conflito. A partir desse princípio, um pequeno estado como Atenas poderia enviar 30 mil homens à guerra, número bastante considerável. Mas, após o aprimoramento das artes, esse número caiu para 10 mil, ainda assim uma quantia considerável. A Grã-Bretanha, malgrado o estado de polidez e refinamento a que chegou, ainda consegue reunir um exército formidável, tendo em vista a amplitude de seus territórios. Mas o declínio de um Estado pequeno é inevitável. Uma vantagem, talvez a única, da adoção da escravidão em uma república pequena, é que ela retarda seu declínio. Em Roma e em Atenas, as artes eram executadas por escravos. Os lacedemônios foram tão longe que não permitiam o uso de homens livres em tarefas mecânicas, pois imaginavam que elas agrediam o corpo. Na batalha de Queroneia, os atenienses, que haviam alcançado considerável grau de polidez, mesmo assim conseguiram mobilizar um número grande de homens, apenas porque os ofícios eram executados por escravos. As repúblicas italianas que não adotavam a escravidão logo perderam a liberdade. Quando, em razão do aprimoramento das artes, um Estado se torna opulento, requer-se um grande esforço para ir à guerra; mas nossos ancestrais não viam nenhuma inconveniência em fazê-lo.

Um cavaleiro (*eques*) era um simples homem a cavalo; um soldado era um cavalheiro. Estavam acostumados a uma vida dura, e as dificuldades de uma campanha não tinham nada de excepcional. Com o aumento da opulência e do luxo, os ricos só se envolviam em campanhas nos casos mais excepcionais, e tornou-se necessário empregar mercenários e a escória do povo para servir na guerra. Pessoas assim jamais seriam confiáveis em uma guerra, a não ser como parte de um exército permanente, submetidas a rígida disciplina, pois, como o serviço não dizia respeito a seu interesse privado, tal disciplina era a única maneira de assegurar que se dedicariam com empenho ao cumprimento de suas tarefas. Para realizar uma campanha de guerra com cavalheiros, não é necessário recorrer a muita disciplina. Não se pode dizer o mesmo de uma turba. Na Grécia, quando os cidadãos julgaram que não era digno de sua parte empunhar armas, as repúblicas foram confiadas a mercenários, sua força diminuiu, e, por conseguinte, os governos se expuseram a ser depostos com mais facilidade. Outra causa de seu declínio foi o aprimoramento da arte da guerra, o que tornou tudo mais precário. No início, era muito difícil tomar uma cidade, e o bloqueio era o único meio de consegui-lo. O cerco de Troia durou dez anos, e Atenas chegou a suportar um cerco de dois anos por terra e por mar. Em tempos modernos, a força que promove o cerco tem vantagem sobre a que é cercada, e um bom engenheiro é capaz de forçar uma cidade a se render em seis semanas. Mas nem sempre foi assim. Filipe da Macedônia realizou grandes aprimoramentos nessa arte, levando os governos gregos à dissolução e à submissão a poderes estrangeiros. Se Roma resistiu por muito mais tempo do que a Grécia, é porque o número de seus cidadãos crescia continuamente. Em Atenas, no entanto, o direito à cidadania era concedido a pouquíssimos, pois o estado era muito pequeno. No entanto, mesmo Roma, com o aumento da opulência e do luxo, conheceu o destino de outras repúblicas, embora seu fim tenha sido diferente. Até a época de Mário, os melhores dentre os homens livres vinham a campo. Mário inaugurou o recrutamento. Reuniu em seus exércitos os escravos libertos e estabeleceu uma rígida disciplina militar. O exército, que antes era composto por cavalheiros, era agora formado por escravos fugitivos e pelos estratos mais baixos do povo. Com esse exército, Mário conquistou e submeteu as províncias. Tinha à sua disposição todos os oficiais e todos os postos desse exército. A ele deviam suas promoções, portanto dependiam dele. Um general como esse, quando eventualmente se via confrontado, punha as tropas em campo, e estas não hesitavam em se alinhar a ele, mesmo que fosse contra sua própria nação. É o expediente a que Mário recorreu. Por influência de Sila, foi banido de Roma quando estava ausente da cidade, e teve a cabeça posta a prêmio. Mário recorreu a seu exército, que o obedecia com afinco, marchou sobre Roma na ausência de Sila, que estava em expedição contra Mitrídates, apoderou-se do governo e aniquilou o partido de seu inimigo. Mário faleceu logo em seguida, e Sila, depois de derrotar Mitrídates, voltou a Roma, derrotou o partido, dito "mariano", e transformou o governo, que até então era uma democracia, em monarquia, consagrando-se ditador perpétuo, embora depois tenha, em um gesto generoso e magnânimo, renunciado a esse posto. O mesmo aconteceu de novo cerca de trinta ou quarenta anos depois, entre César e Pompeu. A exemplo de Sila, César consagrou-se ditador perpétuo, mas não teve suficiente espírito público para renunciar ao posto. Após sua morte, as tropas de veteranos ligadas a ele estacionadas na Itália, sem esquecer dos favores que haviam recebido de sua pessoa, reuniram-se em torno de Otávio, seu filho adotivo, investindo-o com a autoridade suprema. Algo muito similar aconteceu em nosso país envolvendo a figura de Oliver Cromwell. Quando o Parlamento, desconfiado de suas intenções, decidiu desmontar o exército, Cromwell voltou-se contra ele de maneira ainda mais incisiva do que os generais romanos haviam feito contra a república, dissolvendo-o e nomeando em seu lugar um novo, mais favorável a si, concentrando a autoridade em sua pessoa.

Vemos assim como as pequenas repúblicas, conquistadoras ou defensivas, vêm a se dissolver em decorrência de aprimoramentos nas artes mecânicas, no comércio e nas artes da guerra. Consideraremos agora qual forma de governo sucedeu a republicana.

Após a conquista de uma pequena república por outro Estado, instaura-se uma monarquia ou outra forma qualquer de governo conveniente ao conquistador, que, em geral, costuma seguir o modelo de seu próprio país. Os atenienses sempre estabeleciam a democracia; os espartanos, a aristocracia. Os romanos, mais prudentes, dividiam os territórios conquistados em províncias, que eram governadas de maneira absoluta por pessoas que o Senado nomeava para esse propósito. O mesmo não se passa quando um Estado é conquistado por seus próprios súditos. Tanto a natureza da ação quanto os instrumentos que permitem realizá-la exigem uma monarquia militar ou que seja sustentada por força militar, pois tão necessário quanto conquistar o Estado é subjugá-lo. Essa forma de governo se estabeleceu em Roma na época dos imperadores, que concentravam em suas mãos o poder executivo, realizavam a paz ou a guerra conforme julgassem apropriado, e nomeavam os magistrados, fosse diretamente, fosse por intermédio de um Senado que eles mesmos haviam escolhido. Contudo, não chegavam a alterar as instituições do direito civil. O certo e o errado eram decididos como antes. Cromwell fez o mesmo em nosso país: manteve o Estado subjugado por meio de um exército reduzidíssimo, mas permitiu que os juízes determinassem o certo e o errado como antes. Foi além, e introduziu melhorias no direito civil com a supressão das tutelas; e o primeiro ato do Parlamento de Carlos II foi a confirmação das leis de Cromwell. Segundo os autores romanos, a justiça nunca foi tão bem administrada como sob os piores imperadores, Nero e Domiciano. É do interesse de administrações novas interferir o mínimo possível em coisas com as quais a maioria das pessoas há tempos está acostumada. Quando procedem assim, conseguem mais facilmente todo o resto que lhes interessa. A manutenção do antigo sistema de leis era de particular interesse dos imperadores, e constatamos que os cônsules que se portavam mal em suas províncias eram punidos com severidade. O que não acontecia na época da República, quando os governadores cometiam os mais escandalosos crimes, como os denunciados por Cícero em suas orações.

Governos militares permitem que a justiça seja administrada da maneira mais estrita possível. É verdade, não se deve esperar por um julgamento justo quando o imperador tem interesse imediato na questão e pode interferir como bem entender. No entanto, quando a questão não é de seu interesse, interessa-lhe respeitar as leis antigas.

Deve-se observar que havia uma diferença muito grande entre o governo militar estabelecido em Roma e aqueles existentes na Ásia. Em Roma, os conquistadores e os conquistados eram um mesmo povo. Os próprios conquistadores estavam cientes dos efeitos benignos dessas leis, e, longe de revogá-las, tratavam de aprimorá-las. O mesmo não acontece com os governos asiáticos, que são puramente militares. A Turquia, a Pérsia e outros países foram conquistados por tártaros, árabes e outras nações bárbaras, que não tinham sistemas regulares de leis e ignoravam por completo seus efeitos benéficos. Nomeavam para os cargos públicos pessoas de seu próprio povo, que desconheciam os deveres atrelados a essas funções. Um paxá turco ou outro oficial inferior qualquer tem poder de julgar sobre tudo, e é tão absoluto em sua jurisdição quanto o *signior* acima dele. A vida e a fortuna se tornam inteiramente precárias quando dependem dos caprichos de magistrados inferiores. Difícil imaginar um governo mais miserável ou mais opressivo.

Consideramos como se deu a dissolução dos pequenos Estados e qual forma de governo foi imposta a eles, por quais meios o governo imperial dos conquistadores foi introduzido nas repúblicas conquistadas, e que espécie de administração surgiu disso. Mostraremos agora como a monarquia militar vem a conhecer a fatal dissolução que aguarda todo Estado e toda constituição, não importa qual.

Na época de seus governos imperiais, os romanos haviam chegado a um grau considerável de aprimoramento nas artes e no comércio. Quanto mais as pessoas se acostumam a elas, menor seu gosto pela guerra, sem mencionar que o governo percebe que sua arrecadação seria prejudicada com a mobilização dos que se dedicam às manufaturas. Se houver por perto nações bárbaras, elas poderão empregar soldados com custos menores, sem com isso prejudicar a indústria. Cientes disso, os romanos passaram a recrutar seus exércitos na Germânia, na Bretanha e em outros países bárbaros ao norte das fronteiras do Império. Podiam muito bem fazê-lo, assim como, por exemplo, os holandeses fizeram na Escócia, antes do início da guerra mais recente. Com a reiteração dessa prática, viram que era fácil negociar com os chefes de nações bárbaras, oferecendo-lhes dinheiro suficiente em troca de homens para esta ou aquela expedição. Suponhamos, portanto, a existência de uma instituição como essa. O chefe bárbaro à frente de seus próprios homens tinha, no entanto, autoridade militar sobre o povo pelo qual ele lutava, e, caso se sentisse ofendido por seu governo, poderia voltar suas armas contra ele e se tornar senhor de seu país. A maioria das províncias ocidentais foi conquistada dessa maneira. Aquelas mesmas províncias romanas que haviam acolhido os bárbaros por inciativa própria logo se viram infestadas por eles. Em nosso país, os romanos ergueram um muro e guardaram suas fronteiras com legiões que protegiam a província das pilhagens do Norte. Segundo os historiadores contam, quando as legiões que guardavam essa fronteira foram convocadas à defesa da Gália, que nessa época também estava infestada, os bretões se viram subitamente libertados pelo conquistador. Mas é claro que não seria do interesse de Roma conceder sem mais a liberdade às províncias britânicas, que, de sua parte, tampouco poderiam abrir mão de uma proteção que era de seu interesse. O que os romanos provavelmente lhes disseram é que deveriam se defender por si mesmas, enquanto eles se dedicavam a outros assuntos no continente. Contudo, a proposta não agradou aos bretões, que convidaram um grupo de saxões para defendê-los. Hengist e Hursa chegaram à frente de enormes exércitos, que prontamente expulsaram os romanos, e, assenhorando-se do país inteiro, fundaram a Heptarquia Saxônica. E assim veio abaixo o Império da Europa ocidental com sua monarquia militar. Esse costume de recrutar homens em nações bárbaras é encontrado nos últimos 150 anos do Império Romano, com a consequente elevação de muitos chefes dessas nações. O patrício Étio adquiriu considerável poder sob Honório e os que vieram depois dele. A mesma causa levou à dissolução dos governos da Ásia: seus soldados eram recrutados na Tartária. As artes e as manufaturas eram cultivadas; o povo ganhava mais com seus ofícios do que indo à guerra. O comércio com as Índias Orientais, que a Itália e algumas outras nações realizavam no Mar Vermelho, as tornara muito opulentas. Todas as nações, assim como Roma, ansiavam por acordos com príncipes bárbaros vizinhos para defendê-los; foi o que levou à sua ruína.

Tendo considerado as antigas formas de governos das quais temos um registro claro, mostraremos a seguir qual forma sucedeu ao Império Romano, e explicaremos as origens dos modernos governos da Europa.

O governo que se sucedeu a esse período não era de todo diferente da constituição tártara mencionada, embora os alemães e os demais que tomaram posse dos países ocidentais tivessem noções mais claras de propriedade e estivessem um pouco mais acostumados à divisão de terras. Quando conquistavam um país, o rei e outros chefes se apropriavam de grande parte das terras para uso próprio. Distribuíam-na entre os vassalos e dependentes conforme julgassem apropriado, e deixavam aos habitantes uma parcela bastante ínfima. No entanto, não chegavam a expulsá-los, tinham alguma consideração por eles. Um franco que matasse um gaulês tinha de pagar uma multa cinco vezes mais alta do que se cometesse o mesmo crime contra um dos seus. Mas, como tais noções não eram regulamentadas por lei ou validadas por uma autoridade, depredações ocorriam por toda parte, suspendendo toda sorte de comércio entre os homens.

A consequência foi o surgimento do governo alodial, que introduziu a desigualdade de fortunas. Cada um dos chefes possuía suas terras em termos alodiais, sem quaisquer encargos de cessão, tutela etc. Um grande senhor de terras possui praticamente um condado; mas, como não poderia colher por si mesmo todas as vantagens decorrentes da posse, julga necessário dividi-lo entre vassalos, que pagam uma anuidade e o acompanham na guerra ou prestam outro serviço dessa natureza. Com isso suas rendas se tornam enormes, e, na ausência de luxos domésticos, ele não tem outro meio de gastá-las a não ser mantendo um grande número de criados nas cercanias de sua residência. São dependentes de outra espécie, que aumentam sua autoridade e garantem a paz em seus domínios, mantendo os arrendatários[4] na linha, que, por sua vez, os mantêm na linha. A autoridades desses senhores de terras era tão grande que, se um de seus vassalos tivesse uma dívida, o rei não tinha autoridade suficiente para enviar um mensageiro a seus domínios para cobrá-la; o máximo que podia fazer era se dirigir ao senhor e rogar que fizesse justiça. Cabia-lhes ainda a última palavra em disputas de propriedade ocorridas em sua jurisdição, o poder sobre a vida e sobre a morte, a cunhagem de moeda e a elaboração de leis e regulamentações complementares em seus próprios territórios. No entanto, se além dessa divisão de poderes entre o rei e os senhores não houvesse ainda outras, o equilíbrio não teria sido devidamente mantido. Além dos senhores alodiais, havia um grande número de pessoas livres que tinham autorização para serem consultadas sobre justiça em suas próprias esferas. Cada condado era subdivido em cem partes, e cada uma delas, em dez, com suas respectivas cortes,

---

4 No original, *tenant*, que denomina aquele que ocupa e trabalha a terra por delegação de seu proprietário sob diversos regimes de subordinação. Optamos por traduzir o termo de modo geral por "arrendatário", ainda que *tenant* designe inclusive aquele ocupante que ainda não está em regime de arrendamento, ou seja, em regime contratual. Para os casos de ocupação menos avançados, Smith usa *tenant at will*, que traduzimos por arrendatário a título precário, para indicar que a posse é anterior a qualquer tipo de contrato e o ocupante depende da vontade do proprietário da terra. (N. T.)

as cortes decenárias, e as cortes centenárias. Acima destas vinha o Wittenagemot, ou a assembleia do povo como um todo. Recursos eram levados da corte decenária para a centenária, e desta para a corte do condado. E, caso a corte do condado se recusasse a considerar a ouvir uma causa ou a audiência fosse postergada por razões insensatas, o recurso poderia ser levado à corte real. Os recursos eram por vezes levados ao Wittenagemot, formado pelo rei, pelos senhores alodiais, pelos *aldermen* ou condes, pelos bispos, abades etc. Foi a primeira forma de governo da Europa ocidental após a queda do Império Romano.

Mostraremos agora como o governo alodial foi deposto e se introduziu o sistema feudal.

Como os grandes senhores estavam sempre em guerra uns contra os outros, eles concediam aos arrendatários a concessão de terras por um ano, garantindo assim que estariam ao seu lado no campo de batalha. Posteriormente, e pela mesma razão, os arrendamentos passaram a ser vitalícios. No caso de uma guerra mais arriscada, os senhores estendiam o arrendamento aos filhos e netos dos arrendatários, garantindo assim que suas famílias não se vissem de súbito despossuídas, se o pior acontecesse, e que os próprios vassalos se sentissem ainda mais encorajados a se engajar na empreitada. O direito tornou-se por fim hereditário, pois se considerava que seria cruel privar uma família de uma posse antiga, e o arrendamento passou a se chamar feudo. O arrendatário feudal estava obrigado a certos ofícios, o principal era o serviço militar; caso o vassalo não pudesse realizá-lo, deveria indicar alguém que o fizesse em seu lugar. E assim surgiram as tutelas. No caso de a herdeira suceder ao vassalo, o senhor tinha o direito de casá-la com quem bem entendesse, pois se considerava razoável que ele tivesse o direito de escolher um vassalo. Outro emolumento do senhor era o *prima seizin*: quando da morte do pai, o filho não tinha direito à herança enquanto não declarasse publicamente que estava disposto a recebê-la. Por isso, muitas vezes o senhor tinha as posses em mãos por algum tempo e podia desfrutar delas nesse ínterim. Para tê-las de volta, o herdeiro precisava pagar um montante, chamado reparação. Um terceiro emolumento que pertencia ao senhor era chamado *escheat*: quando a propriedade se tornava hereditária e não havia herdeiro na família, ela retornava para o senhor. O mesmo acontecia se o arrendatário não prestasse os ofícios previstos na posse. Havia, além disso, pequenas somas pagas ao superior quando um filho era feito prisioneiro, ou quando era consagrado cavaleiro, ou quando sua filha se casava, e outras ocasiões semelhantes. As mesmas circunstâncias que levaram os senhores alodiais a ceder suas terras aos vassalos a partir de arrendamentos que depois se tornaram hereditários levaram os reis a ceder a maioria de suas terras como posses feudais, e o que um arrendatário possuía como feudo praticamente equivalia à propriedade de fato. Estavam submetidos, é verdade, aos emolumentos mencionados, mas tinham a posse da terra e a transmitiam à posteridade. A propriedade feudal pode ser sob certos aspectos inferior à propriedade alodial, mas a diferença era tão pequena que senhorias alodiais logo se tornaram posses feudais. Por volta do século X, a posse de todas as propriedades era feudal; os senhores haviam trocado seus direitos alodiais por posses feudais, gozando assim da proteção do rei.

Os historiadores que explicam a origem das leis feudais a partir da usurpação da nobreza pelo rei estão simplesmente equivocados. Eles afirmam que os nobres reclamavam a hereditariedade das terras que possuíam pela graça do rei de modo que este não pudesse mais recuperá-las, e que a lei feudal teria sido introduzida por causa da diminuição do poder do rei. Contudo, o que aconteceu foi na verdade o contrário: por causa do aumento do poder real, exigiam-se do rei grandes poderes para que os senhores mantivessem suas terras em termos feudais. A melhor prova disso é que Guilherme, o Conquistador, alterou todas as senhorias alodiais na Inglaterra para posses feudais; Malcolm Kenmure fez o mesmo na Escócia.

A introdução do sistema feudal na Europa suprimiu tudo que se assemelhe a governo popular. As cortes populares foram desfeitas. As cortes decenária, centenária e de condado foram proibidas. Todas as questões públicas eram administradas pelo rei e pelos senhores feudais. Os senhores feudais eram os únicos com assento no Parlamento; os comuns não eram permitidos. Os grandes senhores feudais, que dependiam imediatamente do rei, eram considerados como seus companheiros, *pares convivii comites*. Aconselhavam-no nos assuntos públicos, e nada que fosse importante poderia ser feito sem eles. O consenso da maioria era necessário à aprovação das leis, e todos deveriam estar presentes. Os mesmos métodos eram adotados, em suas jurisdições, pelos barões e pelos senhores abaixo deles, chamados *pares curiae baronis*. Tinham ainda de ser consultados em assuntos militares, pois empunhavam armas. Para fazer uma lei ou ir à guerra, o barão precisava do consentimento da maioria. Nada poderia ser feito no reino sem um consentimento praticamente universal. Incorreram assim em uma espécie de aristocracia, chefiada pelo rei.

Além das ordens mencionadas, havia duas outras consideradas totalmente desprezíveis nesse período. A primeira era a dos vilões, que aravam o solo, e era *adscripti glebae*. A segunda era a dos habitantes dos burgos, que se encontravam na mesma condição do que a vilania ou talvez um pouco acima dela. Como os burgos estavam sob a influência do senhor que os protegia, era do interesse do rei enfraquecer o quanto pudesse essa influência e favorecer sua liberdade. Henrique II chegou a ponto de considerar que, se um escravo escapasse de um burgo e vivesse pacificamente por um ano e um dia, tornava-se livre. Concedeu-lhes muitos outros privilégios, mas o que mais o fortaleceu foi o poder de formar corporações mediante o pagamento de um montante ao rei. Emprestavam dele *in capite*, e de início cada um pagava sua parte ao rei, mas depois o burgo pagava a soma de acordo com uma estimativa independente. Com isso, à medida que o número de habitantes crescia, o fardo diminuía, e os burgos cresceram e se tornaram opulentos. No reinado de Henrique III promulgou-se uma lei segundo a qual se um senhor casasse sua tutelada com um burguês, com isso abriria mão de sua tutela.

Consideramos as diferentes ordens que formavam o reino como um todo. Veremos agora como cada um deles adquiriu uma parcela do governo e qual parcela foi delegada a cada um. Toda pessoa que possuísse uma propriedade, fosse grande ou pequena, tinha direito a um assento na corte do rei, e a consultá-lo e aconselhá-lo em questões ou assuntos públicos. No reinado de Guilherme Rufo, setecentas pessoas tinham assento no Parlamento; sob Henrique III, decretou-se que os barões menores, que não tinham como frequentar o Parlamento, deveriam enviar um representante; eram considerados como senhores e tinham assento na mesma casa que eles. Da mesma maneira, os burgos passaram a ter representantes no Parlamento, pois haviam se tornado opulentos e poderosos, e o rei percebeu que seria de seu interesse lhes dar algum peso, de modo a diminuir a autoridade dos pares.

Com isso, tornou-se necessário também seu consentimento, além daquele dos barões, para a aprovação de qualquer lei que fosse. Os representantes dos burgos tinham assento em uma casa à parte, e os barões menores, que estavam muito abaixo dos grandes senhores e não muito acima dos Comuns, não demoraram para se juntar a eles. A partir de então, as receitas do rei muitas vezes se mostraram inferiores a suas demandas. Consistiam elas em: 1) a *demesnes* real; 2) serviços de cavalheiros; 3) emolumentos feudais, como as tutelas; 4) multas, punições, compensações por crimes etc.; 5) todos os bens *waff*, *res nullius* etc. Tais eram as principais fontes de arrecadação do rei, mas não eram, de modo algum, suficientes para suprir as despesas de governo, cada vez maiores. As duas câmaras dos comuns, quando reunidas, compunham um corpo considerável, e a maior parte dos subsídios dependia deles. O rei permitia que os barões nem sempre estivessem presentes, e os convocavam ou não a bel-prazer. Quando os convocava, emitia um édito reunindo-os; veio daí o expediente de criar pares por éditos ou patentes, como se faz atualmente.

Mostramos como a Casa dos Comuns se tornou importante; mostraremos agora como o poder da nobreza diminuiu e o governo se tornou arbitrário. Em todas as cortes da Europa o poder da nobreza declinou, devido aos motivos costumeiros, os aprimoramentos nas artes e no comércio. Um homem que pode gastar sua fortuna em luxo doméstico é obrigado a demitir seus criados. Era mais fácil sustentar mil homens de acordo com as regras da antiga hospitalidade rústica do que, pelas atuais, hospedar um senhor por uma noite. Richard, conde de

Warwick, denominado Make-King, sustentava 40 mil pessoas além dos arrendatários; mas, quando o luxo tomou lugar, isso não foi mais possível. E assim o poder da nobreza diminuiu, e antes mesmo que a Casa dos Comuns adquirisse autoridade própria. O rei tornou-se arbitrário. Sob a casa dos Tudor, o governo era bastante arbitrário, a nobreza estava arruinada e os burgos perderam poder.

Seria de esperar que também o soberano perdesse autoridade, devido ao aprimoramento das artes e do comércio, mas um pouco de atenção nos convencerá do contrário. Um homem que tem 40 mil libras por ano, quando ninguém no reino poderia gastar mais do que cem libras, não é afetado pelo aumento do luxo. É exatamente a situação do rei: ele tem 1 milhão de libras por ano, enquanto nenhum de seus súditos pode gastar mais do que 30 mil ou 40 mil libras anuais, portanto não lhe resta senão gastá-lo sustentando um grande número de pessoas. Portanto, o luxo deprime a autoridade dos nobres, cujas posses são pequenas em proporção às do rei, e, como as deste não são afetadas, seu poder se torna absoluto. É o que aconteceu na maioria das nações europeias, embora não exatamente na Alemanha, cuja monarquia era eletiva e, logo, jamais poderia ter tanta autoridade. Nesse país muito maior do que qualquer outro da Europa, quando o governo feudal se dissolveu, a nobreza, que já possuía fortunas consideráveis, adquiriu ainda mais riqueza, em proporção ao resto da nação; e, assim, suas posses aumentaram tanto em relação aos que vinham imediatamente abaixo, que não conseguiram gastá-las em luxo, sustentando um número considerável de criados. Com isso, o poder da nobreza foi preservado na Alemanha, enquanto na Inglaterra foi totalmente destruído, tornando o rei absoluto.

Mostramos como o governo da Inglaterra se tornou absoluto. Veremos agora como a liberdade foi restaurada, e quais garantias os britânicos têm de sua posse. O decreto de Henrique VII que permitia à nobreza abrir mão de suas propriedades os rebaixou ao mesmo nível dos Comuns. Elisabeth, sempre preocupada com a popularidade, resistia tenazmente à imposição de taxas aos súditos. Para suprir as necessidades da Coroa, ela vendeu as *demesnes* reais, pois sabia que não teria herdeiros para sucedê-la. Por isso, seus sucessores, para obter cada um dos provimentos mais necessários, tinham de recorrer ao Parlamento. Os Comuns haviam se tornado uma força considerável, que representava o povo como um todo. Cientes das necessidades do rei, satisfaziam-nas, mas sem infringir algum de seus privilégios. Certa vez, obtiveram a liberdade de discurso; em outra, decretaram que uma lei só poderia ser promulgada se dessem assentimento a ela. O rei, pressionado por suas necessidades, concedia ao Parlamento tudo o que este lhe pedia; e assim foi estabelecida a autoridade parlamentar. Uma vantagem peculiar de que a Grã-Bretanha desfrutava após a ascensão de Jaime I era que, como seus domínios se limitavam por todos os lados pelo mar, não havia necessidade de um exército permanente, e com isso o rei não tinha poderes para intimidar o povo ou o Parlamento. As 1.200.000 libras anuais estabelecidas desde então para a Coroa seriam suficientes para garantir sua independência, não fosse pela má economia de Carlos II, que o tornou tão endividado quanto seus predecessores. Seu sucessor, mais endividado ainda, foi forçado a renunciar ao trono e a deixar o reino. Introduziu-se uma nova família, que, por não contar com *demesnes* reais, dependia inteiramente de impostos e foi obrigada a se submeter ao povo para obtê-los. Desde então, a receita da Coroa, embora tenha aumentado muito, depende a tal ponto da anuência do Parlamento que não representa uma ameaça à liberdade da nação. Atualmente, a receita consiste em três ramos principais: 1º) A Lista Civil, dedicada inteiramente à manutenção da família real, e que não dá influência ao rei nem fere a liberdade dos súditos; 2º) Os impostos anuais sobre as terras e o malte, que dependem inteiramente do Parlamento; e 3º) Os fundos hipotecados para o pagamento da dívida pública, como os impostos sobre o sal, a cerveja, o malte etc., arrecadados pelas alfândegas e pela tributação sobre venda.[5] Estes últimos tampouco dizem respeito ao rei e são pagos à Corte do Tesouro, que costuma ser administrada por pessoas influentes e íntegras, que ocupam cargos vitalícios independentes da Coroa. Mesmo eles só podem pagar àqueles nomeados pelo Parlamento e devem obter a quitação do credor público. O excedente das hipotecas vai para o chamado Sinking Fund, destinado ao abatimento da dívida pública e que garante que o governo permanecerá com a atual família, pois, na eventualidade de uma revolução, os credores da dívida pública, que são homens influentes, teriam a perder não apenas o montante principal, mas também os juros. Portanto, a situação da nação é bastante segura no que diz respeito à administração da receita pública, o que permitiu a introdução de um sistema racional de liberdade na Grã-Bretanha. O Parlamento é composto por cerca de duzentos pares e quinhentos comuns. Os Comuns são em grande medida responsáveis pelos assuntos

5 No original, *excise*, que é um tipo de imposto de consumo, portanto uma tributação interna a um determinado país. Como Smith usa de modo geral *taxes on consumption*, optamos por traduzir *excise* por "imposto ou tributação sobre venda". (N. T.)

públicos, tendo em vista que todo decreto envolvendo dinheiro só pode surgir nessa casa. É uma afortunada mistura de diferentes formas de governo, devidamente restringidas, garantindo a plena segurança tanto da liberdade quanto da propriedade.

A liberdade conta ainda com outras garantias. Os juízes nomeados para a administração da justiça são permanentes e vitalícios, e totalmente independentes do rei. Os ministros do rei são passíveis de impedimento pela Casa dos Comuns por má administração, e o rei não tem o direito de suspender o processo com seu perdão. Outra garantia da liberdade do súdito é o decreto do *habeas corpus*, que restringe o arbítrio do rei de deter uma pessoa na prisão pelo tempo que desejar e permite destituir um juiz que não leve a julgamento um prisioneiro depois de quarenta dias de detenção. Também são garantias da liberdade o método de eleição para a Casa dos Comuns, a quem compete julgar todas as questões relativas a eleições. Tomados em conjunto, esses costumes consagrados impedem que o rei queira alguma vez ser absoluto.

Outra garantia da liberdade é a instituição de cortes de justiça. Consideraremos agora sua origem, sua história e sua situação atual.

Na Inglaterra, na verdade em toda a Europa, com a introdução da lei feudal, o reino passou a ser governado e a justiça, administrada da mesma maneira como os barões em suas jurisdições. Assim como o intendente se encarregava de tudo que era do interesse do senhor, o Grand Justiciary se encarregava de tudo no reino. Nomeava xerifes e outros oficiais inferiores. Era ele mesmo um senhor, e, por toda parte na Europa, exceto na Inglaterra, a autoridade de seu cargo o tornava tão poderoso quanto o rei. Eduardo I viu o perigo e decidiu se precaver. Leis de todas as espécies, fossem criminais ou civis, eram determinadas pelo Justiciary ou pela Corte do Rei, que atuava sempre ao seu lado; os inevitáveis atrasos e postergações dos processos civis ocasionaram a transferência das causas comuns da Corte do Rei para a Corte dos Recursos Comuns, instalada em Westminster. Processos criminais costumam ser julgados mais rápido. Seria de esperar que, quando a vida de uma pessoa está em jogo, os debates sejam mais demorados. No entanto, em tais casos, o ressentimento entra em questão e precipita a punição. Pouco importa a um espectador qual será o resultado de um processo envolvendo dinheiro; a coisa é diferente em casos criminais. Mas a transferência das causas comuns não foi suficiente para diminuir os poderes do Great Justiciary, que continuava a concentrar as determinações fiscais e criminais. Por isso, Eduardo I fez por bem repartir os assuntos do Justiciary em três cortes diferentes, mantendo os processos civis neste último, destinando os criminais à Corte dos Recursos Comuns, que passou a se chamar Magistratura Real (King's Bench), pois o rei tinha um assento, o que, no entanto, não acontece mais, já que seria impróprio que o rei julgasse questões que dizem respeito à violação da paz real. A Corte do Tesouro era responsável por julgar todas as questões entre o rei e seus súditos, como as dívidas entre uma e outra dessas partes e tudo o que dissesse respeito à receita. A Corte de Chancelaria não era, de início, uma corte, pois o chanceler apenas preservava os mandados e sentenças de acordo com os quais a justiça havia sido feita. Veremos agora o que levou à instituição dessa função.

Eduardo I aboliu o poder do Grand Justiciary. Empregou pessoas vis como juízes, clérigos em geral. As decisões dependiam de tais pessoas, que exerciam suas jurisdições de maneira precária e se pronunciavam com hesitação tanto nos casos criminais quanto nos civis, nos primeiros como mediadores, nos últimos como árbitros, recusando-se a emitir sentenças quando não houvesse precedentes da Corte do Justiciary. Por isso, todas as sentenças emitidas por esta última foram mantidas. Preservá-las parece ter sido a função inicial do chanceler. Uma pessoa que tivesse um processo se dirigia ao clérigo da Corte de Chancelaria que examinava as sentenças e, se ele encontrasse alguma em que o caso estivesse previsto, a justiça era feita, mas, do contrário, não era feita justiça. Como se vê, o chanceler originalmente não era um juiz. Na Escócia, o ofício do chanceler é lotado na Corte de Sessão. Na Inglaterra, uma intimação era enviada do chanceler para o xerife, obrigando-o a se apresentar diante dos juízes do rei. Os juízes, com seus procedimentos variáveis e imprecisos, despertavam a desconfiança do rei, e muitas sentenças severas foram emitidas contra eles. Certa vez, os juízes foram multados por corrupção em 100 mil marcos. Isso os levou a observar estritamente as sentenças depositadas na Chancelaria, evitando ao máximo desviar-se delas para não serem multados, ou para que nem mesmo uma palavra tivesse de ser retificada. Essa precisão continua a ser aplicada em casos arbitrados por sentenças que ainda não foram suprimidas por estatutos de correções. Muitas vezes, um simples erro ortográfico, por mais evidente que seja, provocou a anulação de uma sentença inteira. Os juízes se encontravam atados à enunciação precisa de uma sentença ou estatuto. Foi essa a origem e a jurisdição da Corte de Chancelaria.

Rivalidades entre as diferentes cortes marcaram os aprimoramentos do direito inglês. Mostraremos como cada uma começou a estender seu poder de se imiscuir nos privilégios de outras, e como a Corte de Chancelaria ampliou assim sua influência. A Corte de Magistratura Real, que julgava causas criminais e violações da paz real, foi a primeira, tomando para si o julgamento de causas civis anteriormente à apresentação de um recurso, imiscuindo-se assim na jurisdição da Corte dos Casos Comuns, por meio da chamada *writ of error*, ou seja, pressupunha que a pessoa era culpada por violação. Por exemplo, um homem que devesse 10 libras e não comparecesse no horário previsto para o pagamento era objeto de uma ordem de exame e busca pela Magistratura Real, com base na pressuposição de que ele tinha a intenção de se esconder e deveria ser punido por violação. Atualmente, uma ação sob contrato é apresentada diante da Magistratura Real. Outrora, no entanto, essa corte pôde estender seus poderes, tornando-se suprema e inviolável.

A Corte do Tesouro decidia quais causas iria julgar imediatamente, e isso da seguinte maneira. Suponha um homem que deve uma soma de dinheiro ao rei, mas não tem como pagá-la, pois, para tanto, depende de que outro quite suas dívidas com ele. É da alçada dessa corte julgar a questão. Mas o que ela faz? Toma para si a tarefa de processar esse último homem, por meio do chamado *quo minus*, por aquilo que torna o primeiro menos capaz de pagar ao rei. Ora, como as dívidas para com o rei eram muitas, e os lucros dos juízes vinham do dinheiro obtido com as sentenças, o que dependia da atividade da corte, eles não hesitaram em promover essa extensão de seu poder. A rapidez com que as sentenças eram emitidas e a precisão dos trâmites estimulava cada vez mais a apresentação de casos de acusação.

Veremos agora como o chanceler chegou a uma jurisdição equânime. Com o aprimoramento das artes e do comércio, surgiram muitos processos sem precedentes, e as imperfeições das leis prejudicavam em demasia as pessoas. Eduardo I viu que numerosas ofensas não estavam previstas nos estatutos de corte, e, por isso, o Parlamento determinou que, se uma pessoa se dirigisse ao clérigo da Chancelaria e este constatasse que não havia sentença para seu caso, ele deveria buscar por sentenças de natureza similar de modo a compor uma nova que resolvesse a questão. Com isso, a Chancelaria passou a prescrever regras às demais cortes, indicando o teor das sentenças e a maneira de sua aplicação, tomando em suas mãos, na prática, o poder decisório delas. Não cabia recurso das Cortes de Magistratura Real ou das Causas Comuns à de Chancelaria, e, no entanto, tinham de se dirigir a ela, sempre que a Common Law não se aplicasse. Desse modo, o chanceler adquiriu o poder de julgar todos os casos de equidade, e passou a ser referido na maioria dos casos civis. Os principais dentre eles eram os seguintes: 1º) A aplicação específica dos contratos. Segundo a Common Law, se uma pessoa era contratualmente obrigada a ceder uma porção de terreno e, no entanto, se recusasse a fazê-lo, ela teria de pagar pelos danos, mas não especificamente; cabia à Chancelaria, que não era considerada uma corte de consciência, a execução específica da sentença; 2º) A Chancelaria concedia reparação a todas as fraudes ou violações de compromisso em casos que não estivessem previstos na Common Law. A outorga de terras à Igreja privava o rei dos emolumentos decorrentes delas, e um decreto foi aprovado contra essa prática. Ordenou-se ao clero que essas terras deveriam ser deixadas a certas pessoas que disporiam delas para benefício da Igreja, e, caso não o fizessem, como se trataria de uma violação de compromisso, o chanceler concedia o direito de um bispo remediar a situação.

Da mesma maneira, quando pessoas dedicadas aos assuntos de Estado se viam obrigadas a alienar suas terras para outras que não tinham qualquer interesse nelas, o chanceler determinava que fossem devolvidas. Testamentos, legados e outros que tais também estavam submetidos à decisão do chanceler.

Uma das questões do exame das cortes é a origem dos juízes. Nos primórdios do governo alodial, quando as diferentes cortes haviam passado por pequenos aprimoramentos e ainda não tinham experiência para examinar as questões mais a fundo, uma pessoa que fosse trazida diante delas tinha de prestar juramento e era obrigada a apresentar doze testemunhos para confirmar que era autêntico. Existem vestígios dessa prática em processos de dívida, quando a pessoa que puder apresentar o maior número de testemunhos que confirmem seu juramento ganha o processo. A imperfeição desse método de julgamento é uma das principais causas da origem dos combates judiciais. Um nobre ou qualquer outro dotado de espírito que pudesse ter seus direitos solapados por um grupo de pessoas mal-intencionadas preferia naturalmente decidir a questão no campo de batalha e entregar a Deus o veredicto. Henrique II foi quem primeiro decidiu que o xerife e um grupo de pessoas que estivesse a par das circunstâncias do crime deveriam examinar o episódio exaustivamente e emitir uma sentença de julgamento sobre o acusado. O direito inglês, sempre afeito à liberdade, merece mais elogios do que nunca pela acertada decisão de adotar juízes imparciais. Os escolhidos pelo xerife devem estar próximos ao local em que o crime ocorreu, para que tenham ciência de suas circunstâncias. Mas o júri pode imputar boa parte dos membros escolhidos, até trinta, caso exista suspeita de parcialidade na escolha do xerife. Pode haver muitas causas, as mais ínfimas, que levem à suspeita de parcialidade, e cabe à corte julgá-las. Não existe instituição mais apropriada à defesa da vida, da liberdade e da propriedade. Os juízes são homens íntegros, perfeitamente independentes, que ocupam cargos vitalícios, mas são restringidos pelo direito. Os jurados são seus vizinhos, que irão julgá-lo por um fato do qual sua vida depende. Também podem ser afastados, pelas mais diversas razões. As leis inglesas em relação a júris são defectivas em um ponto apenas, no qual diferem das leis escocesas. Na Inglaterra, o júri deve ser unânime, o que torna a ocupação de jurado bastante desagradável. Um caso pode ser mais claro para você do que para mim, e pode ser diferente do que ambos percebemos, mas, mesmo assim, deve haver concordância entre nós; portanto, que um de nós jure contra sua consciência. Em causas criminais, os riscos são pequenos, as pessoas geralmente se predispõem a favorecer a inocência e a preservar a vida. Mas em casos civis é diferente, não há predisposição a favorecer o acusado e muitos jurados chegam mesmo a questionar sua inocência. Pessoas de fino trato preferem evitar tais circunstâncias, o que explica porque apenas as mais vis costumam responder à convocação do juiz. Um homem distinto não se sentiria à vontade sendo tratado como um qualquer, sendo chamado à corte em diversas ocasiões ao longo do processo, o que não convém a um cavalheiro. Nesse caso, as provisões da lei de garantia de segurança foram longe demais. Na Escócia não é preciso haver unanimidade, o que torna o ofício menos desagradável. Um jurado que não concorde com a maioria pode muito bem sustentar sua opinião, o que explica por que pessoas de mais alta distinção não se recusam a ser jurados. As ações apresentadas à Corte de Chancelaria não requerem júri, e a Corte de Sessão escocesa também cancelou essa exigência.

Além das cortes mencionadas, muitas outras foram erigidas por patente real. Henrique VIII criou três: a Corte da Alta Comissão, formada por eclesiásticos; a da Câmara Estrelada, que cuidava de tudo que não se referisse à pena capital; e a Corte de Tutela, responsável pelos emolumentos do rei em todos esses procedimentos. Esta última foi suprimida por Carlos II, que aceitou receber uma soma equivalente a todas as pendências. Existe atualmente um consenso de que o rei não poderia erigir uma corte sem a autorização do Parlamento. Em nenhuma outra parte da Europa a lei é tão precisa quanto na Inglaterra, pois em nenhuma parte ela é tão antiga. Quando o Parlamento de Paris foi criado, a Inglaterra estava sob o reinado de Henrique VIII. O Parlamento inglês é formado por um bom número de homens, todos eles muito dignos. Toda corte que é criada desdenha as regras preexistentes. Por isso, a criação de cortes é um mal, precisamente pelo fato de que seu poder não se encontra de início determinado com precisão, portanto suas decisões são inevitavelmente imprecisas e inadequadas.

Consideramos a origem do governo:

1. Nas nações selvagens;
2. Nas nações de pastores;
3. Em pequenos clãs com chefes.

Acompanhamos o surgimento das aristocracias, a queda das repúblicas, de conquista ou defensivas, e, por fim, dos diferentes governos na Europa após a dissolução do governo arbitrário.

Consideraremos agora a origem das pequenas repúblicas europeias, e os direitos do soberano e do súdito.

Primeiro quanto à origem dessas repúblicas. Em alguns países, acontecia de as províncias mais afastadas da sede do governo se tornarem independentes, como no caso de boa parte da Alemanha e da França na época de Carlos Magno. Hugo Capto, que era Chief Justiciary, tomou o governo nas mãos, mas assumiu o título de rei da França apenas. O papa provocou por um longo tempo perturbações na Alemanha, impedindo assim que o imperador Otho se apoderasse da Itália; e, quando finalmente conseguiu fazê-lo, foi incapaz de mantê-la. Cada cidade, por menor que fosse, formava uma república, dirigida por um conselho eleito por ela. Algumas cidades alemãs mais fortificadas, como Hamburgo, adotaram esse privilégio e até hoje o mantêm, em alguma medida. As cidades italianas, atualmente governadas por nobreza hereditária, outrora foram repúblicas perfeitamente democráticas. Em Veneza, assim como na Holanda, as pessoas livremente abriram mão do governo, pois não poderiam assumir o fardo que ele representava. As repúblicas holandesa e suíça são formadas como *republica federata*, daí sua força.

Algumas observações sobre a maneira de votação nessas repúblicas. Se houver cem eleitores e três candidatos, a pessoa mais detestada pode se eleger, pois, supondo os candidatos A, B e C, o primeiro com 34 votos e os outros dois com 33 cada um, A será eleito, apesar dos 66 votos contra si. O mesmo poderá acontecer quando um criminoso for apresentado diante dessa assembleia. Pois, se 34 pessoas o julgarem culpado por assassinato, 33 por homicídio involuntário e outras 33 por homicídio acidental, o réu será condenado por assassinato. Para impedir que isso aconteça, algumas repúblicas resumem a questão a uma alternativa simples: o réu é culpado ou inocente de assassinato? E, no caso das eleições, se três candidatos se apresentarem, haverá uma votação prévia, e um deles será excluído. Em seus Senados, o presidente nunca tem voto deliberativo, apenas decisório, pois nenhum membro poderia ter dois votos. Se houver igualdade entre ambos os lados, não há o que fazer, e a pauta não é rejeitada, apenas referida a outro encontro.

Consideraremos agora os deveres para com o soberano e as punições em caso de desobediência. Toda tentativa de derrubar esse poder é considerada em todas as nações como o maior dentre os crimes, e recebe o nome de alta traição. Observe-se que existe uma grande diferença entre a traição em monarquias e a traição em repúblicas. Nas primeiras, é um atentado à pessoa do rei; nas segundas, às liberdades do povo, o que explica por que a máxima do assassinato veio a ser estabelecida em repúblicas, mas não em monarquias. É do interesse das monarquias que a pessoa que exerce a autoridade seja defendida, não importa seu título ou sua conduta, e que ninguém esteja autorizado a questioná-los. As leis da monarquia são, portanto, desfavoráveis ao assassinato de tiranos. Em uma república, a definição de tirano é clara. É aquele que retira as liberdades do povo, convoca exércitos, exige impostos, e a bel-prazer condena à morte os cidadãos. Um homem como esse não poderia ser apresentado a uma corte de justiça, portanto seu assassinato é considerado justo e equânime. É verdade que os atuais governos republicanos europeus não encorajam a adoção dessa máxima, pois as monarquias dão o tom e os outros governos adotam seus parâmetros. De acordo com essas concepções, o assassinato de Oliver Cromwell é um opróbrio; mas não seria assim, se o parâmetro viesse das repúblicas grega e romana.

Observadas as diferenças entre os governos monárquico e republicano quanto a esse ponto, passemos aos crimes considerados de traição.

Existem três espécies de traição, ou de ataques à essência do governo: 1º) *Perduellio*, ou a tentativa de subverter o governo estabelecido por meio da força ou da rebelião; 2º) *Proditio*, aliar-se a um inimigo, oferecendo-lhe fortes, abrigos etc., e recusando-se a ceder ao governo fortificações e outras coisas por ele requeridas. Chama-se a isso alta traição; 3º) *Laesa majestas*, um insulto à autoridade do magistrado, crime este menos hediondo do que os outros. Tais eram as espécies de traição reconhecidas pelos romanos. Sob os imperadores, esses elementos se fundiram, e a violação do mais ínfimo dos deveres, como atirar uma pedra contra a estátua do imperador, era punida com a morte. Honório elevou a conspiração contra qualquer um dos ministros do imperador à condição de alta traição.

A lei inglesa considera os seguintes crimes como de traição: 1º) O assassinato do rei, desejar sua morte ou fornecer armas contra ele; todas essas ações são punidas com a pena capital. A Conspiração da Pólvora jamais foi executada, mas os envolvidos foram punidos com a morte. Se tivessem apenas a intenção de matar alguma outra pessoa que não o rei, nunca teriam sido executados. 2º) Violar a esposa do rei ou sua filha mais velha, pois tais são afrontas a ele e podem introduzir uma linhagem espúria na sucessão da Coroa; no caso de uma filha mais jovem, a afronta não é tão grave. 3º) Reunir uma força contra o rei, para auxiliar seus inimigos. 4º) Atentar contra a vida do chanceler ou juiz de *assize* quando presentes na corte; em outros locais, é simples felonia. Eduardo I promulgou que apenas feri-los não seria traição. 5º) Falsificar o Selo Privado ou o Grande Selo real é considerado usurpação, pois os atos do governo são por eles efetivados. 6º) Falsificar a cunha do rei, embora a rigor tal coisa não seja uma traição, por não se tratar de um atentado à essência do governo. É uma espécie de falsificação, e costuma ser punida como tal. Eram essas as espécies de traição antes da Reforma, quando Henrique VIII declarou-se a si mesmo chefe da Igreja e assumiu a soberania em questões eclesiásticas como parte de sua prerrogativa, estabelecendo com esse propósito a Alta Corte do Comissariado, para julgar eclesiásticos. Foi abolida por Maria e restabelecida por Elisabeth. Como então pairava sobre a Inglaterra a ameaça do partido papista, a religião católica foi considerada nociva à existência do governo, e decretou-se alta traição introduzir qualquer bula pontifícia, o Agnus Dei ou tudo que pudesse respaldar sua autoridade, apoiar seminários papistas ou dar abrigo a sacerdotes papistas.

Durante a Guerra Civil e a usurpação de Cromwell, surgiu uma discussão sobre até que ponto é lícito resistir ao poder do governo. O partido da corte acreditava que o rei era absoluto, enquanto a doutrina popular afirmava que o rei era um superintendente e poderia ser derrubado se assim decidisse o povo. Com a Restauração, prevaleceu o partido da corte, e o outro se tornou detestado. Com a Revolução de 1688, a família Stuart foi afastada, e por excelentes razões, e estabeleceu-se a sucessão da presente família. Com isso, o partido da corte foi destituído e começou a influenciar as disposições do povo. Decretou-se então que qualquer um que se pronunciasse contra a atual linha de sucessão seria culpado de traição. Essa provisão é atualmente desnecessária, pois o governo se encontra tão bem estabelecido que não tem mais por que dar ouvidos aos que se pronunciam ou escrevem contra ele.

Na Escócia, as leis sobre traição eram muito confusas. Considerava-se alta traição predispor o rei contra o povo ou o povo contra o rei. Com a União de 1707, foram alinhadas às da Inglaterra. São as leis sobre traição atualmente vigentes na Grã-Bretanha, e aquele que as viola se expõe às penalidades mais extremas. É enforcado, são arrancadas suas entranhas, seus bens são confiscados, subtrai-se o dote de sua esposa, e seu sangue é corrompido, de tal maneira que seus filhos não podem sucedê-lo.

Outras ofensas contra a Coroa não são punidas com alta traição, apenas com felonia. 1º) A fabricação de moeda fora do padrão e sua exportação. Imaginando que a opulência do reino depende da quantidade de dinheiro nele existente, o Parlamento decidiu que qualquer um poderia fabricar moeda com metal precioso sem ter de arcar com taxa de cunhagem. Mas, assim, como a quantidade de moeda cunhada correspondia sempre ao valor do metal empregado, era grande a tentação de derreter moeda e exportá-la. Daí o decreto que considerava essa prática como felonia. 2º) Toda tentativa de aumentar a quantidade de moeda, como por meio de uma suposta pedra filosofal. 3º) Destruir armamento real. 4º) Todo atentado contra oficiais do rei. Por fim, de modo geral, tudo o que é felonia contra uma pessoa é felonia contra o rei. Se o rei for assaltado, isso é felonia, assim como no caso de pessoas comuns, com a diferença de que as ofensas são perpetradas contra ele como rei.

Outras ofensas menores contra o rei incorriam na chamada *premunire*. Isso merece uma explicação. Durante os reinados de João e de Eduardo III, a Inglaterra estava inteiramente sob o domínio do papa. Seu legado introduzia bulas e arrecadava contribuições a bel-prazer; muito antes da Reforma era necessário defender a liberdade do rei contra o papa. Acontecia de o rei indicar um homem para um benefício, e o papa, outro; o candidato do papa sempre era escolhido. Promulgou-se uma lei que proibia a introdução de bulas vindas de Roma e expunha os que se recusassem a efetuar uma nomeação do rei a penalidade *premunire* regem, isto é, destinadas a fortalecer o rei contra o papa. A penalidade era o sequestro de bens e a proscrição. Quando Henrique VIII foi declarado chefe da Igreja pelo papa, tornou-se *premunire* atacar a prerrogativa do rei em relação a questões eclesiásticas.

Além dessas, há outras ofensas, chamadas de traição por omissão; podem ser positivas ou negativas. Omissão positiva é não revelar a existência de um complô contra a pessoa do rei, de sua filha mais velha ou do herdeiro do reino. Da mesma maneira, é felonia não revelar o conhecimento de uma conspiração ou rebelião. Omissão negativa é a falsificação de moeda estrangeira corrente no reino, como ouro de Portugal. Já a falsificação de moeda francesa ou holandesa não é felonia, pois elas não são correntes entre nós.

Por último, existem as ofensas de contumácia contra o rei; elas são quatro. 1ª) Contumácia pela corte ou pelos palácios reais. A promoção de tumulto nesses locais é uma indignidade cometida contra o soberano. Tumultos em cortes de justiça também são severamente punidos, pois é comum que as pessoas se sintam provocadas nesses locais, e, se não houvesse uma lei estrita para puni-las, os distúrbios seriam frequentes. 2ª) Contumácia pela prerrogativa do rei, como desobedecer à sua convocação quando esta é legal, ou deixar o reino no exercício das funções sem sua autorização – mesmo para letrados. 3ª) Contumácia pela pessoa ou pelo governo do rei (muitos cometem esse crime), por exemplo, dizer que ele é indolente ou covarde, que ele quebrou o juramento de coroação, ou se referir de maneira desrespeitosa a seus ministros. São ofensas atualmente desconsideradas, pois, como dissemos, o governo se encontra tão bem estabelecido que falar ou escrever contra ele não o afetam. 4ª) Contumácia pelos títulos do rei, negando-os ou preferindo os de um pretendente à coroa, brindando à saúde deste ou recusando-se a prestar os juramentos de aliança e abjuração. Tudo isso está sujeito a prisão ou multas, mas não às penalidades previstas para traição, felonia e *premunire*, e tampouco a proscrição.

Consideramos as ofensas do súdito contra o soberano; trataremos agora dos crimes que o soberano pode cometer contra o súdito. No entanto, antes devemos considerar quem são os súditos de um Estado.

As leis de diferentes países variam muito dependendo daqueles a que o direito de cidadania pertence. Na maioria das repúblicas suíças o direito de cidadania é exclusivo daqueles que nasce cidadãos. Em Roma, uma família pode ser peregrina por quatro ou cinco gerações. Em Atenas, nenhum homem era cidadão a não ser que seu pai e sua mãe fossem atenienses. Os atenienses eram particularmente frugais na concessão do direito de cidadania, que os intitulava a privilégios muito especiais. Era uma honra recusada mesmo a reis. Quando queriam conceder um favor a um rei vizinho, limitavam-se a liberá-lo de impostos sobre importação. É o que fizeram com Amintas, pai de Filipe, e rei da Macedônia. Como os estrangeiros pagavam impostos mais caros que os nativos, sua remoção era um privilégio considerável. Após a derrota dos persas, as forças atenienses contavam 25 mil homens, as terras estavam bem cultivadas, e muitas cidades da Ásia lhes pagavam tributo. Por conseguinte, o povo tinha direito ao uso da corte de justiça, à educação pública de seus filhos, e a receber certas somas dinheiros, além de outros emolumentos. Se o número de cidadãos aumentasse, esses privilégios seriam menos valiosos, e, por isso, os atenienses protegiam-nos com zelo. Assim como na Inglaterra toda pessoa que adentra uma paróquia tem de declarar que não será um fardo para ela, do mesmo modo em todas as repúblicas menores em que o número de cidadãos é baixo e as eleições são restritas a uns poucos, a cidadania tem grande importância. Mas, em uma cidade maior como Roma, é uma concessão mínima, o que explica porque os romanos concediam a cidadania a províncias inteiras de uma vez. Na Grã-Bretanha, quem nasce dentro do reino se encontra sob a proteção das leis, pode adquirir terras, e, caso adote a confissão oficial, pode ser eleito para todo e qualquer cargo. Em Estados maiores, o local de nascimento determina a cidadania, enquanto nos menores é preciso ter nascido de pais cidadãos.

Do mesmo modo, a incapacitação a se tornar cidadão era diferente em diferentes países. Nas antigas leis de Roma e de todas as nações bárbaras, os bens de uma pessoa que adentrasse seu território eram confiscados, e ela se tornava escrava do primeiro que a encontrasse. Na lei de Pompônio, a pessoa oriunda de uma nação em paz com Roma era tratada de acordo com as prescrições da lei. Nos países bárbaros, uma mesma palavra significa estrangeiro e inimigo. Em Roma, todo estrangeiro era *hostis*, pois consideravam todas as nações como inimigas, e os que viessem delas, como espiões. A caravela Litchfield foi afundada nos domínios do imperador do Marrocos, e, como não tínhamos tratado com ele, a tripulação inteira foi escravizada. Tamanho era o respeito de nosso soberano pelos costumes locais que os abandonou a ele. No entanto, quando os países percebem as vantagens de exportar seus próprios bens e importar os de outros, é natural que garantam a segurança daqueles que realizam transações com eles, seja em relação à sua pessoa, seja aos seus bens, permitindo-lhe que recorra em caso de ofensa. É a condição atual dos estrangeiros na maioria dos países da Europa. Na Grã-Bretanha, um estrangeiro não pode adquirir nem herdar propriedade fundiária, tampouco manter ações ativas. Não pode elaborar um testamento, pois se trata da maior extensão possível do direito de propriedade, fundado em piedade e afeição pelos mortos, sentimentos menos reservados aos estrangeiros do que aos concidadãos. Um estatuto de exceção garante o aluguel de uma casa a um mercador estrangeiro, mas não a um comerciante. Isso se deve ao princípio extravagante segundo o qual o estabelecimento de comerciantes estrangeiros desestimularia os nossos. Tal é a condição dos estrangeiros na maioria dos países.

Existem duas maneiras de se obter cidadania na Grã-Bretanha. 1º) mediante cartas de *denization*, o que é parte da prerrogativa do rei; 2º) mediante um édito de naturalização, que é um Ato do Parlamento. O primeiro habilita um estrangeiro a adquirir terras e transmiti-las à posteridade, desde que sejam súditos britânicos, mas não a ser herdeiro, pois, como o rei é herdeiro dos estrangeiros, ele pode transferir seu próprio direito, mas não pode subtrair o de uma pessoa que venha a sucedê-lo. Um estrangeiro *denizen* pode herdar uma posse que lhe tenha sido transmitida, mas, para se habilitar a herdar em qualquer caso é necessário um ato de naturalização que lhe dê direito a todos os privilégios de um súdito nascido livremente. Quando o rei Guilherme acendeu ao trono, estrangeiros naturalizados foram feitos pares. Muitas famílias holandesas vieram com ele, e é natural esperar que as favorecesse com diversos privilégios. Os ingleses, ofendidos com essa parcialidade, elaboraram um ato declarando que tais emolumentos não mais poderiam ser concedidos por futuros atos do Parlamento. Como a maioria dos países não dá aos estrangeiros o direito de transmitir terras adquiridas, não lhes foi necessário se posicionar a esse respeito. Na Inglaterra, como na Alemanha, não se permite aos estrangeiros elaborar testamentos. A Saxônia fez uma lei deveras equânime que recusava privilégios a estrangeiros oriundos de países que não os concediam aos saxões. Em Roma, somente o cidadão tinha o direito de fazer um testamento.

Deve-se observar que há estrangeiros *amis* e estrangeiros *enemies*. Caso um grupo desses últimos trave guerra ao rei ou o prejudique, não poderá ser perseguido por alta traição, pois não se trata de seu soberano legal e eles não devem lealdade a ele. Se não estiverem sob a proteção do leis das nações, aplica-se a eles a lei marcial. Contudo, estrangeiros que vivem no país são protegidos pelas leis deste, e, assim, devem ser leais ao rei, podem ser perseguidos por traição e punidos por esse crime. Tudo o que torna culpado um súdito nascido livre também vale para um estrangeiro *ami*. Um estrangeiro *enemie*, ou seja, oriundo de um país em guerra conosco, que passe informações a seu soberano natural também é culpado de traição.

Tendo considerado quais são, propriamente dizendo, os súditos do Estado, trataremos agora dos crimes do soberano contra o súdito, ou das limitações de seu poder.

Seria impossível nos pronunciarmos com alguma precisão a respeito desse ramo do direito público. Os deveres de um súdito em relação ao outro estão previstos de maneira suficientemente clara nas leis de todos os países e valem para todas as cortes de justiça, mas não há juízes para determinar quando os soberanos erram. Supor que um soberano estaria submetido a um julgamento suporia outro soberano. Na Inglaterra, pode-se determinar com exatidão quando os soberanos se imiscuem nos privilégios do povo, ou quando o contrário acontece, mas ninguém saberia dizer a que ponto iriam o poder supremo do rei e do parlamento. Da mesma maneira, quando o poder absoluto do soberano se encontra instalado em uma única pessoa, ninguém pode afirmar com precisão o que ele pode deixar de fazer. O único juiz dos soberanos é Deus, e não temos como saber o que ele diria. Todas as decisões a respeito foram tomadas até aqui pelo partido predominante, nunca de forma imparcial, por uma corte de justiça, e são, portanto, inadequadas para lançar luz sobre o objeto. Nossas melhores noções a respeito virão da consideração dos diferentes poderes de governo e de seu progresso.

Nos primórdios da sociedade, todos os poderes de governo são exercidos de forma precária. A maioria pode declarar a guerra, mas não obrigar a minoria a participar dela. Foi esse o primeiro poder a ser exercido de maneira absoluta. O poder judiciário foi exercido de maneira precária por muito mais tempo do que o federativo. Em todos os países, houve um tempo em que os juízes se interpunham como meros mediadores, quando o réu tinha a opção de referir sua causa ao juiz ou a Deus, mediante combate, água quente, e, caso a sentença não agradasse ao réu, este poderia desafiar o juiz a defendê-la na corte. Com o tempo, porém, o judiciário tornou-se um poder absoluto. O poder legislativo sempre era absoluto, onde quer que fosse estabelecido, mas não existia nos primórdios da sociedade. Surgiu com o crescimento do poder judiciário. Quando este se tornou absoluto, a mera visão de um juiz se tornou algo terrível, pois a vida, a liberdade e a propriedade dependiam dele. Tácito conta que Quintílio Varo conquistara parte da Germânia e quis civilizar seus habitantes erigindo cortes de justiça, mas isso os irritou de tal maneira que massacraram a ele e a seu exército. Para um povo rude, a visão de um juiz é a mais terrível que existe. Com a ampliação do direito de propriedade, tornou-se necessário restringir as decisões arbitrárias dos juízes, indicando regras estritas a serem seguidas por eles. Assim, o poder legislativo foi introduzido como restrição do judiciário. Na Grã-Bretanha, o rei tem absoluto poder executivo e judiciário. Os Comuns, no entanto, podem impedir seus ministros, e os juízes que ele indica se tornam independentes dele. O poder legislativo é absoluto no rei e no Parlamento. Existem abusos, no entanto, que em alguns casos tornam a resistência lícita, independentemente do princípio que fundamenta o governo.

Supondo que o contrato é o fundamento do governo, e que tais poderes sejam confiados a pessoas que abusam deles flagrantemente, é evidente que a resistência é lícita, pois o contrato original foi violado. Mas, como mostramos antes, os princípios de utilidade e autoridade são o fundamento do governo. Também mostramos que o princípio de autoridade predomina mais na monarquia, e o de utilidade na democracia, devido à frequência do comparecimento a encontros públicos e a cortes de justiça. Em um governo como este último, o princípio de autoridade é como uma prescrição, o que impede que os líderes populares adquiram poderes excessivos, pois só se permite que permaneçam nos cargos quando adquiriram grande ascendência sobre o povo. Mesmo assim certos cargos são respeitados, independentemente daqueles que os ocupam. Na Grã-Bretanha, valem ambos os princípios.

Não importa qual o princípio da aliança, o direito de resistência é sempre lícito, pois nenhuma autoridade é totalmente ilimitada. A conduta absurda pode privar de influência tanto uma assembleia quanto um indivíduo privado. Uma conduta imprudente suprime todo senso de autoridade. A tolice e a crueldade dos imperadores romanos levam o leitor imparcial a tomar parte nas conspirações contra eles.

Deve-se observar que o direito de resistência é exercido com mais frequência em monarquias absolutas do que em outras, pois é mais comum que um homem tome medidas imprudentes do que muitos. Na Turquia, mal transcorrem oito ou dez anos sem uma mudança de governo. O mesmo grau de abuso justifica resistência a um Senado ou corpo de homens. Mas, ainda que a resistência seja em alguns casos lícita, é muito difícil dizer o que um soberano absoluto poderia fazer ou não, e as opiniões a respeito divergem. O sr. Locke afirma que, quando um soberano cria impostos contra a vontade do povo, a resistência é lícita, mas não existe país, exceto pela Inglaterra, em que a voz do povo se faz ouvir nessa questão. Na França, basta um édito do rei, e mesmo na Grã-Bretanha o consenso é profundamente figurativo, pois 95 votos nem de longe se aproximam do que seria o voto do povo. Impostos exorbitantes sem dúvida justificam resistência, pois nenhum povo permitiria que metade de sua propriedade lhe fosse subtraída; ainda assim, caso tenha algum grau de moderação, não reclamará mesmo no caso de uma cobrança mais elevada. Não existe governo perfeito, mas é melhor se submeter a alguns inconvenientes do que se voltar contra ele. Outros autores alegaram que o rei não pode alienar nenhuma das partes de seus domínios. O fundamento dessa noção é o princípio do contrato original, graças ao qual, de fato, embora um povo se disponha a se submeter a um único governo, ele não aceita o escolhido por outro povo. No entanto, essa doutrina carece de fundamento. Na França e na Espanha, grande parte dos domínios foi dada aos filhos de reis como um dote, sem nenhuma queixa. Quando a Flórida veio para nossas mãos, não houve oposição alguma. O rei da Espanha e o czar da Moscóvia podem alterar suas respectivas sucessões a bel-prazer. Era o caso em geral de todas as jurisdições feudais, divisíveis segundo a vontade do senhor de terras. Apenas recentemente o direito de primogenitura foi adotado nos principados da Alemanha.

Afirma-se que o rei da França não poderia alterar a Lei Sálica pela qual filhas não podem aceder à coroa. Essa lei se deve ao poder dos príncipes de sangue, que não queriam que a sucessão lhes escapasse. Mas, se a França fosse na época tão carente de nobres quanto a Grã-Bretanha era quando do estabelecimento da atual família, a Lei Sálica poderia ter sido alterada como qualquer outra lei. É difícil determinar o que um monarca pode ou não fazer.

Quando a *summa potestas* é dividida, como na Grã-Bretanha, o Parlamento tem o direito de se opor ao rei caso este queira fazer algo que dependa de seu consentimento e para o qual ele não tem permissão.

A natureza do direito parlamentar pressupõe que ele possa ser defendido pela força, pois do contrário não seria um direito. Caso o rei imponha impostos ou continue a cobrá-los depois de terem expirado, será culpado de violação de privilégio.

Jaime II tentou impor algo do gênero à importação. Na Petição de Direito, é expressamente dito que os impostos devem ser suspensos no momento exato determinado pelo Ato do Parlamento. Diante da coroação de Jaime II, que era católico romano, o Parlamento estabeleceu duas exigências: que ele abjurasse o papa e o voto de supremacia papal, e que todos os indicados a cargos públicos prestassem em até três meses o sacramento na forma recomendada pela Igreja da Inglaterra. O rei Jaime empregou católicos no exército e no Conselho Privado, e, além disso, indicou para o Tesouro pessoas totalmente desqualificadas e violou os privilégios das universidades. Adquiriu também o poder de aplicar leis em casos que não lhe dissessem respeito. Alguns bispos foram condenados à Torre de Londres apenas por exercerem o direito de todo súdito britânico de protestar contra esses procedimentos. O alarme da nação não poderia ter sido maior, diante desse ataque aos bispos. Um certo Sharp pregou contra o papado, que era a religião do rei, o que lhe valeu uma suspensão por ordem do bispo de Londres. Mas limitou-se a alertá-lo contra essas práticas. O rei, insatisfeito com a pena, reativou a Alta Corte do Comissariado, que há muito tinha sido cancelada, e convocou a ela tanto o bispo quanto Sharp. O rei percebeu o desgosto do povo, mas julgou que se devia ao medo dos proprietários de terras de abadia e do receio de que a religião do país mudasse; declarou, assim, que concederia liberdade de consciência a todos, que, ademais, permaneceriam na posse de suas terras. Deixou assim claro que tinha a intenção de alterar a religião do país, o que é a coisa mais difícil que existe. Antes de mudar a religião é preciso mudar a opinião do povo, como fizeram Lutero, Calvino, John Knox e outros antes da Reforma. Ao consultar o exército, Jaime constatou que não teria seu apoio. Disse-lhes, então, que jamais os consultaria de novo, independentemente da ocasião. Diante dessas práticas, não admira que tenha havido uma revolução e que a família real tenha sido afastada, pois a nação como um todo estava disposta a aceitar o príncipe de Orange. A família de Jaime foi afastada, mas o Parlamento generosamente abriu mão da rigorosa lei de corrupção do sangue por confisco do Estado, e, com a morte de Guilherme, entregou a coroa às suas duas filhas, ambas protestantes. O irmão delas, suspeito de papismo por ter recebido educação católica, foi afastado. A atual família, formada pelos herdeiros protestantes mais próximos, foi estabelecida no governo por um ato do parlamento que decretou que somente um protestante poderia ocupar o trono da Grã-Bretanha. Em suma, Jaime sofreu oposição e foi afastado com toda justiça e equidade, por suas interferências no corpo político.

Consideramos com isso o homem como membro de um Estado.

As duas grandes divisões do Estado são os laicos e os eclesiásticos, o que significa que, neste tópico, caberia considerar o direito eclesiástico em sua relação com essas duas ordens. Caberia ainda tratar do direito militar, que surge da divisão do Estado em dois corpos, o civil e o militar. Mas são assuntos estranhos ao nosso propósito.

Direito doméstico

Chegamos agora à consideração do homem como membro de uma família, o que exige que tratemos da tripla relação existente em uma família. São elas: entre marido e esposa, entre pai e filho, entre senhor e servo. Começaremos pela primeira.

Em todas as espécies de animais, a conexão entre os sexos acontece na medida do estritamente necessário à propagação e ao sustento da espécie. Os quadrúpedes perdem todo desejo assim que a fêmea engravida. O sustento dos filhotes não é um fardo para a fêmea, que dispensa o auxílio do marido. Entre os pássaros, parece haver algo similar ao casamento. Permanecem sendo objeto de desejo um para o outro, a conexão entre eles se mantém por tempo considerável e ambos sustentam os filhotes. Contudo, tão logo estes consigam prover por si mesmos, desaparece toda inclinação.

Na espécie humana, as mulheres, com seu leite, não são capazes de sustentar os filhos por longo tempo. O auxílio do marido é, assim, necessário ao seu sustento, o que há de tornar o casamento perpétuo. Em países em que o cristianismo não se estabeleceu, o marido tem direito ilimitado ao divórcio e não tem de prestar contas sobre sua própria conduta. Na Roma antiga, embora pudessem fazê-lo, era considerado indecoroso.

Observa-se uma utilidade nessa constituição de nossa natureza, pois, como as crianças dependem por longo tempo de seus pais, estes podem adequar as paixões delas às suas, treinando-as para que se tornem membros úteis à sociedade. Toda criança recebe tal educação, mesmo dos pais mais imprestáveis.

Veremos agora, a propósito, quais os deveres de cada uma das partes em união, como essa união deve ter início e terminar, e quais os direitos e privilégios particulares de cada uma das partes envolvidas.

O primeiro dever é a fidelidade da mulher para com o homem; não há ofensa maior do que a violação da castidade, pois filhos espúrios podem ser introduzidos na família e entrar na sucessão em lugar dos legítimos. Contudo, essa utilidade de fato não é o fundamento desse crime. A indignação do poder público contra a esposa se deve à simpatia para com o ciúme do marido, o que leva ao seu opróbrio e punição. O sentimento de ciúmes não está inteiramente fundado, ou melhor, não está absolutamente fundado na ideia de prole espúria. O ciúme não vem do ato em particular, mas o marido considera a infidelidade da esposa como a total alienação da preferência que ela deve lhe conceder em relação a toda outra pessoa. Tal é a verdadeira ideia que ele tem, como mostra o seguinte exemplo. A ideia de que temos de um pai não surge no ato voluptuoso que ocasionou nossa existência, pois essa ideia é em parte repulsiva, em parte ridícula. A ideia que um filho realmente tem de seu pai é de alguém que dirige sua infância, protege-o em seu desamparo, é seu guardião, modelo e protetor. São esses, propriamente dizendo, os sentimentos filiais. A ideia que um pai tem de seu filho é de alguém que depende dele e foi criado em sua casa ou a suas expensas, conexão esta que incite nele uma afeição pelo filho. Já uma prole espúria é desagradável devido ao ressentimento que ela desperta em relação à infidelidade da mãe.

Em países nos quais as maneiras do povo são rudes e incultas, isso de ciúme simplesmente não existe. Toda criança que nasce é considerada como sendo dos pais. O fundamento do ciúme é a delicadeza que acompanha o sentimento de amor, e pode ser maior ou menor em diferentes países, dependendo da rudeza de suas maneiras. Em geral, onde o belo sexo é desprezado, a infidelidade não costuma ser levada em conta, e as maneiras são as mais relaxadas. Menelau exprimiu seu ressentimento contra Páris, não contra Helena, e isso não por seduzi-la, mas por levá-la consigo. Na Odisseia, ela fala a respeito com seu marido sem nenhuma reserva. Era comum em Esparta que as esposas fossem tomadas e dadas em empréstimo. Quando as maneiras se tornaram mais refinadas, começou a haver ciúme, que cresceu a tal ponto que as mulheres foram trancafiadas, como acontece atualmente na Turquia. À medida que os humanos se tornaram mais refinados, o mesmo afeto que levava os homens a trancar suas mulheres os levou a conceder liberdades a elas. Nos períodos tardios da Grécia, as mulheres podiam circular por onde quisessem. Esse mesmo afeto, levado a alturas ainda maiores, gera uma licenciosidade tão grande quanto a das épocas em que a infidelidade era desconsiderada. Não existe país bárbaro tão licencioso quanto a França. Observam-se assim diferentes preconceitos em relação às mulheres em diferentes períodos da sociedade. Embora as mulheres praticamente não fossem respeitadas no estágio inicial da sociedade como objetos de prazer, em nenhuma época foram tão respeitadas como criaturas racionais. Na América do Norte, as mulheres são consultadas a respeito da conduta na guerra e em todas as ocasiões importantes. Em tempos modernos, o respeito pelas mulheres é bastante exíguo. Não são incomodadas, pois estragaria sua beleza. Um homem não isenta um amigo de uma ocupação laboriosa, mas poupa sua amante. Quando a infidelidade da esposa é considerada uma injúria para o marido, é necessário impor restrições às mulheres solteiras, para que, quando se casem, estejam acostumadas a elas. Vem daí a origem das punições por fornicação.

Passamos agora à consideração de como essa união começou. Como o dever após o casamento é bastante diferente do que era antes, é necessário que uma cerimônia marque seu início. Ela é diferente em cada país, mas costuma estar ligada à religião, pois deve causar uma impressão profunda. Na infância da sociedade, embora o casamento seja, supostamente, perpétuo, o marido possui poderes ilimitados de divórcio, por mais que seja considerado indecente exercê-lo, exceto no caso de um crime enorme. A razão é que não cabia ao governo interferir em questões privadas, menos ainda em assuntos de família. Para a segurança do governo, empenhavam-se por todos os meios para fortalecer o poder do marido e torná-lo tão absoluto quanto possível. Na Roma antiga, o marido era o senhor soberano da vida e da morte em tudo que dissesse respeito à sua família.

Havia em Roma três espécies de casamento. 1º) Uma cerimônia religiosa; 2º) Uma *exemption*, quando o marido comprava a esposa; 3º) Por uso: se o marido tivesse vivido com a esposa durante um ano e um dia, ela se tornava sua por prescrição e ele podia divorciar-se dela.

Quando a sucessão feminina se instaurou, o poder do divórcio foi estendido à esposa. Além disso, uma mulher que fosse muito rica e vivesse confortavelmente antes do casamento, possuindo muitas coisas, não se inclinaria a ceder tudo ao marido. Sendo assim, os advogados inventaram uma nova espécie de casamento, em favor da herdeira, chamado *deductio domi* ou casamento por contrato. As partes envolvidas concordavam em estabelecer certos termos; só então é que o marido chegava e a levava para casa. Para impedir que houvesse prescrição, ela deixava o lar durante três ou quatro dias por ano, o que, de acordo com a forma do contrato, garantia sua fortuna. A esposa se tornou assim tão independente quanto o marido, e tinha igualmente o poder do divórcio. E, como o casamento estava fundado no consentimento de ambas as partes, o dissentimento de uma delas era o suficiente para dissolvê-lo.

Essa forma de casamento é muito semelhante à que existe atualmente, com uma diferença relevante de que não legitimava os filhos nem preservava a honra das mulheres. A forma romana era causa de grandes desordens. Quando as partes se separavam, como acontecia com frequência, casavam-se com outras partes e muitas vezes as mulheres tinham cinco ou seis maridos sucessivos. Isso levou à corrupção da moral, a ponto de, nos últimos dias da monarquia, não restar sequer um homem que não tivesse sido traído. A desordem chegou a tal ponto que, com o estabelecimento do Cristianismo, o divórcio foi restringido a certas causas. As nações citas que se assentaram na Europa ocidental simplesmente baniram o divórcio. Na Borgonha, entretanto, o poder do marido se tornou grande demais. Uma lei estipulava que o marido que agredisse a esposa estava sujeito a uma multa, mas a esposa que agredisse o marido era condenada à morte.

Como costuma ser o caso, apenas os crimes flagrantes eram notados pelas cortes civis; delitos menores eram delegados aos eclesiásticos, o que de início lhes deu um poder enorme. Quando a corte civil não estipulava compensação por quebra de contato, os eclesiásticos puniam o agressor por perjúrio, e se a desavença fosse entre marido e esposa, ambos eram punidos. Posteriormente, o poder do divórcio foi restringido ao adultério e ao receio de agressão física por uma das partes. Nesse último caso, porém, não havia divórcio consumado, pois nenhuma das partes podia se casar de novo, havendo separação *a mensa et toro*. As causas de divórcio consumado, que permitia às partes se casarem novamente, eram três: 1ª) Se o marido e a mulher fossem consanguíneos, o casamento poderia ser anulado, a não ser que houvesse uma dispensa papal; 2ª) Se o marido tivesse contrato nupcial anterior com outra mulher; 3ª) Incapacidade do homem ou frigidez da mulher.

Os eclesiásticos introduziram outras alterações além dessas. Observe-se que as leis então propostas pelos homens não deixavam de ser favoráveis às mulheres. A infidelidade de ambas as partes era igualmente punida. O poder de divórcio do marido não era maior do que o da esposa. Adultério, *saevitia* e *metus* eram considerados causas de separação, mas não de divórcio.

O direito canônico, ditado pelos eclesiásticos, no mais das vezes é uma cópia do direito romano. Eles eram os únicos que compreendiam o latim, e preservaram o que restara da literatura. De início, o direito eclesiástico não exigia cerimônias de casamento. E, como as cerimônias de *conferriation* e *exemption* haviam caído em desuso no período final do direito romano, quando tudo que se exigia era o *deductio domi*, por muito tempo no direito eclesiástico o casamento podia ser contraído *in praesenti* ou *in futuro*. O contrato *in praesenti* é quando vos tomo por esposa ou vos tomo por marido. O contrato *in futuro* é quando vos digo que o farei. Ambos os contratos podem ser comprovados por evidência ou por juramento, quando as partes se declaram pessoas casadas ou que irão se casar. O papa Inocêncio III decretou que todos os casamentos deveriam ser feitos *in face ecclesiae*, e, embora fosse considerado o único casamento decente, outros permaneceram em uso e, em alguns casos, eram válidos. Se uma pessoa se casasse *in futuro*, e depois *in face ecclesiae*, e a primeira esposa só se opusesse após a anunciação pública da proposta de casamento, o primeiro casamento era anulado. Se fosse *contractu presenti*, o segundo era anulado. É o que acontecia na Inglaterra até o recente Marriage Act.

Se um contrato *in futuro* puder ser comprovado, ou se o homem recusar seu juramento, o casamento é considerado válido em alguns países. O contrato *in presenti* é válido em todos os lugares, especialmente se houver coabitação posterior. Todas essas instituições são derivadas do direito canônico, que tornou sua violação suscetível a censuras da Igreja, como ocorre com a nossa.

Somente uma lei do Parlamento estabelece um divórcio na Inglaterra, a infidelidade da esposa não o fará. Na Escócia é muito mais fácil.

Os protestantes nunca levaram as coisas tão longe quanto o direito canônico, porque o clero se casou. Além disso, o amor, que antes era uma paixão ridícula, tornou-se mais grave e respeitável. Como prova disso, vale a pena observar que nenhuma tragédia antiga se voltou para o amor, ao passo que agora ele é mais respeitável e influencia todos os entretenimentos públicos. Isso só pode ser explicado pelas mudanças da humanidade.

A espécie de casamento de que estamos tratando só ocorreu em Roma e nos países cristãos, além de alguns outros poucos exemplos, porque em muitos países esposou-se tantas mulheres quanto fosse possível manter. É o que naturalmente nos leva a considerar a origem da poligamia.

Deve-se observar que, embora o divórcio voluntário tenha inconveniências, não é inteiramente contrário ao princípio da justiça que um homem possa abandonar sua esposa e casar-se com outra por razões menores do que o adultério, pois isso os torna muito infelizes juntos, e cada um deles pode viver muito bem em outro lugar. O mesmo acontece com a poligamia. Se uma mulher concorda em ser uma das cinco ou vinte ou mais esposas, e as leis o permitem, não há ofensa feita a ela, já que encontra o tratamento que poderia naturalmente esperar. As antigas leis judaicas e orientais toleravam a poligamia, mas, embora tanto ela quanto o divórcio voluntário não sejam totalmente contrários à justiça, sempre representam uma política muito ruim onde são estabelecidos ou permitidos.

A poligamia desperta o ciúme mais violento, através do qual a paz doméstica é destruída. As esposas são todas rivais e inimigas. Além disso, os filhos são malcuidados, e a esposa se queixa de que seus filhos não recebem o tratamento adequado, pois mede o afeto do pai a partir do que recebe, entre os quais não há proporção, já que o dele é dividido entre quarenta ou cinquenta filhos e o seu, apenas entre quatro ou cinco mulheres. Quando a poligamia ocorre, deve haver tanto ciúme de amor como ciúme de interesse, e consequentemente falta de tranquilidade. Pode-se dizer que nos *seraglios* dos monarcas orientais há a maior paz, mas isso se deve à mais imperial disciplina. Quando os rebeldes são reprimidos, a sua submissão é notável. Na África encontramos os distúrbios mais horríveis, pois sua disciplina não é suficientemente severa. É a maior desgraça para as mulheres estarem completamente isoladas, sem poder desfrutar de outra companhia além da dos eunucos, que elas detestam. O homem que possui o *seraglio* também não é, de forma alguma, feliz, embora aparentemente o seja. Ele também deve ser ciumento e, devido à desigualdade entre ele e elas, não pode se entreter em sua própria casa, nem tem oportunidade de aprimoramento social. Jamais se deve mencionar a esposa de um turco; ela nunca pode ser vista por homens, nem mesmo pelo próprio médico, como nos conta Tournefort. Essa gravidade e reserva do marido devem ter um efeito negativo sobre os costumes do país; como os homens não têm confiança nem dependência mútua, não podem fazer alianças, e, por isso, o governo é sempre arbitrário, do qual têm um modelo em suas próprias casas, onde há pouco afeto parental e menos ainda conjugal. Além de tudo isso, a poligamia tende a depopular a espécie; a maioria dos homens não pode ter esposas, e muitos deles são castrados para cuidar do *seraglio*. Na verdade, é comum dizer que nascem mais mulheres do que homens. Montesquieu diz que em Bantam, nas Índias Orientais, nascem dez mulheres para cada homem. Autores holandeses afirmam que, na costa da Guiné, a proporção é de cinquenta para um. O relato do Japão é mais bem documentado, afirmando-se que nascem onze mulheres para cada nove homens. Onde isso ocorre, se verdadeiro, a não existência da poligamia seria uma inconveniência.

Examinando rigorosamente, constatamos que na Europa há pouca diferença. O cálculo geral é o de que há treze homens para cada doze mulheres, ou dezessete para cada dezesseis, e o fato de os homens serem mais expostos a perigos do que as mulheres torna o número aproximadamente igual. Agora, se não houver diferença na Europa, temos razões para concluir que não há diferença em lugar algum. As leis da natureza são iguais em todos os lugares, as leis da gravidade e da atração são as mesmas, e por que seria diferente com as leis de geração? Em alguns dos lugares mencionados, pode haver, de fato, mais mulheres do que homens. Nos lugares onde se encontram o centro da religião e a sede da corte, e, consequentemente, onde residem os opulentos, deve haver mais mulheres, pois apenas os ricos possuem *seraglio* e, como compram mulheres de outros lugares, mantêm um fluxo constante de mulheres oriundas de países nos quais a poligamia não ocorre. A poligamia ocorre sob governos despóticos. Quando um país é conquistado por selvagens, eles se entregam a toda sorte de brutalidade, incluindo essa prática, pois não existe lei estabelecida em sentido contrário. Nunca ocorreu na antiga Cartago ou em Roma, mas ocorre na Turquia. Em todos os países, a liberdade elimina a poligamia. Não há nada a que os homens livres se submetam menos do que um monopólio desse tipo. Mas o despotismo é sempre favorável à poligamia. Montesquieu observa ainda, em defesa da poligamia, que em alguns países as mulheres são aptas para o casamento aos 8 ou 9 anos e já estão envelhecidas e desfiguradas aos 30. Quando são belas, não podem ter muito entendimento, e, quando ele aumenta, a beleza desaparece; consequentemente, não podem ser companheiras agradáveis por muito tempo, e, por isso, o marido precisaria de mais de uma. Pode ser realmente o costume deles desflorar bebês, mas o fato não está bem comprovado. Cleópatra tinha 36 anos quando foi desposada por Augusto, e ainda assim ela estava grávida; Constância deu à luz aos 54. Embora o fato seja verdadeiro, não é razoável que a poligamia deva ocorrer, mas apenas o divórcio voluntário. Se as mulheres fossem úteis por apenas dez ou doze anos, poderia ser razoável se casar com outra, mas não ter várias ao mesmo tempo.

Quando a poligamia ocorre, não pode haver nobreza hereditária. É difícil fazer que o direito de primogenitura se estabeleça onde há tantas esposas, várias das quais dão à luz ao mesmo tempo. Onde há tantos filhos, nem todos podem ter o afeto dos pais, e é só por esse meio que um dentre eles pode estabelecer-se. Onde as crianças são numerosas, o afeto diminui. Posso estimar quatro ou cinco crianças que estão conectadas com meu amigo, mas se há cem na mesma relação, elas são pouco estimadas. Ora, a nobreza hereditária é a grande garantia da liberdade do povo. Presente em todos os cantos do país, sempre que os súditos são oprimidos, os nobres se prontificam como seu líder. Nos países orientais não existe tal coisa. Cada homem é quase um arrivista, e apenas a família real é estimada. As famílias dos *bashaws*, depois de sua morte, misturam-se com os plebeus.

Países com nobreza hereditária não podem ser facilmente conquistados, ou melhor, não completamente. Podem ser derrotados uma ou duas vezes, mas ainda assim se recuperam sob seus líderes naturais. Os países orientais, precisamente por carecer disso, fazem uma resistência fraca contra os invasores estrangeiros.

A poligamia é extremamente prejudicial à populosidade de uma nação. Cem mulheres casadas com cem homens terão mais filhos do que o mesmo número de casados com dois ou três. De fato, pode-se dizer que na China, perto da foz do Ganges, e no Egito, eles são populosos apesar da poligamia. Nesses países existem regulamentos relativos à populosidade, e algumas outras circunstâncias contribuem para isso, como a notável fertilidade do solo.

Assim, vemos que há dois tipos de casamento, a saber, a poligamia ou a monogamia, dos quais o último é de três tipos: 1º) quando o marido pode se divorciar da esposa quando quiser; 2º) quando o poder do divórcio está igualmente nas mãos dos dois; e 3º) quando ele está no poder do magistrado civil inteiramente.

Quando a poligamia é permitida, a esposa está inteiramente no poder do marido; ele pode divorciar-se dela, ou dispensá-la como quiser.

As leis relativas à monogamia diferem de acordo com a espécie. Aquela em que o contrato ou acordo é indissolúvel, exceto pelo magistrado civil, é a mais conveniente. De fato, apenas o que é muito desagradável para a sociedade é causa de divórcio, pois é sempre melhor que o vínculo matrimonial seja muito rigoroso do que muito frouxo. O poder ilimitado de divórcio nas últimas épocas da República produziu as consequências mais desordenadas, cuja prevenção justifica quaisquer dificuldades que possa ocasionar. Quando ambas as partes têm o poder de divórcio, não podem ter confiança mútua nem dependência uma da outra, pois seus interesses estão separados.

Consideraremos agora o interesse que o marido tem na propriedade da esposa, ou a esposa na do marido, de acordo com as diferentes espécies de casamento.

Quando a poligamia ocorre, a esposa, estando em escravidão absoluta, não tem qualquer participação na propriedade do marido e só tem direito a uma pensão após a sua morte. Quando apenas o marido tem o poder de divórcio, a propriedade da esposa passa a ser sua, tanto quanto a sua própria. Quando o poder de divórcio está nas mãos de ambos, qualquer dote que a esposa traga está seguro, e ao marido só cabe gerenciá-lo. Quando ele morre, a esposa só fica com a parte da propriedade do marido que foi acordada pelo contrato. Na espécie de monogamia em que o divórcio está nas mãos do magistrado, o direito do marido não se estende mais do que na situação anterior, já o da esposa sim, pois ela é mais independente dele do que em qualquer outra espécie de casamento. Se uma esposa tiver uma propriedade de terra, o marido recebe as rendas, estas que estão à sua disposição absoluta. Se a esposa morrer e deixar um filho, o marido é seu guardião natural, e tem direito de posse vitalício da propriedade de sua esposa.

Na Inglaterra, o marido pode dispor de todos os bens móveis reais durante sua vida, mas, se ele não os dispuser em vida, eles vão para a esposa, e não para o herdeiro, após sua morte.

Ele pode dispor de todos os bens móveis pessoais como quiser. Os títulos de crédito são iguais aos bens móveis reais; se o marido exige o pagamento da dívida, ele pode dispor do dinheiro como quiser, mas se ele não o reivindicar em vida, esse dinheiro vai para a esposa após sua morte. Se a esposa morrer primeiro, todos os bens móveis reais e títulos de crédito vão para seus parentes, se o marido já não dispôs deles. Se o marido morrer primeiro, a mulher tem um terço de sua propriedade, independentemente de ter filhos ou não. Isso é considerado como seu dote. Na Inglaterra, ela tem direito a um terço de tudo, mas na Escócia ela fica com apenas um terço de todas as letras, dinheiro, bens móveis e rendas passadas. Os títulos com juros vão para os filhos.

Na Escócia, o marido pode vender a terra da esposa com o próprio consentimento dela, mas o bem deve primeiro ser examinado perante um tribunal e a esposa precisa declarar que foi com seu próprio consentimento, e assim seus executores não podem reivindicá-la. Tanto na Escócia como na Inglaterra, nenhum título concedido pela esposa é anexado ao marido, a menos que seja concedido para as necessidades da vida. Nesse sentido, ela é considerada como uma serva, pois se um servo compra provisões em seu nome, ele é obrigado a pagá-las. Na Escócia, o marido pode ter um escrito de inibição para impedir a esposa de contrair dívidas em seu nome. Na Inglaterra, qualquer aviso verbal de que ele não será responsável por elas é suficiente. Se forem separados, ele nem sequer é obrigado a pagar o que ela compra para sua alimentação.

Vamos agora considerar quais pessoas são capazes de contrair casamento. O casamento entre ascendentes e descendentes é proibido *in infinitum*. Nada pode ser mais chocante para a natureza do que uma mãe se casar com seu filho. Com isso, a mãe torna-se inferior ao filho, e, devido à desigualdade de idade, os fins do casamento raramente são alcançados. Portanto, nunca é tolerado, a menos que haja superstição. Do mesmo modo, um casamento entre um pai e uma filha é incestuoso. No entanto, deve-se observar que isso não é tão contrário à natureza como o caso anterior, porque o pai ainda é superior quando é marido, e, consequentemente, descobrimos que muitas nações bárbaras toleraram isso. Contudo, ainda é antinatural que o pai, o tutor e instrutor da filha, se torne seu amante e se case com ela. Além disso, uma mãe nunca pode olhar agradavelmente para uma filha que provavelmente ocupará seu lugar. Nada pode ser mais destrutivo para a felicidade doméstica.

Pelas mesmas razões, o tio e a sobrinha ou a tia e o sobrinho nunca se casam. Em Roma e Cartago, de fato, costumavam às vezes dar dispensa ao tio e à sobrinha, mas nunca à tia e ao sobrinho.

O casamento de colaterais, como irmão e irmã, parece ter sido proibido sobretudo por opiniões políticas, porque foram criados juntos e estarão em perigo de corrupção mútua, a menos que sejam devidamente restringidos. A mesma razão era dada contra o casamento entre primos naqueles tempos em que eram criados na mesma casa.

Em Atenas, um homem pode casar-se com sua irmã consanguínea, mas não com a irmã uterina. Muitos homens eminentes se casaram dessa maneira; assim Címon se casou com a filha de seu pai, Elpinice.

De acordo com a lei da Inglaterra, a esposa do avô falecido pode se casar com o sobrinho-neto do marido, por estar acima de quatro graus.

A afinidade pela lei cristã é considerada igual à consanguinidade. A irmã da esposa é considerada como a irmã do marido, e a tia da esposa, como a tia do marido. Deve-se observar que as regras da afinidade são mais regras de polícia do que de natureza, pois não é contrário à natureza que um homem se case com a irmã de sua esposa. Em muitos países das Índias Orientais, esse tipo de casamento ocorre, porque se considera que a irmã da esposa provavelmente se tornará a melhor mãe adotiva para os filhos de sua irmã. Mas seria possível objetar que tal prática impede inteiramente todo o contato entre a irmã e a família de seu cunhado, e que se poderia esperar que ela iria atender a esse propósito vivendo em sua casa solteira e sem filhos próprios. O cânone e o direito civil consideravam a afinidade de forma diferente. O direito civil julgava irmãos e irmãs como parentes de primeiro grau na linhagem comum, e primos germanos como parentes de segundo. O direito canônico julgava a distância de parentesco das pessoas. Os irmãos estavam a dois graus de distância, sendo o pai um e cada um dos irmãos outro. Da mesma forma, primos germanos estavam a quatro graus. O cânone julgava ambos os lados da linhagem, e o direito civil, apenas um. Quando um diz que o segundo grau foi proibido do casamento, e o outro o quarto, ambos querem dizer primos germanos. O papa muitas vezes dispensou essas leis, e por isso ampliou sua autoridade e promoveu seu interesse.

Já tendo considerado todas as diferentes espécies de casamento, passemos aos efeitos de sua falta. O efeito do casamento é legitimar os filhos. Temos, portanto, de considerar a diferença entre legítimo e ilegítimo. A legitimidade dá aos filhos sangue hereditário, para que possam suceder ao seu pai e parentes. Um filho ilegítimo não tem sangue hereditário, portanto não pode suceder ao seu pai intestado, porque não se sabe quem é seu pai; nem à sua mãe, porque não há sucessão de filho que não seja legalmente gerado. Assim como um bastardo não pode suceder a qualquer um, ninguém pode sucedê-lo, pois não tem parentesco com nenhuma criatura humana. Se ele morrer intestado sem filhos, sua esposa tem metade de seus bens móveis e um terço de sua propriedade de terra, e o resto vai para o rei; mas, se ele tiver filhos, a esposa terá um terço de tudo. O rei ainda é considerado como *ultimus haeres*.

Na Escócia, há um inconveniente adicional. Como o rei é o herdeiro de bastardos, um bastardo está incapacitado de fazer testamento, pois isso anularia o direito do rei. O rei pode, no entanto, conceder-lhe cartas de legitimação que o tornem capaz de testar, pois como o direito de sucessão pertence ao rei, ele pode dispor dele como quiser. Ainda assim, isso ou qualquer coisa menos do que um ato do Parlamento não pode dar-lhe sangue hereditário, mas um Ato de toda a legislatura pode fazer qualquer coisa.

O cânone e o direito civil restituem ao sangue uma pessoa nascida fora do casamento das seguintes maneiras:

1º) *per subsequens matrimonium*, ou casando-se com a mulher que teve os filhos. Como as concubinas eram numerosas, foi decretado que quem se casasse com sua concubina legitimaria seus filhos. Posteriormente, Justiniano tornou esse decreto perpétuo;

2º) *per oblationem curiae*. Quando os filhos estavam dispostos a exercer certos cargos paroquiais, como diáconos etc., isso lhes permitia apenas suceder ao pai e não aos seus parentes;

3º) *per adrogationem*. Por exemplo, um romano poderia adotar o filho de outro, e o filho aceitá-lo como pai. Eles tinham o poder de ad-rogar qualquer homem livre; bastardos eram considerados homens livres, e, se estivessem dispostos a aceitar, poderiam ser ad-rogados como tal;

4º) *per <re>scriptum principis*, que era praticamente a mesma coisa que as cartas de legitimação;

5º) *per testamentum*, pelo qual provavelmente sucederam apenas à herança de seus pais.

O direito canônico introduziu o *subsequens matrimonium* em todos os países, exceto na Inglaterra. O clero inglês tornou-se então impopular ao se juntar ao rei contra os barões, portanto na Inglaterra o *subsequens matrimonium* nunca pôde ser legitimado.

Para que o *subsequens matrimonium* pudesse ser legitimado, o direito canônico fez algumas restrições que não ocorreram em Roma. Bastardos de pessoas adúlteras não poderiam suceder, isto é, filhos, por exemplo, de uma mulher que tem um marido vivo, ou de uma concubina de um homem cuja esposa está viva, embora eles devam casar-se depois. Filhos frutos de incesto também não poderiam suceder, a menos que fossem legitimados por uma dispensa do papa. Assim, vimos as deficiências e incapacidades de filhos ilegítimos, que só podem ter efeito onde a monogamia prevalece, e, de fato, estes sozinhos impedem que a poligamia ganhe terreno em qualquer país, porque se bastardos pudessem suceder, os homens dificilmente se submeteriam aos inconvenientes de um casamento legítimo. Ter uma esposa inteiramente em seu poder e casar-se com outras quando quisesse seria mais conveniente.

Consideremos agora a história parental, sendo a segunda relação em que deveríamos considerar o homem como membro de uma família.

A autoridade do pai sobre os filhos, tanto no que diz respeito à liberdade quanto à propriedade, era a princípio absoluta. Ele tinha a liberdade de escolher se criaria seus filhos ou não. E não era considerado uma injustiça recusar-se a fazê-lo. A lei impede que se cometam injúrias aos outros, mas não pode haver leis fixas para atos de benevolência. Tudo o que a lei proibia era matá-los imediatamente, mas ele poderia abandoná-los se quisesse. Mesmo entre nós, um pai não é obrigado a resgatar um filho que é levado cativo, mas pode agir como quiser. Da mesma maneira, antigamente, um pai podia escolher se resgataria seu filho da fome, dos animais selvagens e coisas semelhantes. Embora alguns regulamentos tenham sido feitos em Roma a respeito disso, eles nunca foram bem cumpridos, e a prática não foi abolida até o estabelecimento do cristianismo. Atualmente na China, onde ocorre a poligamia, muitas vezes os pais são obrigados a abandoná-los e geralmente afogá-los. Como estava inteiramente sob o poder do pai criar seu filho ou não, ele tinha uma jurisdição absoluta se o criasse. Em Roma, o pai tinha o *ius vitae et necis, et vendendi*. Além disso, tudo o que o filho adquiria pertencia ao pai e, se ele se casasse, seus filhos eram considerados membros da família do avô. Esse poder do pai sobre o filho logo diminuiu. O filho estava ligado aos parentes da mãe, e o tio, a quem em algumas ocasiões ele sucedia, naturalmente cuidaria da pessoa que seria seu herdeiro. Por uma lei de Numa Pompílio, se um filho fosse casado, não estava mais no poder do pai vendê-lo. As Doze Tábuas de fato mencionam esse privilégio do pai, mas é provável que tenha ocorrido àqueles filhos que se casaram sem o consentimento do pai. Da mesma maneira, o *ius vitae et necis* se extinguiu. O pai só fazia executar as leis de seu país em razão de crimes capitais. Ele poderia tirar o poder das mãos do magistrado e condenar seu filho à punição, mas não poderia libertá-lo se ele fosse acusado pelas leis de seu país. Isso mostra que a *patria potestas* não era totalmente absoluta. Esse poder do pai enfraqueceu gradualmente e, por fim, extinguiu-se por completo. O pai apenas pronunciava a sentença como lhe era ditada pelo magistrado civil, uma vez que ele próprio pode ter errado em alguns termos, e assim anulado tudo. O mesmo acontece com os cavalheiros deste país, que têm o poder de confiscar os bens de seus arrendatários quando estão endividados, sem qualquer forma de lei. Como não sabem como isso deve ser feito, são obrigados, assim como outros, a solicitar autoridade ao tribunal civil, embora estejam investidos do poder de fazê-lo por si mesmos.

O poder do pai com relação à propriedade do filho logo se extinguiu da mesma forma. Descobrimos que muito cedo, por uma lei de Marciano, os pais eram obrigados a fornecer esposas e dotes adequados a seus filhos, e, caso recusassem, o governo deveria assegurar que isso fosse feito. Assim fica claro que a propriedade após o casamento deve ter pertencido de fato aos filhos. A lei parece ter sido feita – e de fato foi – porque a esposa trazia uma fortuna junto com ela, portanto era razoável que o marido também tivesse alguma propriedade independente de seu pai. Assim, o pai deve ter tido algum poder apenas sobre a propriedade de filhos solteiros, e isso não é desarrazoado. A autoridade do pai não era arbitrária em Roma, pois muitas vezes encontramos homens acusados de não cuidar de modo adequado de seus filhos, o que dificilmente poderia ter sido o caso se eles pudessem matá-los.

Júlio César, e depois dele Augusto, foram os primeiros a dar aos filhos propriedades independentes de seus pais. No início, eles mantinham para si o que conquistaram na guerra ou o *peculium castrense*, posteriormente o que adquiriam pelas artes liberais e mecânicas. Isso foi estendido por Adriano, e em seguida por Justiniano, a tudo, exceto o que eles receberam de seus pais. Todas as doações e legados estavam inteiramente à disposição deles.

O poder do pai de deserdá-los era igualmente restrito, aplicando-se apenas a alguns casos específicos em que isso lhe era permitido.

Após a queda do Império Romano, o poder do pai sobre o filho, bem como sobre a esposa, foi suavizado. O pai passou a ter sobre o filho, enquanto continuava na família com ele, uma autoridade muito parecida com aquela que um pai tem entre nós, ou seja, a de cuidar de sua moral. Contudo, quando o filho estava fora da família, o pai não se preocupava tão imediatamente com ele. O pai tem esse privilégio particular em relação ao filho, que ele pode se tornar seu tutor sem fiança, e não é responsável, como qualquer outro tutor, por negligência e omissão. Essa é a autoridade natural que o pai tem sobre o filho. O pai é obrigado a criar seus filhos, e os filhos, em caso de velhice ou enfermidade, a sustentar o pai.

Passemos agora à consideração da história da lei no que diz respeito a senhores e servos, que foi a terceira relação na qual nos propusemos a considerar no âmbito da família.

Descobrimos que o mesmo princípio que deu ao marido autoridade sobre a esposa também deu ao pai autoridade sobre o filho. Assim como o poder do marido foi suavizado por meio dos amigos de sua esposa com quem ela estava ligada e para quem poderia reclamar, o do pai foi suavizado pelos mesmos meios. Mas não foi assim com os servos. Eles não tinham ninguém a quem pudessem reclamar, não tinham conexão com ninguém e, não tendo ninguém para tomar sua parte, necessariamente caíram em um estado de escravidão. Consequentemente, descobrimos que o senhor tinha o poder de vida e morte sobre eles, bem diferente do *ius vitae et necis* sobre a esposa e os filhos, que se restringia aos casos criminais; o poder sobre os servos era perfeitamente arbitrário. Além disso, como o senhor tinha sua liberdade à disposição, um escravo não poderia ter propriedade. Tudo que ele tem ou pode adquirir pertence ao seu senhor. Nenhum contrato do escravo poderia vincular o senhor, a menos que as leis encontrassem implícito um consentimento tácito do senhor. Um escravo só pode adquirir para seu senhor. Se prometi a um escravo 10 libras, sou obrigado a pagá-las ao senhor dele. No entanto, além dessas desvantagens, há muitas outras às quais os antigos escravos gregos e romanos, bem como nossos negros, estavam sujeitos, embora fossem menos considerados.

1º) Eles são impedidos de se casar. Podem coabitar com uma mulher, mas não podem se casar, porque a união entre dois escravos não subsiste mais do que o senhor deseja. Se a escrava não se reproduzir, ele pode dá-la a outro ou vendê-la. Entre nossos escravos nas Índias Ocidentais não existe união duradoura. As escravas são todas prostitutas e não sofrem degradação por isso.

2º) Mas a escravidão é acompanhada de males ainda maiores do que esses, pois um escravo que é politeísta não está devidamente sob a proteção de nenhuma religião. Ele não tem deus, assim como não tem liberdade e propriedade. A religião politeísta consiste em muitas divindades locais. Cada lugar tem sua própria divindade. Os escravos não pertencem ao país, portanto seus deuses não se ocupam deles. Além disso, um pagão nunca pode se aproximar de uma divindade de mãos vazias.

Os escravos não tinham nada a oferecer, portanto não podiam esperar nenhum favor deles. Esses escravos que trabalhavam nos templos eram os únicos que podiam ter algum direito à proteção dos deuses. O senhor orava por eles, mas o fazia da mesma maneira que orava por seu gado. Toda pessoa é supersticiosa em proporção à precariedade de sua vida, liberdade ou propriedade, e à sua ignorância. Os caçadores e os selvagens são notavelmente assim. É então uma dificuldade muito grande que um escravo, que é viciado em superstição por ambas as causas, seja privado daquilo que é tão adequado para acalmar os sentimentos naturais do coração humano. Portanto, a religião que descobriu um Deus que governava todas as coisas seria naturalmente muito bem-vinda para os escravos. Por conseguinte, descobrimos que a religião judaica, embora bem adaptada para se defender, é a menos adequada para a conversão, pois os convertidos nunca poderiam ser da linhagem de Abraão, de quem o Messias deveria surgir. Eles não poderiam ser considerados no mesmo nível dos judeus, mas apenas prosélitos do portão, obrigados a abster-se de muitos tipos de alimentos. Apesar de todas essas desvantagens, a religião judaica fez grandes progressos entre os escravos romanos. Quando o cristianismo foi introduzido, o qual não tinha nenhuma dessas desvantagens, progrediu mais rapidamente ainda entre os escravos.

Tendemos a imaginar que a escravidão tenha sido erradicada porque não sabemos nada sobre ela nesta parte do mundo, mas mesmo hoje em dia é quase universal. Uma pequena parte do oeste da Europa é a única porção do globo que está livre dela, e isso não se compara com os vastos continentes onde ela ainda prevalece. Devemos nos esforçar para mostrar como foi abolida nessa região e por quais razões continuou em outras partes, e provavelmente continuará.

Deve-se observar que a escravidão ocorre em todas as sociedades em seu início e procede daquela disposição tirânica que quase pode ser considerada natural à humanidade. Qualquer que fosse a forma de governo estabelecida, fazia parte de sua constituição que a escravidão deveria continuar. Em um governo livre, os membros nunca fariam uma lei tão prejudicial aos seus interesses, como poderiam pensar que seria a abolição da escravidão. Em uma monarquia, há maior chance de ser abolida, porque uma única pessoa é legisladora e a lei não se estenderá a ele nem diminuirá seu poder, embora possa diminuir o de seus vassalos. Em um governo despótico, os escravos podem ser mais bem tratados do que em um governo livre, onde todas as leis são feitas por seus senhores, que nunca farão passar algo prejudicial para eles mesmos. Um monarca está mais pronto para ser influenciado a fazer algo humanitário. Quando Augusto estava visitando Védio Polião, um dos escravos que acidentalmente quebrou uma travessa se jogou diante de Augusto implorando sua proteção, para que ele não fosse cortado em pedaços e jogado no tanque de peixes. Augusto ficou tão chocado com isso que imediatamente alforriou todos os escravos de Polião, embora este sem dúvida não tenha gostado do comportamento de seu convidado. Nos reinados de Adriano e Antonino, quando a monarquia ocorreu, havia várias leis feitas em favor dos escravos, mas nunca houve uma nos tempos da República. A escravidão, então, pode ser gradualmente suavizada sob um monarca, mas não totalmente abolida, porque nenhuma pessoa pode ter tanta autoridade a ponto de tirar de uma vez a parte mais considerável da propriedade da nação, pois isso ocasionaria uma insurreição geral.

Em um país opulento, os escravos são sempre maltratados, porque o número de escravos excede o número de homens livres, e é necessária a mais rígida disciplina para mantê-los em ordem. Se um homem livre fosse morto em uma casa, todos os escravos eram mortos. Vários autores nos dizem que à noite, em Roma, nada se ouvia além dos gritos dos escravos sendo punidos por seus senhores. Ovídio nos conta que o escravo que guardava o portão estava acorrentado a ele, e os escravos que adubavam o solo eram acorrentados para não fugir, e, o que era mais cruel, quando um velho escravo era incapaz de trabalhar, era abandonado para morrer em uma ilha próxima à cidade, destinada a esse propósito.

A escravidão é mais tolerável em uma sociedade bárbara do que em uma sociedade civilizada. Em um país inculto, a pobreza do povo torna o número de escravos que qualquer um pode manter bastante insignificante, portanto sua disciplina não será tão rígida quanto em lugares onde são numerosos. Além disso, em um país bárbaro, o senhor trabalha tanto quanto o escravo, portanto estão quase no mesmo nível. Nos períodos iniciais de Roma, o escravo trabalhava com seu senhor e comia com ele, e a única punição em caso de mau comportamento era carregar uma vara em forma de cruz pela cidade ou vila.

Na Jamaica e em Barbados, onde os escravos são numerosos e causam desconfiança, as punições, mesmo por ofensas leves, são muito chocantes. Contudo, na América do Norte eles são tratados com a maior brandura e humanidade.

Assim, mostramos que a escravidão é mais severa em proporção à cultura da sociedade. Liberdade e opulência contribuem para a miséria dos escravos. A perfeição da liberdade é sua maior sujeição. E como são a parte mais numerosa da humanidade, nenhuma pessoa humana desejará a liberdade em um país onde essa instituição esteja estabelecida.

É quase desnecessário provar que a escravidão é uma instituição ruim, mesmo para homens livres. Um homem livre que trabalha por dias de salário trabalhará muito mais do que um escravo em proporção às despesas necessárias para mantê-lo e criá-lo. Na Itália antiga, o país mais fértil, uma propriedade administrada por escravos rendia ao senhor apenas um sexto da produção, enquanto um proprietário de terras, mesmo em nosso país estéril, recebe um terço e os arrendatários vivem muito melhor. Os escravos cultivam apenas para si mesmos, o excedente vai para o senhor, portanto não se preocupam em cultivar o solo da melhor maneira possível. Um homem livre mantém para si tudo que excede o aluguel, portanto tem motivo para a industriosidade. Nossas colônias seriam muito mais bem cultivadas por homens livres.

Que a escravidão é uma desvantagem aparece no estado dos mineiros e salgadores em nosso próprio país. Eles realmente têm privilégios que os escravos não têm. A propriedade, depois da manutenção, é sua, eles só podem ser vendidos junto com o trabalho e desfrutam do casamento e da religião, mas não têm liberdade total, e certamente seria uma vantagem para o senhor que fossem livres. O salário comum de um trabalhador diarista está entre 6 e 8 *pence*. O de um mineiro é 0,5 coroa. Se fossem livres, seus preços cairiam. Em Newcastle, os salários não excedem 10 *pence*[6] ou 1 xelim, mas os mineiros de car-

6 Aqui temos 10d, o qual, no sistema monetário britânico pré-decimalização, vem do latim *denarius*, que quer dizer *penny/pence*. Doravante, todas as referências ao *denarius* serão indicadas como *penny* ou *pence*. (N. T.)

vão muitas vezes deixam nossas carvoarias, onde recebem 0,5 coroa por dia, e correm para lá, pois, embora seu salário seja menor, eles têm liberdade.[7]

Ainda há mais um inconveniente que acompanha a escravidão, a saber: a diminuição do número de homens livres até um grau além da imaginação, pois cada escravo ocupa o lugar de um homem livre. A desigualdade de fortuna parecia a princípio um infortúnio e leis foram feitas contra ela. A quantia de 10 libras por ano é considerada o gasto necessário para sustentar um homem. Um proprietário de terras que tem 10 mil libras por ano gasta o suficiente para manter mil homens. À primeira vista, podemos concebê-lo como um monstro que consome a comida de tantos, mas, se prestarmos bastante atenção, ele é realmente útil e não come ou veste mais do que os outros; 10 libras também o servem, e suas 10 mil libras mantêm mil pessoas que são empregadas no refinamento de suas 10 libras de uma infinidade de maneiras, de modo a fazer o total valer a pena. Isso abre espaço para todos os tipos de manufaturas. Quando escravos são empregados para extrair essas 10 libras das 10 mil libras, um deve ser alfaiate, outro tecelão, um terceiro ferreiro e, assim, cada um ocupa o lugar de um homem livre.

Passemos agora à consideração sobre a abolição da escravidão nesta parte do mundo. Os escravos neste e nos países vizinhos eram aqueles que cultivavam a terra e eram o que se chamava *adscripti glebae*, e só podiam ser vendidos junto com a terra. Como eles não tinham nada além do sustento para seu trabalho, o solo estava mal cultivado. Para remediar essa des-

7 Ver anexo sobre a relação entre a escravidão e a diminuição da população. (N. T.)

vantagem, arrendatários por *steelbow*[8] foram introduzidos; eles próprios não tinham um estoque e, portanto, o proprietário dava-lhes gado e os implementos para arar, aos quais renunciavam no fim do contrato. Na colheita, a safra era dividida igualmente entre o proprietário e o arrendatário. Essa foi a primeira espécie de arrendatários livres, que eram servos claramente emancipados. Depois que esse costume continuou por muito tempo, os arrendatários conseguiram adquirir o suficiente para barganhar com o proprietário o pagamento de uma certa quantia referente a um arrendamento de tantos anos; e qualquer que fosse a produção da terra, eles assumiriam o risco. Isso é claramente uma vantagem para o proprietário: a terra é mais bem cultivada a cada ano, ele não tem despesas, e a metade da produção[9] era melhor para os arrendatários do que qualquer quantia que pagassem. Pela lei feudal, o senhor tinha um domínio absoluto sobre seus vassalos. Na paz, admi-

---

8 Arrendatários por *steelbow* eram ocupantes que não possuíam gado ou ferramentas agrícolas próprias. Nesse tipo de arrendamento, o proprietário da terra fornecia aos arrendatários o gado e os implementos necessários para o cultivo da terra. Os arrendatários utilizavam esses recursos durante o período de arrendamento e, ao fim do contrato, devolviam tudo ao proprietário. Esse sistema permitia que pessoas sem recursos próprios pudessem cultivar a terra e, ao mesmo tempo, garantia que a terra fosse trabalhada de maneira mais eficiente. (N. T.)

9 Passagem confusa e sem sentido. Na verdade, a metade correspondia à metade que no acordo anterior seria dada ao proprietário. No arranjo que se seguiu, os arrendatários ficavam com toda a produção e pagavam uma taxa fixa, o que parece claramente uma vantagem também para eles, pois, segundo o que Smith diz aqui, eles ficariam com toda a produção. (N. T.)

nistrava a justiça, e eles eram obrigados a segui-lo na guerra. Quando o governo se tornou um pouco mais bem estabelecido, o soberano fez tudo que pôde para diminuir essa influência, que em algumas ocasiões era perigosa para ele próprio e impedia as pessoas de recorrerem a ele em busca de justiça. Como, portanto, os antigos vilões eram arrendatários a título precário, eram obrigados a cumprir certos deveres para com seu senhor e estavam inteiramente à sua disposição, uma lei foi feita tirando todos os seus encargos, exceto o de serem arrendatários a título precário, e finalmente seu privilégio foi estendido e eles se tornaram *copyholders*.[10]

Outra causa da abolição da escravidão foi a influência do clero, mas de forma alguma o espírito do cristianismo, pois nossos plantadores são todos cristãos. O que quer que diminuísse o poder dos nobres sobre seus inferiores, aumentava o poder dos eclesiásticos. Como o clero é geralmente mais favorável às pessoas comuns do que à nobreza, faria tudo que pudesse para que seu privilégio fosse estendido, sobretudo porque poderia ter expectativas de colher benefícios com isso. Por conseguinte, descobrimos que o papa Inocêncio III encorajou todos os proprietários de terras a emancipar seus escravos. Assim, a influência do clero, combinada com a do rei, acelerou a abolição da escravidão no oeste da Europa. De acordo com

10 *Copyholder* se refere a um tipo de arrendatário que possuía terras sob um acordo de *copyhold*. No sistema de *copyhold*, o arrendatário tinha a posse da terra com base em uma cópia do rolo do senhorio, que registrava seus direitos e deveres. Os *copyholders* geralmente alugavam terras de um proprietário e estavam sujeitos às suas regras e costumes. Eles tinham mais segurança na posse do que um arrendatário a título precário, mas menos do que um proprietário absoluto. (N. T.)

isso, descobrimos que em países onde nem o rei nem a Igreja eram muito poderosos, a escravidão ainda prevalece. Na Boêmia, na Hungria e nesses países onde o soberano é eletivo e, por conseguinte, nunca poderia ter grande autoridade e, além disso, onde a Igreja nunca teve grande influência, a servidão ainda permanece, porque a corte não é de forma alguma poderosa o suficiente para emancipar os escravos da nobreza.

Mostrar por quais meios os escravos são adquiridos, considerar o estado dos criados domésticos em nosso próprio país, bem como mencionar um certo estado particular das famílias, será tudo o que deve ser dito sobre esse tópico que trata do homem como membro de uma família.

Escravos podem ser adquiridos de cinco maneiras diferentes. 1ª) prisioneiros de guerra em quase todos os países são escravos. Se o conquistador não os matar, ele tem o direito de escravizá-los; 2ª) como os prisioneiros se tornam escravos, não havendo ninguém para resgatar seus filhos, estes também se tornam escravos; 3ª) as pessoas culpadas de certos crimes tornaram-se escravas, às vezes da pessoa ofendida, às vezes do público; 4ª) os devedores no antigo estado da República Romana tornavam-se escravos. Se eles não pudessem pagar sua dívida, era considerado razoável que trabalhassem para tal. Isso ainda ocorre em todos os países onde a escravidão está estabelecida; 5ª) há uma espécie de escravidão voluntária quando um cidadão indigente se vende para ser escravo de outra pessoa. Quando uma pessoa se vende a outra por qualquer quantia, pelas leis da escravidão, essa mesma quantia se torna propriedade da pessoa que a comprou. Contudo, quando uma pessoa estava endividada e obrigada a se tornar escrava por isso, talvez não escolhesse ser escrava de seu credor por medo de maus-

-tratos, portanto se venderia a outra pessoa, com a condição de pagar sua dívida. Os cidadãos de Roma estavam frequentemente endividados e, por causa disso, tornaram-se inteiramente dependentes de seus superiores. Muitos deles não tinham meios de subsistência a não ser o que recebiam dos candidatos por seus votos, e como isso não era de forma alguma suficiente para esse propósito, muitas vezes tomavam emprestado daqueles a quem davam seus votos, os quais estavam mais do que dispostos a emprestar para garantir que permanecessem submetidos a seus interesses. Desse modo, eles não poderiam dar seu voto a nenhuma outra pessoa, a menos que ela pagasse o que deviam a seus credores, o que poucos estariam dispostos a fazer, pois na maioria das vezes deviam mais do que o valor de seus votos.

Na idade média da República, esses dois últimos métodos de aquisição de escravos eram proibidos por leis expressas, o primeiro pelo que era chamado de *cessio bonorum* e o último, por uma lei que proibia qualquer homem livre de se vender.

A escravidão nas Índias Ocidentais ocorreu contrariamente à lei. Quando aquele país foi conquistado pela Espanha, Isabel e Fernando se esforçaram muito para evitar que os índios caíssem em um estado de servidão; sua intenção era fazer assentamentos, negociar com eles e instruí-los. Mas Colombo e Cortez estavam longe da lei e não obedeceram às suas ordens, reduzindo-os à escravidão, que de certa forma se instituiu por si mesma entre eles.

Passemos agora à consideração do estado dos servos. Um negro neste país é um homem livre. Se seu servo negro for roubado, você não pode entrar com um processo pelo preço, mas apenas por danos sofridos pela perda de seu servo. Da mesma forma, se um negro é morto, a pessoa que o faz é culpada de assassinato. Contudo, embora um servo negro tenha direito aos privilégios de um homem livre enquanto estiver aqui, você pode obrigá-lo a voltar à América e mantê-lo lá na situação anterior. Não é pela cristandade, mas pelas leis deste país que ele desfruta da liberdade, porque não há escravidão entre nós.

Os maiores dependentes entre nós são os servos domésticos (*inter menia*),[11] os quais são obrigados a servir dentro de um prazo. Eles têm quase os mesmos privilégios que seu senhor, liberdade, salários etc. O senhor tem o direito de corrigir seu servo moderadamente, e se ele morrer sob sua correção, não é assassinato, a menos que tenha sido feito com uma arma ofensiva ou com premeditação e sem provocação. Um servo pode adquirir propriedade para seu senhor quando age por sua autoridade expressa ou quando um consentimento tácito está implícito. Se um servo compra ou vende bens em nome de seu senhor, este tem espaço para entrar com uma ação em caso de não pagamento ou não entrega. Como existe uma conexão peculiar entre senhor e servo, pode-se justificar certos casos em que qualquer outra pessoa seria considerada culpada. Se um senhor ou servo matar qualquer outra pessoa em defesa um do outro, é homicídio justificável. Se um senhor morre antes do prazo, os executores são obrigados a pagar todo o salário do servo e a sustentá-lo também.

Os aprendizes estão em condições bem próxima a dos servos, apenas com a diferença de que o senhor recebe uma taxa com o aprendiz e é obrigado a ensinar-lhe um ofício, e caso se recuse a fazê-lo, pode ser processado por danos e perda de tempo.

---

11 *Inter moenia*, em latim. (N. T.)

Passemos agora à consideração do estado particular das famílias.

Quando um pai morre deixando seus filhos jovens, é necessário que eles sejam cuidados. Mesmo nos tempos em que se deixavam bebês em locais públicos, considerava-se cruel matar a criança que foi resgatada. Se a criança estivesse desamparada e não houvesse hospitais ou locais de caridade, seria necessário, portanto, deixá-la sob a custódia de alguém. O parente mais próximo do lado do pai era aquele a quem a lei encarregava. Em tenra idade, o sustento da criança era tudo que deveria ser garantido, pois não havia propriedades para administrar, e a mãe voltava para a família de seu pai. Essa tutela terminava quando a criança tinha cerca de 13 ou 14 anos de idade, momento em que era capaz, nessa idade, de arranjar-se por conta própria.

No entanto, quando os homens passaram a possuir propriedades, embora se pudesse supor que fosse capaz de arranjar-se por conta própria por volta dessa idade, ainda assim não poderia ser capaz de administrar uma propriedade. Então se torna necessário mantê-lo na pupilaridade por mais de catorze anos. Pela lei pretoriana, nessa idade era permitido escolher seus tutores ou curadores. Um curador não pode fazer nada sem o consentimento do pupilo; um tutor pode agir sem seu consentimento, mas é responsável perante seu pupilo por tudo que ele faz durante sua menoridade. No início, lunáticos e idiotas eram quase as únicas pessoas que tinham tutores e, por ser vergonhoso ter um, geralmente eles eram recusados. Posteriormente, a lei invalidava todos os atos do pupilo até os 21 anos, sem o consentimento de seus curadores. Como o parente mais próximo do lado do pai muitas vezes é o próximo herdeiro, foi considerado impróprio confiar a pessoa do filho a ele. A lei inglesa levou isso tão a sério que, se uma propriedade fosse deixada para o filho durante a vida do pai, esta não era confiada a ele. Por nossa lei, o cuidado da propriedade é confiado ao próximo herdeiro, pois provavelmente este cuidará melhor dela, e o herdeiro a um parente mais remoto, que cuidará melhor dele, pois ele não pode ser beneficiado por sua morte.

Mencionaremos agora algumas ofensas nas famílias, com suas punições peculiares.

A infidelidade da esposa ao marido é punida com a maior ignomínia. No caso do marido, nunca foi punida com a morte, nem no da mulher, a menos que prevaleça ciúme extremo. Seria considerado ridículo em nosso país levar uma mulher ao cadafalso por adultério.

Casamentos forçados e estupros são geralmente punidos com a morte.

A bigamia, ao desonrar a esposa anterior, é punida com pena capital. Como há a mais estreita conexão entre as pessoas de uma família, se a esposa mata o marido, esse ato é considerado uma espécie de traição menor, e a punição pela lei inglesa é queimá-la viva.

Temos o mesmo castigo se um servo matar seu senhor ou atentar contra ele.

Com isso, terminamos tudo que deve ser dito a respeito do homem considerado como membro de uma família.

Direito privado

Explicamos anteriormente a natureza dos direitos e os dividimos em naturais e adquiridos. O primeiro não precisa de explicação; estes últimos são divididos em reais e pessoais.

Os direitos reais são: propriedade, servitude, garantia e privilégio de exclusividade. Vamos primeiro tratar da propriedade.[12]

A propriedade é adquirida de cinco maneiras. 1ª) por ocupação, ou a tomada de posse do que antes não pertencia a ninguém; 2ª) por acessão, quando um homem tem direito a uma coisa em consequência de outra, como o direito às ferraduras junto com o cavalo; 3ª) por prescrição, que é um direito a uma coisa pertencente a outrem decorrente de posse longa e ininterrupta; 4ª) por sucessão aos nossos antepassados ou a qualquer outra pessoa, seja por testamento ou sem testamento; 5ª) por transferência voluntária, quando um homem entrega seu direito a outro.

Trataremos primeiro da ocupação, cujas leis variam de acordo com os períodos da sociedade humana. Os quatro estágios da sociedade são caça, pastoreio, agricultura e comércio. Se várias pessoas naufragassem em uma ilha deserta, seu primeiro sustento seriam os frutos que o solo produziria naturalmente e os animais selvagens que pudessem matar. Como nem sempre isso é suficiente, eles finalmente domariam alguns dos animais selvagens para que pudessem tê-los sempre à mão. Com o passar do tempo, mesmo isso seria insuficiente, e como observaram a terra produzir de forma natural quantidades consideráveis de vegetais, pensariam em cultivá-la para que pudessem produzir mais. Daí surge a agricultura, que requer muito refinamento antes de se tornar o emprego predominante de um país. Há apenas uma exceção a essa ordem, a saber, algumas nações norte-americanas cultivam um pequeno pedaço

12 Ver anexo sobre a teoria dos quatro estágios e a origem da propriedade. (N. T.)

de terra, embora não saibam criar rebanhos. A era do comércio naturalmente sucede à da agricultura. Como os homens agora poderiam se limitar a uma espécie de trabalho, trocariam naturalmente o excedente de sua própria mercadoria pelo excedente de que precisassem de outra pessoa. A ocupação varia de acordo com cada um desses estágios.

A ocupação parece ser bem fundamentada quando o espectador pode concordar com minha posse do objeto e me aprovar quando defendo minha posse pela força. Se eu tiver colhido alguns frutos silvestres, parecerá razoável para o espectador que eu deva dispor deles como quiser.

A primeira coisa a ser notada na ocupação entre os caçadores é o que a constitui e quando começa, seja na descoberta do animal selvagem ou depois que ele está realmente em posse dele. Os advogados têm opiniões variadas quanto a esse tópico; alguns concedem uma parcela à pessoa que primeiramente feriu um animal selvagem, ainda que tenha desistido da caça, e outros não. Todos concordam que é uma violação de propriedade interromper a perseguição de um animal selvagem que outro começou, embora alguns sejam da opinião de que, se outro ferir o animal em sua fuga, ele tem direito a uma parte, pois tornou a captura mais fácil no geral. Entre os selvagens, a propriedade começa e termina com a posse, e raramente concebe algo como seu que não seja seus próprios corpos.

Entre os pastores, a ideia de propriedade se estende para além disso. É deles não apenas o que carregam consigo, mas também o que têm depositado em seus casebres. Consideram o gado como seu enquanto os animais têm o hábito de regressar a eles. Quando a maioria dos animais está sob posse, eles os consideram como seus, mesmo depois de perderem o hábito de voltar para casa, e podem ser reivindicados por um certo tempo depois de terem se desgarrado. Mas a propriedade atinge sua máxima extensão com a agricultura. Quando primeiro se tornou necessário cultivar a terra, nenhuma pessoa tinha qualquer propriedade sobre ela, e o pequeno terreno que estava perto de seus casebres seria comum a toda a aldeia, e os frutos seriam divididos igualmente entre os indivíduos. Existem vestígios de propriedade comunal de terra em nosso próprio país hoje. Em muitos lugares, há um pedaço de terra que pertence igualmente a várias pessoas e, após a colheita, o gado pode, em muitos lugares, se alimentar onde quiser. A propriedade privada da terra nunca começa até que uma divisão seja feita de comum acordo, que geralmente é quando as cidades começam a ser construídas, pois cada um escolheria que sua casa, que é um objeto permanente, fosse inteiramente sua. A posse de propriedades móveis pode ocorrer nos primórdios da sociedade, mas as terras não devem ser ocupadas sem uma divisão real. Um árabe ou um tártaro conduzirá seus rebanhos por um imenso país sem supor que dali seja seu um único grão de areia.

Pelas leis de muitos países, há algumas coisas, no entanto, que não podem ser posse de nenhuma pessoa privada. Tesouros e bens abandonados pelas leis da Bretanha pertencem ao rei. Isso surge daquela influência natural dos superiores, que atrai tudo que pode sem violar as regras mais manifestas da justiça. Da mesma forma, mares e rios não podem ser ocupados por nenhuma pessoa privada. A menos que seja particularmente especificado em sua escritura, você não pode pegar peixes grandes em um rio que passa por sua própria propriedade. Um mar cercado por várias nações não pode ser posse de nenhuma delas: todos devem ter uma parte da jurisdição, mas qualquer nação pode impedir a outra de pescar em suas baías ou se aproximar de suas costas com navios de guerra.

O direito de acessão não se baseia tanto em sua utilidade quanto na impropriedade de não juntá-lo àquele objeto do qual depende. O leite de uma vaca que comprei pode não ser de grande valor, mas é muito impróprio que outra pessoa tenha o direito de alimentar seu bezerro com ele. As acessões mais importantes são em propriedade de terras. A propriedade da terra é fundada na divisão ou atribuição, pela sociedade, a uma pessoa em particular, o direito de semear e plantar em um determinado pedaço de terra. Em consequência desse direito, ele também deve ter direito a tudo que produz, árvores, frutas, minerais etc. Aluviões causados por qualquer rio naturalmente pertencem ao proprietário do território adjacente, mas quando as adições são muito grandes, como costuma acontecer em países baixos, o governo as reivindica, e o proprietário da terra adjacente deve comprá-la antes de possuí-la.

A principal disputa no que concerne à acessão é: quando o principal pertence a mim e a acessão a outro, ou, se eles estão misturados, a quem pertence o todo? É princípio do direito que nenhuma pessoa deve lucrar com a perda de outra. Se um homem constrói uma casa por engano em meu terreno, embora os materiais sejam dele, é razoável que eu fique com a casa ou seja indenizado por minha perda. Em geral, a acessão segue o principal, embora em alguns casos, como quando a mão de obra é de maior valor do que os materiais, *substantia cedet formae*. Os advogados, no entanto, não estavam dispostos a contradizer diretamente sua máxima geral e estabelecida, portanto a evitaram, dando o principal ao proprietário da acessão quando ela se tornou uma nova espécie, isto é, quando recebeu uma nova forma e um novo nome. Isso, no entanto, estava sujeito a exceções. Um quadro e o painel em que foi pintado eram, em latim, da mesma espécie; cada um era uma tábula, portanto o quadro, por essa emenda, ainda pertencia ao proprietário do insignificante painel. A regra mais geral no que diz respeito às acessões é esta: quando a coisa pode ser reduzida à sua forma primitiva sem diminuir seu valor ou sem grande perda para o proprietário da acessão, o proprietário do principal pode reivindicá-la com justiça, mas quando isso não pode ser feito, a lei favorece justamente o proprietário da acessão e o obriga apenas a recompensar o proprietário original por sua propriedade.

A prescrição baseia-se no suposto apego do possuidor ao que possui há muito tempo, e na suposta ausência de afeição do antigo possuidor ao que há muito está fora de sua posse. Há quatro coisas necessárias para formar um direito por prescrição: 1ª) *bona fides*, pois se uma pessoa é sensível ao fato de que seu direito a uma coisa é nocivo, não é ofensa privá-la disso, e o espectador indiferente pode facilmente concordar com a privação da posse; 2ª) *iustus titulus*, pelo qual não se entende que um título seja justo em todos os aspectos, pois isso é por si só suficiente, mas um *iustus titulus* significa algum fundamento razoável de que a pessoa deve considerar uma coisa como sua, como por exemplo uma escritura. Se se reivindica um direito sem tal título, nenhum espectador imparcial pode entrar em seus sentimentos; 3ª) a posse ininterrupta também é necessária para prescrição, pois se a propriedade foi frequentemente reivindicada, o possuidor anterior não renunciou a seu direito; 4ª) o tempo só deve ser contado quando havia uma pessoa para reivindicar a propriedade; portanto, mesmo a posse ininterrupta mais longa, quando o proprietário for menor, lunático ou banido, não configura um direito.

Um *iustus titulus* é uma prova de *bona fides*, e a *bona fides* é um requisito para um *iustus titulus*. Pela lei romana, a *bona fides* só era exigida na primeira tomada de posse, e ainda que depois você descobrisse haver uma falha em sua prescrição de título. A natureza não fixou nenhum prazo para prescrição, portanto varia de acordo com a estabilidade da propriedade em um país. Em Roma, imóveis prescreviam em dois anos, porém depois mais tempo tornou-se necessário. Em nosso país, um senhor feudal que continuamente fazia reivindicações sobre seu vizinho dificilmente poderia ser levado a admitir qualquer lei dessa natureza. Estava disposto a reviver uma reivindicação tão antiga quanto os dias de Noé. E quando finalmente fixaram um período, eles o fizeram o mais longo possível, a saber: quarenta anos. Entre os romanos, deve-se observar que, se a posse de alguém fosse interrompida durante o tempo necessário para a prescrição por um inimigo que entrasse no país, era preciso que começasse de novo. Pela lei inglesa, nada pode interromper a prescrição, exceto uma reivindicação do antigo possuidor. Os reis raramente permitem que suas reivindicações prescrevam, pelo menos não consideram o tempo de posse ininterrupta suficiente para fazê-lo. No entanto, a posse imemorial sempre carregará isso consigo.

A sucessão é legal ou testamentária. De acordo com alguns advogados, entende-se por sucessão legal que a lei deve distribuir os bens do falecido àqueles a quem se presume que a própria pessoa teria escolhido. Contudo, isso supõe que a sucessão testamentária, ou a distribuição dos bens de acordo com a vontade do falecido, foi anterior à sucessão legal, o que é contrário à experiência. Em uma época primitiva, um homem mal tinha a propriedade total de seus bens durante a vida, portanto não se pode supor que deveria ter tido o poder de dispor deles após sua morte. Em todas as nações, os parentes da pessoa morta foram sucessores muito antes de haver qualquer coisa como um testamento. As Doze Tábuas em Roma e as leis de Sólon em Atenas parecem ter introduzido pela primeira vez a sucessão testamentária, mas muito antes disso havia sucessão legal em ambos os países. A reivindicação do herdeiro de sangue é sempre considerada a preferível, mas essa reivindicação nunca se baseia na suposta vontade do falecido. Se considerarmos a sucessão nos tempos mais remotos, descobriremos que ela se baseia mais na conexão de bens do que de pessoas. Como o pai e os filhos viviam juntos e eram coadquirentes de qualquer propriedade que possuíssem, quando o pai morria, os filhos tinham direito conjunto aos bens, não tanto por causa de sua relação com o pai, mas por causa do trabalho que haviam dispensado para adquiri-los. A mãe e os filhos continuariam, portanto, com a posse. Entre os romanos, a esposa era considerada como uma filha e tinha sua parte em conformidade com isso. Se algum dos filhos estabelecesse residência longe da família ou fosse emancipado, não tinha participação na sucessão, pois deixou de cooperar com o restante na aquisição dos bens. Pode-se observar que, dessa maneira, quando as famílias viviam juntas, era necessário proibir casamentos entre primos. Quando esposas, filhos e netos viviam na mesma casa, se todos herdavam em partes iguais, chamava-se a isso de sucessão *secundum capita*, mas se os netos herdavam apenas a parte que caberia a seu pai, era chamado de *secundum stirpes*. Supondo que os três filhos de um homem estivessem todos mortos, mas o mais velho tivesse deixado um filho, o segundo dois e o terceiro três, na ocasião da morte de seu avô, pela primeira regra, cada um teria um sexto, mas, pela última, o filho do mais velho teria um terço sozinho, os dois filhos do segundo um terço para dividir entre eles, e os três filhos do terceiro, um terço para dividir entre eles. Os netos eram como se fossem os representantes de seu pai. O direito de representação é o mesmo com *successio secundum stirpes*. Entre os romanos, o direito de representação foi introduzido em favor dos fortes e em prejuízo dos fracos, mas na Bretanha é o contrário. Entre os romanos, um filho não podia suceder à mãe quando ela morria, porque, como a mãe era considerada como filha da família, tudo o que ela tinha pertenceria ao marido. Se o marido morresse primeiro, a esposa compartilhava a herança com os filhos e depois voltava para a casa do pai, herdando novamente dele. Mas em tempos de mais refinamento sob os imperadores, a mãe poderia herdar do filho, e o filho, da mãe. Antigamente, quando um filho morria, ninguém herdava dele, pois tudo que tinha pertencia a seu pai. César foi o primeiro a fazer uma lei que permitiu a um filho possuir como seu tudo que conseguiu na guerra ou adquiriu pelas artes liberais.

Três classes de homens podem suceder: ascendentes, descendentes e colaterais, de modo que os da linha superior podem suceder aos da linha inferior, os da linha inferior aos da linha superior, ou aqueles da mesma linha uns aos outros. A sucessão colateral a princípio se estendia apenas ao mais próximo em sangue, e se ele a recusasse, os bens pertenciam ao público, mas depois o pretor a estendeu até o sétimo na linhagem. Quando um irmão morria e outro o sucedia, isso se dava em consequência de sua ligação com o pai, que é o tronco comum, portanto a sucessão de ascendentes deve ter sido anterior à dos colaterais. Contudo, o direito dos descendentes é mais forte dentre eles, pois a reivindicação do filho sobre o pai é evidentemente mais forte do que a do pai sobre o filho. Os princípios de sucessão de bens móveis são, nesse caso, fundados na comunhão de bens que ocorria antigamente nas famílias.

O diferente estado das famílias em nosso país torna considerável a diferença entre nossa lei e a dos romanos. A esposa é entre nós uma pessoa muito mais considerável do que uma filha, portanto sucede a uma parcela maior. Quando o marido morre, os bens devem ser divididos em três partes iguais, uma das quais deve pertencer ao marido falecido, uma à esposa e uma aos filhos. Há, no entanto, a diferença de que o marido pode dispor de sua parte por testamento, o que a esposa não pode. Um filho *forisfamiliated*[13] não está na mesma condição que um filho emancipado entre os romanos. Ele pode suceder a seus irmãos. Apenas se ele tiver uma parte, deve somá-la ao estoque comum na ocasião da morte de seu pai. Os netos não sucedem no lugar de seu pai falecido, como entre os romanos. A lei inglesa, no entanto, admite representação e prefere ascendentes, se homens, a colaterais.

Passemos agora à herança indivisível, que foi introduzida pela lei feudal. Quando as nações que conquistaram o Império Romano se estabeleceram no oeste da Europa, seguiu-se necessariamente uma desigualdade de fortuna. Como os grandes não tinham como gastar suas fortunas a não ser pela hospitalidade, adquiriram uma influência prodigiosa sobre seus vassalos. Eles deram suas terras apenas para o sustento de seus dependentes,

13 *Forisfamiliated*, no direito inglês, era um termo usado para descrever um filho emancipado da autoridade paterna e que já recebeu uma parte de sua propriedade, não tendo mais direito à sucessão do pai. (N. T.)

e deve-se observar que a palavra saxônica "fazenda" significa provisões. Os chefes, por sua influência, eram os únicos administradores da justiça em seus próprios territórios. O governo tinha interesse em autorizar essa jurisdição, pois era o único método de preservar a paz, e o superior era o líder tanto em tempos de paz quanto de guerra. Até recentemente, até o ano de 1745, esse poder ainda existia nas Terras Altas da Escócia, e alguns cavalheiros podiam reunir várias centenas de homens no campo. Como esses senhores não tinham outra forma de dispor de suas terras, davam algumas delas como *munera*, que eram revogáveis a seu gosto, e outras como *beneficia*, que perduravam durante a vida e retornavam ao senhor após o falecimento do beneficiário.

Os benefícios do clero parecem ter sido fundados assim e mantiveram o nome. Por esse meio, os senhores garantiram a fidelidade de seus vassalos. Como os benefícios eram vitalícios, a propriedade deles naturalmente passou a ser estendida ao filho do arrendatário falecido e, aos poucos, as posses tornaram-se hereditárias e foram chamadas de feudais. Assim, o arrendatário tornou-se mais independente. Quando um chefe morria e deixava seu filho menor de idade, o rei nomeava um líder para os vassalos durante a menoridade e se apropriava dos lucros e emolumentos decorrentes das terras para seu próprio uso. Quando uma mulher era sucessora, o senhor tinha o poder de dispor dela em casamento, pois era razoável que nomeasse o marido que seria seu próprio vassalo. Como o senhor era o guardião do herdeiro masculino, também se considerou irracional que ele se casasse sem seu consentimento. Como o senhor feudal possuía as terras durante uma menoridade, antes que o menor pudesse recuperar sua propriedade, ele era obrigado a pagar o que é chamado de reparação. Isso foi introduzido pelo tribunal do rei ou senhor, perante o qual o menor era obrigado a jurar vassalagem antes de poder recuperar sua propriedade. Ele também era obrigado a prometer reverência a seu superior antes que pudesse iniciar a posse. Assim, eles ocupavam a terra do superior em troca de serviço militar, reverência, vassalagem, tutela, casamento, reparação etc. As propriedades alodiais estavam livres de todos esses serviços, mas, como a garantia da segurança da propriedade dependia de um grande homem que pudesse proteger o proprietário da violência, a maioria das propriedades tornou-se feudal. Pela mesma razão, homens com grandes propriedades pagavam foro e juravam vassalagem ao soberano.

Parece que, a partir disso, garantir a propriedade, especialmente se fosse pequena, deve ter sido uma questão muito difícil naqueles tempos antigos, portanto nada poderia ter piores consequências do que a divisão de propriedades. As consequências da divisão do reino da França são suficientemente conhecidas, e o caso teria sido ainda pior em propriedades privadas. No entanto, por causa da oposição dos outros filhos, demorou muito para que o direito de primogenitura ou a indivisibilidade das propriedades pudesse ser introduzido, e na Alemanha isso só se concretizou totalmente no último século. Contudo, como as circunstâncias necessariamente exigiam, as propriedades acabaram se tornando indivisíveis, e, uma vez que uma única pessoa deveria ser preferida, o filho mais velho naturalmente seria essa pessoa. Essa preferência legal deve ser concedida a partir de uma qualidade que seja totalmente indiscutível. Se fosse atribuída à sabedoria ou ao valor, poderiam surgir grandes disputas, mas entre os irmãos não pode haver contestação sobre quem é o mais velho. Nos primórdios da sociedade, a própria idade era muito respeitada, e até hoje, entre os tártaros, o rei não é sucedido por seu filho, mas por aquele membro da família real que é o mais velho.

A primogenitura, quando introduzida, naturalmente levaria à sucessão por representação, pela seguinte razão. Os irmãos mais novos, a princípio, achariam difícil que seu irmão mais velho fosse preferido, e, se ele morresse, achariam ainda mais difícil que seu filho, uma criança, viesse antes deles. Assim, em muitos lugares, houve disputa entre dois lados. Bruce e Baliol disputaram por causa disso. De acordo com nossas noções, Baliol tinha mais direito, pois era descendente da filha mais velha, embora Bruce estivesse um passo mais próximo da linhagem comum. A dificuldade de introduzir isso a princípio deu origem a uma nova espécie de sucessão, pela qual, quando um pai morria, sua propriedade ia para seu filho mais velho, mas se ele morresse enquanto seus filhos eram menores, ou se morresse enquanto seu pai estivesse vivo, seu irmão, não seus filhos, sucedia. Isso foi acompanhado de um inconveniente, a saber: com a morte do mais novo, seus filhos eram preferidos aos dos outros irmãos. Pela lei romana, um neto herdava apenas a parte de seu pai; ele pode herdar como filho, mas não como filho mais velho. Os irmãos naturalmente pensavam que estavam mais próximos do pai do que qualquer neto que ele pudesse ter, mas da mesma forma como isso representava uma dificuldade para a reivindicação dos irmãos, também era uma dificuldade afastar a expectativa razoável que o neto teria se seu pai estivesse vivo. Essa última circunstância posteriormente deu origem à sucessão linear. Uma vez superada essa dificuldade, há pouca disputa sobre a sucessão colateral. Nos senhorios feudais, uma mulher não poderia suceder, pois era incapaz de prestar serviços militares, mas poderia herdar terras onde fosse exigido outro tipo de serviço.

Existem dois tipos de feudos: masculino e feminino. A França, cuja coroa nenhuma mulher pode herdar, é um exemplo do primeiro, e a Inglaterra, do segundo.

Existem sutilezas bastante caprichosas na lei escocesa no que diz respeito à sucessão colateral. Se o segundo irmão tem uma propriedade e morre, ela vai para o terceiro e não para o mais velho, que supostamente foi provido o bastante. A conquista, ao contrário, ascende, mas não vai para o mais velho, mas para o irmão imediatamente mais velho. Pela lei inglesa, o irmão mais velho exclui toda a linhagem de metade da propriedade por conquista; em outros países, a preferência não é tão grande.

Devemos observar que o direito de primogenitura prejudica a agricultura. Se toda a propriedade fosse dividida entre os filhos, cada um aprimoraria sua própria parte melhor do que se pode aprimorar o todo. Além disso, arrendatários nunca cultivam uma fazenda tão bem como se fosse sua própria propriedade. A primogenitura também é prejudicial à família, pois, enquanto provê para um, faz que todos os demais, em poucas gerações, sejam reduzidos à mendicância. Na sucessão de uma monarquia, no entanto, ela tem uma vantagem evidente: previne todas as rivalidades perigosas entre os irmãos.

Existem alguns outros tipos de sucessão que ocorrem, ou ocorreram, em vários países. Dessa forma, em alguns países, o filho mais novo sucede ao pai. Há algo assim entre nossos arrendatários até hoje; os filhos mais velhos, à medida que crescem, são sustentados, e o mais novo que permanece com o pai o sucede.

Isso é o bastante no que concerne à sucessão legal. Passemos, a seguir, à testamentária. Deve-se observar que não há extensão de propriedade tão grande quanto essa, portanto demorou muito para que pudesse ser introduzida. Era muito natural dar a um homem o direito de dispor de sua propriedade enquanto vivesse, mas um testamento supõe que disponha de um direito quando, propriamente falando, ele não o tem. Não se pode dizer que ele transfere seu direito, pois o herdeiro não tem direito em consequência do testamento até que o próprio testador não o tenha. Puffendorf explica isso caprichosamente pela imortalidade da alma. Em Roma, o direito de fazer testamentos foi introduzido aos poucos. No início, só era permitido, e isso também após o consentimento dos concidadãos ser solicitado e obtido, para pessoas sem filhos. O mesmo acontecia com a adoção de crianças. Quando uma pessoa morria e queria deixar sua propriedade para um filho no exílio, ela naturalmente pedia a seus vizinhos que não a tirassem dele após sua própria morte. Esse pedido seria considerado, não tanto por ser sua vontade, mas por uma espécie de piedade para com os mortos. Temos naturalmente prazer em lembrar as últimas palavras de um amigo e em executar suas últimas injunções. A solenidade da ocasião impressiona profundamente a mente. Além disso, entramos, por assim dizer, em seu corpo morto e concebemos o que nossa alma viva sentiria se estivesse unida ao corpo dele, e o quanto ficaríamos angustiados ao ver nossas últimas injunções não cumpridas. Tais sentimentos naturalmente inclinaram os homens a estender o direito de propriedade um pouco além da vida de um homem.

Esse parece ter sido o fundamento da sucessão testamentária. Era uma espécie de impiedade não cumprir o desejo do pai, embora não fosse ofensa privar o herdeiro da propriedade, já que não havia nenhuma lei estabelecida em seu favor e, estando ele exilado, toda expectativa razoável de sucessão estava afastada. É como se a ofensa fosse causada à pessoa morta, quando entramos no que seriam seus sentimentos se ela vivesse de novo.

Deve-se observar que essa prática é um refinamento considerável na humanidade, e nunca foi praticada em uma nação rude. Antes das Doze Tábuas, nenhum romano tinha o direito de fazer um testamento. Nossos ancestrais saxões não tinham o direito de dispor de suas terras por testamento, e na história do Antigo Testamento não ouvimos falar de tal prática. A piedade para com os mortos só poderia ocorrer em relação ao sucessor imediato; portanto, a princípio, o direito de fazer testamentos não se estendia mais, a menos que a pessoa em cujo favor foi feito se recusasse a suceder, caso em que outro poderia ser nomeado. Essa foi uma extensão adicional do direito. Novamente, se um homem morresse e deixasse o filho de sua irmã herdeiro dele, para que a propriedade não fosse para parentes estrangeiros, o testador tinha permissão para dizer que, se o pupilo morresse em uma certa idade, a propriedade deveria ir para outra pessoa. Isso foi chamado de sucessão popular; e, dessa forma, o direito de propriedade foi ainda mais estendido.

A maior de todas as extensões no direito de propriedade é a que ocorre por meio de inalienabilidade.[14] Dar a um homem

---

14 O termo *entail* refere-se a uma disposição legal que limita a transferência de uma propriedade a determinados herdeiros, geralmente para manter a propriedade dentro de uma família ao longo das gerações. Em português, isso é mais comumente traduzido como "(cláusula de) inalienabilidade" ou "vinculação de bens". (N. T.)

poder sobre sua propriedade após a morte já é algo significativo, mas não se compara à extensão desse poder até o fim dos tempos. Nos primórdios da sociedade, a condição das famílias é muito diferente do que é nos dias de hoje. Como a esposa estava sujeita ao marido e, na melhor das hipóteses, apenas na condição de uma filha, ela raramente fazia qualquer adição à propriedade do marido, a não ser por seu próprio trabalho. Mas quando a sucessão feminina ocorreu, e as mulheres passaram a possuir fortunas, elas não se casariam sem uma concessão prévia pela qual se assegurassem de bons usos e estipulassem que parte de sua fortuna deveria ir para seus parentes após sua morte. Com isso surgiu uma nova espécie de casamento a partir do acordo que tornou as partes igualmente independentes. Essa grande alteração nos assuntos domésticos naturalmente seria, a princípio, alvo de reclamação, e como a causa final disso era a sucessão de mulheres, houve esforços para evitar sua opulência. Por essa razão, foi criada em Roma uma lei que restabelecia as coisas ao seu antigo estado, chamada Lei Vocônia. Para contornar essa lei, foi inventado o fideicomisso, pelo qual, quando alguém queria deixar sua propriedade a uma pessoa que a lei não permitia, ele a deixava para outra pessoa e exigia sua promessa solene de que a transferiria para a pessoa a quem realmente queria destinar. Augusto promulgou uma lei que obrigava o fiduciário a sempre restituir a propriedade, e nomeou um pretor fideicomissário para esse fim. A pessoa para quem se deixou a propriedade foi chamada *haeres fiduciarius*, e a pessoa a quem deveria ser restaurada foi chamada *fidei commissarius*. Assim, o direito de propriedade foi estendido além do primeiro sucessor e, uma vez dado esse passo, eles facilmente avançaram e introduziram cláusulas de inalienabilidade.

As cláusulas de inalienabilidade foram introduzidas pela primeira vez no direito moderno pelos eclesiásticos, cuja educação os familiarizou com os costumes romanos. Como eram os pregadores dessa doutrina, eles naturalmente se tornaram os intérpretes e executores dos testamentos, até que Teodósio e Valentiniano lhes retiraram essa função. Na Inglaterra, Guilherme, o Conquistador, devolveu-a aos eclesiásticos.

Pelos costumes de nosso país, se um homem deixar esposa e filhos, ele só pode dispor de um terço por testamento, e se deixar uma esposa sem filhos, pode dispor apenas de metade. As terras, após a introdução do sistema feudal, só podiam ser dispostas por testamento da mesma forma que os serviços militares, com o consentimento do superior. Originalmente, na Inglaterra, não havia cláusulas de inalienabilidade por testamento, mas sim por posse. Um homem detinha uma propriedade para si e seus herdeiros, mas, se não tivesse herdeiros, ele não poderia aliená-la; ela voltava ao superior. Porém, se tivesse herdeiros, poderia aliená-la, e assim o senhor era privado de seu direito de reversão. Posteriormente, foi criada uma lei para garantir esse direito.

No geral, nada pode ser mais absurdo do que as cláusulas de inalienabilidade perpétuas. Nelas, os princípios da sucessão testamentária não podem de forma alguma se aplicar. A piedade para com os mortos só pode ocorrer enquanto sua memória estiver fresca na mente das pessoas. Um poder de dispor de propriedades para sempre é manifestamente absurdo. A terra e sua plenitude pertencem a cada geração, e a anterior não tem direito de vinculá-la à posteridade. Tal extensão do direito de propriedade é totalmente antinatural. O progresso insensível das cláusulas de inalienabilidade deveu-se ao fato de não saberem até onde poderia se estender o direito dos mortos, se é que tinham algum. A máxima extensão dessas cláusulas deveria ser apenas para aqueles que estão vivos no momento da morte da pessoa, pois não se pode ter afeto por aqueles que ainda não nasceram.

As cláusulas de inalienabilidade são desvantajosas para o aprimoramento do país, e as terras onde nunca foram aplicadas são sempre as mais bem cultivadas. Os herdeiros de propriedades sob essas cláusulas não têm em mente cultivar as terras e, muitas vezes, não são capazes de fazê-lo. Um homem que compra terras tem isso como seu principal objetivo e, em geral, os novos compradores são os melhores cultivadores.

Na transferência voluntária, são necessárias duas coisas:

1ª) uma declaração da intenção tanto da pessoa que transfere quanto daquele a quem é transferida;

2ª) a entrega real da coisa.

Na maioria dos casos, o primeiro desses requisitos não é vinculativo sem o segundo, porque não há direito sem posse. Se um homem de fato emprestou um objeto e posteriormente o comprou, não há necessidade de entrega, pois ele já está em sua posse. Antes da posse, você não pode ter direito sobre a coisa, embora possa ter o direito de exigir que o homem cumpra sua promessa ou contrato. Se eu comprar um cavalo de um homem e, antes da entrega, ele vendê-lo a um terceiro, não posso exigir o cavalo do possuidor, mas apenas da pessoa que o vendeu. Contudo, se o cavalo tiver sido entregue, posso reclamá-lo de qualquer pessoa. Portanto, a propriedade não pode ser transferida sem tradição ou entrega. Grotius, de fato, observa corretamente que na transferência de um penhor não há necessidade de entrega, porque, nesse caso, a coisa já está em posse do homem. Na França, se um homem declarar sua intenção de fazer uma doação e morrer antes da entrega, a doação vai para o herdeiro. Isso também era um costume entre os visigodos.

Na transferência da propriedade de terras e outros objetos grandes, o que confere posse não é tão fácil de determinar. Como não pode haver uma entrega real, em nosso país usa-se uma entrega simbólica. Uma espiga ou feixe de trigo representa o campo inteiro; uma pedra e um pedaço de terra, a propriedade rural até o centro da terra; e as chaves da porta, a casa. De acordo com a lei escocesa, se houver a transferência de várias propriedades, o comprador deve ser investido em cada uma delas; pela lei inglesa, o investimento em uma serve para todas, quando feito na presença do tribunal do condado. Na Escócia, isso deve ser feito na terra; na Inglaterra, é suficiente se for feito com ela à vista. Além da entrega, também é necessário um documento ou escritura que indique em quais termos a transferência foi realizada, para garantir segurança. Até que o costume fosse abolido por um estatuto recente, nenhum vassalo ou possuidor tinha o direito de alienar sua propriedade sem o consentimento do superior, já que a mantinha para o serviço militar. Era necessário que a propriedade fosse renunciada em favor do superior, o qual renunciou a ela em favor do comprador, pois era apropriado que seu vassalo fosse de sua própria escolha. Depois, porém, tornou-se necessário aceitar os credores, e isso frequentemente era usado como um artifício para contornar a lei. O vendedor dava um título por uma quantia em dinheiro emprestado sem mencionar que se tratava de uma venda, e com isso as terras eram adjudicadas ao credor, sendo o senhor obrigado a aceitá-lo como seu vassalo. Da mesma forma, como o arrendatário estava sujeito à opressão de um novo superior, o lorde não poderia dispor de sua propriedade sem o consentimento de seu vassalo. Portanto, se qualquer um deles alienasse qualquer parte de suas propriedades sem o consentimento do outro, seu direito era confiscado.

O dever dos vassalos para com seus lordes durou mais na Escócia do que na Inglaterra, o que pode ser explicado pela diferença em seus sistemas de governo, pois o da Inglaterra sempre favoreceu a democracia, enquanto o da Escócia favoreceu a aristocracia. Depois que a sociedade foi totalmente estabelecida, não havia necessidade de consentimento mútuo, porque o arrendatário estava protegido por lei, independentemente de como fosse o lorde.

Na época das guerras civis, surgiu um novo tipo de entrega. Quando uma pessoa transferia sua propriedade para outra para seu próprio uso, a transferência não era afetada por confisco. A pessoa para quem se transferia a propriedade era considerada como o bailio e tomava posse em nome do outro.

A segunda espécie de direitos reais é a servitude, ou encargos que um homem tem sobre a propriedade de outro. Esses direitos eram inicialmente pessoais, pois se estabeleciam por um contrato entre as pessoas. É necessário que eu tenha uma estrada para a cidade comercial. Se a propriedade de uma pessoa estiver entre mim e a cidade, devo negociar com ela o privilégio de uma estrada através da propriedade. Esse contrato produz apenas um direito pessoal, mesmo que eu deva obrigá-lo a não vender a propriedade sem o encargo. Mas havia um inconveniente, pois, se a terra fosse vendida e o novo proprietário recusasse a estrada, eu não poderia processá-lo com base em um direito pessoal sobre o proprietário anterior. Antes de poder ir até o novo comprador, devo processar a pessoa de quem obtive o direito, que deve processar aquele para quem vendeu. Se a terra passou por várias mãos, isso é muito tedioso e inconveniente. A lei, para remediar isso, transformou as servitudes em direitos reais, exigíveis a *quocumque possessore*. As servitudes eram *rusticae*, como o direito de uma estrada para a cidade ou para o rio, e de alimentar certo número de vacas nas pastagens de outro homem; ou *urbanae*, como o direito de apoiar as vigas de minha casa em sua empena, o direito de obrigar o proprietário do andar inferior a tornar sua parede forte o suficiente para suportar a minha, e similares. Todos esses direitos são naturalmente pessoais e só são transformados em reais pelos advogados. Os aluguéis vitalícios de propriedades e muitas outras coisas também são servitudes, propriamente pessoais. Encargos feudais eram apenas direitos pessoais, portanto todo novo vassalo deve renovar sua reverência e a promessa de vassalagem.

No início da lei feudal, se o proprietário não cumprisse seu dever estabelecido em cada artigo, ele tinha seu feudo confiscado. Da mesma forma, se o arrendatário invadisse as terras de seu lorde, o que ele havia arrendado retornava ao superior. O direito do vassalo está fundamentado na escritura do superior, e cada artigo dela deve ser cumprido, e cada novo possuidor deve renovar a obrigação. Quando os arrendatários se tornaram independentes e possuíam uma propriedade real, eles eram considerados como tendo o *dominium directum*, não o *dominium utile*.

Penhores e hipotecas são garantias específicas para o pagamento de dívidas. No início, eles não podiam ser reivindicados como direitos reais, embora posteriormente a lei os considerasse como tais. Penhores dizem respeito propriamente a bens móveis, enquanto hipotecas estão relacionadas a bens imóveis.

Se um penhor não for resgatado em um determinado tempo, ele é confiscado. Como as pessoas em más condições de vida são naturalmente indolentes, a negligência dos devedores entre os romanos deu origem à *Lex Commissaria*, pela qual o credor tinha o poder de apreender o penhor e devolver o excedente, se houvesse algum. Pela lei inglesa, se nenhum dia for estabelecido, o penhor passa para o penhorista com a morte do devedor pignoratício. Em se tratando de bens imóveis, as terras são hipotecadas, mas não entregues, e, em caso de inadimplência, elas são confiscadas. A lei romana e a nossa são muito semelhantes nesse aspecto. Se o pagamento não for amortizado dentro de alguns meses após a cobrança, o credor adjudica a terra pelo valor total e pela penalidade incorrida, mas sua propriedade não está segura sem uma posse prolongada, pois o proprietário tem o poder de resgatá-la dentro de um prazo razoável. Porém, como o resgate demanda muito trabalho com a verificação de antigas contas e coisas do gênero, a lei estipulou vinte anos como o tempo limite na Inglaterra para o resgate de hipotecas.

Hipotecas são outro tipo de garantia que realmente advêm de um contrato, mas são transformadas em direitos reais pelo direito civil. Por meio delas, antigamente, o proprietário de terra tinha o poder de reter os móveis e todo o estoque do arrendatário se ele declarasse falência, e podia declará-los *quocumque possessore*. Isso surgiu da prática de manter os arrendatários por meio de *steelbow*, pelo qual todo o estoque na fazenda pertencia ao proprietário de terra. Atualmente, o proprietário de terra tem apenas um direito de preferência, e não temos tantas hipotecas como os romanos tinham. Todas as garantias são naturalmente direitos pessoais, e são transformados em direitos reais apenas pelo direito civil.

Privilégios de exclusividade[15] são a última divisão dos direitos reais. Entre eles está o direito de herança, que não é uma criação do direito civil, mas surge da natureza. O herdeiro, antes de qualquer outra pessoa, tem o privilégio de exigir o que pertencia ao falecido, e, depois de ser admitido como herdeiro, isso se torna sua propriedade real. Além disso, se uma pessoa inicia a caça a um animal selvagem, ela tem o privilégio exclusivo de persegui-lo, e qualquer pessoa que interfira na caçada é passível de punição, não por violação de propriedade, mas porque perturba o privilégio de exclusividade. Em 1701, uma fragata inglesa enfrentou uma frota mercante francesa sob escolta que estava prestes a cair em suas mãos, quando um corsário escocês apareceu e capturou o prêmio. Um processo foi iniciado, e o corsário escocês foi declarado culpado de violação de propriedade. No entanto, após uma investigação rigorosa, descobrimos que se tratava apenas de uma violação de privilégio.

Embora esses e alguns outros privilégios de exclusividade surjam da natureza, eles geralmente são criações do direito civil. Tais como monopólios e todos os privilégios de corporações, que, embora possam ter sido uma vez benéficos para o interesse do país, agora são prejudiciais a ele. As riquezas de um país consistem na abundância e no baixo custo das provisões, mas o efeito desses privilégios é tornar tudo mais caro. Quando um grupo de açougueiros tem o privilégio exclusivo de vender carne, eles podem concordar em fixar o preço que desejarem, e somos obrigados a comprar deles, seja a carne boa ou ruim. Mesmo esse privilégio não é vantajoso para os próprios açou-

15 Ver anexo sobre privilégios de exclusividade. (N. T.)

gueiros, porque outros ofícios também são organizados em corporações, e se eles vendem carne cara, devem comprar pão caro. Mas a maior perda é para o público, para quem todas as coisas se tornam menos acessíveis, e todos os tipos de trabalho são feitos com menos qualidade. As cidades não são bem povoadas e os subúrbios aumentam. No entanto, o privilégio de vender um novo livro ou uma nova máquina por catorze anos não tem uma tendência tão ruim. É uma recompensa adequada e justa pelo mérito. Deve-se observar que o direito a servitudes e privilégios de exclusividade pode ser adquirido por prescrição.

Isso é tudo sobre os diferentes tipos de direitos reais. Agora, passaremos aos direitos pessoais, que surgem de contrato, quase-contrato ou delito.

Do contrato

A obrigação de cumprimento que surge de um contrato é fundada na expectativa razoável gerada por uma promessa, que difere consideravelmente de uma mera declaração de intenção. Ainda que eu diga que tenho vontade de fazer tal coisa por você, mas devido a alguns acontecimentos não a faça, não sou culpado de quebra de compromisso. Uma promessa é uma declaração do seu desejo de que a pessoa para quem você a faz dependa de você para o cumprimento dela. Consequentemente, a promessa gera uma obrigação, e sua quebra constitui uma ofensa.

A quebra de contrato é a mais insignificante de todas as ofensas, pois naturalmente dependemos mais do que possuímos do que daquilo que está nas mãos dos outros. Um homem que teve 5 libras roubadas sente-se muito mais prejudicado do que se tivesse perdido cinco libras por meio de um contrato.

Assim, em épocas primitivas, crimes de todos os tipos, exceto aqueles que perturbam a paz pública, são brandamente punidos, e a sociedade deve estar bastante avançada antes que um contrato possa ser motivo de ação ou que a quebra dele seja reparada. A causa disso era a pouca importância que se dava aos contratos naquela época, e também a incerteza da linguagem.

Os primeiros contratos passíveis de ação judicial foram aqueles em que o dano causado era muito grande e onde não havia dúvida de que a pessoa outrora pretendeu cumpri-los. Consequentemente, entre os antigos, as promessas feitas com grande solenidade foram as primeiras passíveis de ação judicial. Entre eles, nenhuma estipulação poderia ser feita a menos que os contratantes estivessem pessoalmente presentes, e nenhuma nota promissória por escrito era vinculativa.

Assim como nenhuma promessa segundo a lei romana era passível de ação judicial sem uma estipulação, de forma semelhante, na lei inglesa, uma consideração ou causa para a promessa era inicialmente necessária para torná-la obrigatória. Julgava-se contrário à boa educação insistir em uma promessa. Se um homem prometesse à sua filha certa quantia, haveria uma consideração, portanto ele estava obrigado a cumpri-la. Mas se ele a prometesse à filha de outro homem, era *sine causa*, e, a menos que ela fosse uma parente, não seria passível de ação judicial. Se eu fizesse uma promessa a você, essa promessa não seria passível de ação judicial, mas, se eu prometesse novamente não esquecer minha promessa anterior, a segunda promessa era obrigatória, e a primeira seria a consideração que a tornava assim.

Segundo o direito civil, as primeiras promessas passíveis de ação judicial eram aquelas feitas na presença de um tribunal, onde não poderia haver dúvida sobre a intenção. Assim, o reconhecimento de cada promessa era feito diante de algum tribunal. Um reconhecimento é quando o devedor comparece a um tribunal com o credor e admite que deve a ele certa quantia; uma cópia dessa admissão era entregue ao credor e outra era depositada nas mãos do escrivão. Sempre que o credor apresentasse essa cópia, e caso se provasse que ela correspondia àquela, ele poderia prosseguir com o pagamento do dinheiro. Posteriormente, um reconhecimento perante o magistrado de uma cidade importante servia para esse propósito.

Os próximos contratos passíveis de ação judicial foram os *contractus reales*, ou seja, aqueles que eram firmados pela entrega de uma coisa a ser devolvida, seja ela própria em espécie ou em valor. Estes são de quatro tipos: *mutuum*, *commodatum*, *depositum* e *pignus*.

Mutuum é quando empresto algo para ser devolvido em valor, como em dinheiro. Ele rapidamente se tornou passível de ação judicial.

Commodatum é quando a coisa mesma deve ser restituída, como um cavalo emprestado.

Depositum é quando uma coisa é confiada aos cuidados de outro, mas não para seu uso.

Pignus é uma garantia para dívida.

Todos eles eram passíveis de ação judicial antes dos contratos consensuais, que também são quatro: compra e venda, locação e arrendamento, sociedade e comissão. Na compra, se o contrato não for cumprido, você perde seu dinheiro dado como sinal. Locação e arrendamento compreendiam, na época, aluguéis, salários diários, construções e quase tudo relacionado à sociedade. Se o contrato de comissão foi realizado gratuitamente, ele não podia, de início, ser passível de qualquer ação judicial. Mas se uma recompensa fosse dada, era quase a mesma coisa que o *commodatum*. Se um preço pequeno for pago pelo empréstimo de uma coisa, isso se torna locação e arrendamento. O *mutuum* não implica juros, e em um título só haverá juros quando especificados.

Além destes, havia no direito romano o que era chamado de *pactum nudum*, quando existia uma promessa vazia sem consideração, que produzia uma exceção ou defesa contra a ação do demandante. Como os contratos privavam os homens da liberdade que cada um desejava desfrutar, uma defesa muito pequena os libertava. Originalmente, nenhum contrato era processado em tribunal, exceto no eclesiástico, mas aos poucos passaram a ser julgados em tribunais civis. O direito canônico,[16] que julgava com base em princípios de honra e virtude, obrigava os homens a cumprirem até mesmo essas promessas feitas gratuitamente. Isso foi imitado pelo direito civil, e segundo nossa lei, se uma promessa for claramente provada, quem promete deve cumpri-la. Em geral, a lei concedia apenas ação por danos até a introdução do Tribunal de Chancelaria. De fato, a ideia natural de um tribunal é reparar ofensas; portanto, se uma pessoa se recusasse a cumprir seu contrato, era obrigada apenas a pagar a perda que o outro havia sofrido. Mas o Tribunal de Chancelaria forçava a pessoa a cumprir o acordo.

Nada pode ser mais diferente do que o estado atual e o estado antigo dos contratos. Execrações e as cerimônias mais solenes raramente eram consideradas suficientes para garantir

16 O termo que aparece é *common law*, mas muito provavelmente Smith se refere aqui ao direito canônico. (N. T.)

o cumprimento de um contrato, então foram inventadas cerimônias para impressionar a mente, como beber sangue e água misturados, sangrar um ao outro, prometer diante do altar, quebrar um palito, dentre outras; atualmente, quase qualquer coisa pode tornar um contrato obrigatório.

Há algumas questões sobre contratos muito discutidas por advogados, especialmente uma no caso em que a moeda venha a ser desvalorizada.[17] Se eu emprestar 100 libras quando a moeda for de 4 onças por libra, e depois ela for desvalorizada para 2 onças, devo pagar 100 libras na nova moeda ou 200 libras? Quando o governo faz qualquer alteração na moeda, é para atender a alguma necessidade urgente. Em 1703,[18] a coroa da França precisava de 10 milhões e só podia arrecadar 5 milhões. Eles desvalorizaram a moeda e pagaram os 10 milhões com 5 milhões. Como o governo permite que pessoas privadas paguem com a nova moeda, o prejuízo não é grande. A desvalorização da moeda barateia por um tempo todas as mercadorias e provisões, já que todos são pagos com a nova moeda; portanto, funções do dinheiro podem ser cumpridas tanto pela moeda nova quanto pela antiga.

O quase-contrato é fundamentado no dever de restituição. Se você encontrar um relógio no caminho, é obrigado a devolvê-lo pelo direito de propriedade, porque um homem não

---

17 O termo usado aqui é *debased*. *Debasement* foi uma prática de desvalorização das moedas, sobretudo de prata e ouro, que consistia em reduzir seu valor intrínseco, enquanto continuava a circular com o mesmo valor nominal ou de face. (N. T.)

18 O último dígito da data não está legível no manuscrito e pode ser que Smith se refira a 1701, como aparece em passagem correspondente de LJ(A), ou mesmo à recunhagem de 1709. (N. T.)

perde a propriedade com a perda da posse. Mas se você e eu ajustarmos contas, e você me pagar uma quantia que ambos consideramos devida, mas depois descobrir que não devia essa quantia, como você a reclamará? Você não pode exigi-la como sua propriedade, pois alienou essa quantia, nem pode reclamá-la por contrato, pois nunca houve um contrato entre nós; ainda assim, é evidente que eu sou beneficiado por sua perda, portanto a restituição é devida.

Da mesma forma, se um homem for chamado repentinamente pelo Estado sem deixar um procurador para gerenciar um processo que estava conduzindo, e um amigo assumir essa função sem comissão, a restituição de suas despesas é devida, já que a defesa é necessária e a iniciativa, prudente. Pelo mesmo princípio foram fundamentadas as *actiones contrariae* do direito romano. Se você me emprestou um cavalo que me gerou despesas extraordinárias, pelo contrato de comodato você poderia exigir a restituição de seu cavalo na mesma condição em que o emprestou, mas eu poderia reclamar minhas despesas extraordinárias por uma *actiones contrariae*.

O mesmo princípio se aplica em muitos outros casos. Se alguém pega dinheiro emprestado e consegue três de seus conhecidos como fiadores solidários, no caso dessa pessoa se declarar falida, o credor processa o fiador com mais recursos, que, por sua vez, tem o direito de reaver dos outros dois seus respectivos terços. A lei escocesa leva isso ainda mais longe. Se um falido possui duas propriedades e dois credores, *A* e *B*, sendo que *A* tem garantia sobre ambas as propriedades e *B* tem garantia apenas sobre a mais valiosa, *A* tem a liberdade de cobrar de qualquer uma das propriedades que desejar e escolhe aquela sobre a qual *B* tem garantia. Como *B*, nesse caso, fica impedido, a lei obriga *A* a ceder sua garantia sobre a outra propriedade a *B*. O mesmo ocorria no direito romano em relação à tutela.

Passemos agora ao terceiro tipo de direitos pessoais: aqueles, a saber, *ex delicto*.

Delitos são de dois tipos: os que surgem *ex dolo*, quando há uma intenção censurável, ou os de *ex culpa*, quando são cometidos por meio de uma negligência culpável.

A ofensa desperta naturalmente o ressentimento do espectador, e a punição do ofensor é razoável na medida em que o espectador imparcial pode concordar com ela. Esta é a medida natural da punição. Deve-se observar que nossa primeira aprovação da punição não se baseia na consideração da utilidade pública, que comumente é tomada como fundamento dela. É nossa simpatia pelo ressentimento da vítima que é o verdadeiro princípio. Que esse princípio não possa ser a utilidade é evidente a partir do seguinte exemplo: a lã na Inglaterra era considerada a fonte da opulência pública, e tornou-se crime capital exportar essa mercadoria. No entanto, embora a lã fosse exportada como anteriormente e as pessoas estivessem convencidas de que a prática era perniciosa, nenhum júri, nenhuma testemunha poderia ser obtida contra os infratores. A exportação de lã não é naturalmente um crime, e as pessoas não podiam ser levadas a considerá-la passível de pena de morte. Da mesma forma, se um sentinela for condenado à morte por abandonar seu posto, embora a punição seja justa e o dano que poderia ter ocorrido seja muito grande, a humanidade nunca poderá aceitar essa punição como se ele fosse um ladrão ou um assaltante.

O ressentimento não apenas incita à punição, mas também indica a maneira de realizá-la. Nosso ressentimento não é satisfeito a menos que o ofensor seja punido pelo delito específico que cometeu contra nós, e a menos que seja conscientizado de que é por aquela ação em particular. Um crime é sempre a violação de algum direito, seja ele natural ou adquirido, real ou pessoal. De fato, o não cumprimento de um contrato não é um crime, a menos que ocorra por meio de alguma intenção fraudulenta.

O maior crime que pode ser cometido contra qualquer pessoa é o assassinato, cuja punição natural é a morte, não como compensação, mas como uma retaliação razoável. Em todas as nações civilizadas, a morte tem sido a punição para o assassino, mas em nações bárbaras aceitava-se uma compensação pecuniária, pois naquela época o governo era fraco e não ousava interferir nas brigas individuais, a não ser como mediador. Especialmente na era dos caçadores, havia pouco mais do que o nome da autoridade, e um homem de influência superior não podia fazer mais do que persuadir as partes a chegarem a um acordo. Quando um homem matava outro, toda a sociedade se reunia e aconselhava uma das partes a oferecer e a outra a aceitar uma compensação. Na América, quando um membro de uma família mata outro, a sociedade não interfere, pois isso não ameaça a paz da sociedade. Eles só tomam conhecimento quando uma família ataca outra. Demorou muito tempo até que o governo pudesse chamar um homem e lhe dizer o que deveria fazer, pois demorou muito até que as pessoas aceitassem tal autoridade absoluta. Nas leis de todas as nações, temos os vestígios desse antigo estado de fraqueza.

Quando o governo se tornou mais poderoso, o assassino foi obrigado não apenas a oferecer uma compensação aos parentes do falecido, mas também ao público, que teve o incômodo de lhe conceder proteção naquela ocasião, contra a vingança dos envolvidos. Esse era o estado do direito criminal entre os germânicos durante o declínio do Império Romano.

Os germânicos estavam muito mais avançados do que os americanos de hoje. Embora raramente punissem com a morte, pareciam fazer a punição de alguma forma proporcional ao crime. Um preço era fixado para cada pessoa de acordo com sua posição. Havia um preço a ser pago por matar o rei e outro por matar um escravo. A compensação era proporcional à dignidade da pessoa e de seus parentes. O que era pago ao príncipe pela mediação aumentava ou diminuía na mesma proporção. Era uma multa maior matar alguém pertencente a um lorde do que alguém pertencente a um pequeno barão. Perturbar a paz do rei resultava em uma multa maior do que perturbar a paz de um barão ou lorde. Se o agressor se recusasse a pagar a compensação, ele era deixado à mercê da vingança da pessoa ofendida, e se não fosse capaz de pagar, era obrigado a implorar a ajuda de seus amigos. Como a compensação não era adequada à ofensa, o governo, depois de adquirir força, tomou para si essa compensação adicional como o preço da liberdade do infrator. A partir disso, o soberano adquiriu o direito de perdoar criminosos, pois naturalmente ele não tem mais direito de perdoar um crime do que de cancelar uma dívida não paga.

Antigamente, um crime era julgado de duas maneiras: como cometido contra a família ofendida e contra a paz. O governo tinha o direito exclusivo de punir aqueles que haviam perturbado a paz e matado qualquer um dos vassalos do rei. A compensação ao governo foi posteriormente convertida em punição capital. Após o perdão do rei, o infrator estava livre, e os parentes não tinham o direito de processá-lo. Na Inglaterra, o infrator pode ser punido devido tanto ao parente quanto ao rei.

Quando um apelo é feito ao rei, ele não pode conceder perdão. No entanto, apelos são raramente ou nunca utilizados, pois é difícil realizá-los. Se um homem fosse assassinado, apenas a esposa poderia fazer um apelo, ou, se ela fosse cúmplice, apenas o herdeiro legal. Qualquer erro no processo, como uma palavra mal escrita, interrompia o procedimento, pois o estatuto de emenda, que permitia aos tribunais ignorarem erros, não se aplicava aos apelos. Apelos, no passado, eram frequentemente feitos em casos de mutilações, ferimentos etc.

Há vários tipos de assassinato segundo a lei inglesa. A palavra originalmente significava furtividade, já que o crime costumava ser cometido em privado. Mais tarde, o termo "felonia" e a ocisão de qualquer tipo passaram a ser chamados de assassinato, e a compensação era feita de acordo com isso. O assassinato pode resultar de malícia propensa, provocação repentina ou acidente *per infortunium*. Desses, apenas o primeiro é propriamente chamado de assassinato. O segundo denomina-se homicídio culposo, e o último, homicídio acidental, que é frequentemente desculpável e às vezes justificável. O assassinato cometido *se defendendo* ocorre quando duas pessoas brigam, e uma é obrigada a matar a outra para sua própria segurança. Isso é desculpável, não um homicídio justificável. O homicídio justificável é de dois tipos: 1º) Em defesa da própria pessoa, bens ou casa. Difere do homicídio *se defendendo* na medida em que não há uma briga, mas um ataque na estrada ou na casa de uma pessoa; 2º) O homicídio é justificável no apoio a um guarda ou agente de justiça.

Essas são as diferentes espécies de assassinato e homicídio; a seguir, mostraremos a natureza de cada um. Quando uma pessoa se esconde à espera de outra e a mata, trata-se claramente de assassinato. O mesmo se aplica quando um homem mata outro sem provocação. Pela lei inglesa, não há provocação sem um golpe; palavras ou ameaças não são suficientes. No entanto, se um homem lhe dá um golpe e você revida e o mata, não é assassinato, mas homicídio culposo. Se um homem está atirando em aves domesticadas ou realizando qualquer outra ação criminosa e, sem intenção, mata um homem, é assassinato. Sempre que há qualquer aparência de malícia ou premeditação, considera-se assassinato. Se uma pessoa mata outra à tarde por uma provocação recebida pela manhã, é assassinato. Mas se ele se afastou apenas alguns passos e voltou para fazer isso imediatamente, não se trata de assassinato, mas de homicídio culposo. O homicídio *se defendendo* não é punível se não houve possibilidade de fuga, mas se um homem teve tempo de se afastar e sacar a espada, é punível, pois ele poderia ter escapado. A lei escocesa não faz distinção entre homicídio culposo e assassinato. Na Inglaterra, o homicídio culposo foi introduzido pelo que é chamado de benefício do clero. Quando o governo civil aumentou sua autoridade, as punições para crimes se tornaram mais severas para que a paz fosse menos perturbada. O clero alegou que isso não estava de acordo com a palavra de Deus, e como eles derivavam sua autoridade de Jesus Cristo e do papa, não responderiam a nenhuma judicatura civil. Eles alegavam que as Escrituras não consideravam qualquer crime sem malícia ou premeditação como assassinato, e isso foi provado a partir de Deuteronômio 19. Portanto, quando qualquer pessoa cometia um crime, o bispo tinha o poder de reivindicá-la e retirá-la das mãos do poder secular. Se uma pessoa conseguisse doze pessoas para testemunhar a seu favor, era absolvida; caso contrário, o bispo decidia se ela era corrigível ou não. Se fosse incorrigível, era degradada. O bispo poderia reivindicar dessa maneira todo o clero e beatos, sacristãos ou outras pessoas com alguma conexão com a igreja. Mas os tribunais civis depois permitiram que ele só reivindicasse aqueles que sabiam ler, pois isso estava mais imediatamente relacionado com o ofício do clero. A rainha Ana, mais tarde, estendeu os privilégios decorrentes do benefício do clero com relação ao homicídio culposo para todos igualmente.

Para homicídio acidental, um homem perde seus bens, mas tem o direito de processar para recuperá-los e de obter perdão. Em homicídio justificável, um homem deve alegar não ser culpado de nada com que o tribunal possa se envolver e, se puder apresentar suas provas, não será acusado.

Nossa indignação naturalmente não recai apenas sobre objetos animados, mas também inanimados, e em muitos lugares a espada ou o instrumento que matou alguém era considerado execrável; portanto, era destruído, particularmente entre os atenienses.

Pela lei inglesa, se um homem caísse de uma casa e fosse morto, a casa era confiscada pela lei do *deodand*, que significa "ser dado ao diabo", pelo mesmo tipo de metáfora usada nas Escrituras, onde se diz que ele bendisse a Deus em seu coração, isto é, o amaldiçoou. Posteriormente, o clero destinou os *deodands* a usos caritativos. Se um homem fosse morto por um objeto em repouso, apenas a parte com a qual ele foi morto era confiscada. Se ele fosse morto caindo da roda de uma carreta parada, apenas essa roda era *deodand*; mas se a carreta estivesse em movimento, toda o conjunto era confiscado. Discutiu-se muito se um navio era confiscado se alguém fosse morto nele, mas como os marinheiros ficam tão expostos, achou-se injusto que isso acontecesse.

Uma pessoa também pode ser ferida em seu corpo por desmembramento, mutilação, agressão e lesão, ou restrição à sua liberdade. A mutilação e o desmembramento eram originalmente compensados da mesma forma que o assassinato, de acordo com a lei romana, e se a pessoa, com a ajuda de seus amigos, não conseguisse pagar a compensação, ela era entregue à pessoa mutilada para ser mutilada da mesma forma, conforme registrado na lei sálica, que nos dá a forma de seu procedimento. Da mesma maneira, todas as feridas entre muitas nações, particularmente entre os lombardos, eram compensadas; pagavam-se certas quantias por um dente, um valor maior se fosse um dente da frente, um valor maior por dois dentes, mas, o que é muito notável, mesmo que vinte dentes fossem arrancados, a pessoa ferida não podia reivindicar mais do que o preço de três. Havia uma quantia precisa para cada membro do corpo. Entre os romanos, se um homem não pudesse pagar a concordata, ele era obrigado a gratificar pela lei da retaliação; recebia o mesmo número de golpes que deu. Um olho por um olho, e um dente por um dente. Esse costume continuou por muito tempo e é, em geral, razoável, mas em alguns casos não é adequado. Se um homem quebrasse o braço em uma luta, era injusto que outro tivesse o braço quebrado a sangue frio. Em alguns casos era impraticável, como quando um homem provoca um aborto em uma mulher; ele não poderia ser punido da mesma forma. Esse costume gradualmente desapareceu, e foram introduzidas multas pecuniárias de acordo com as circunstâncias de quem deveria pagá-las, e o pretor em Roma fez que fossem aceitas, mas em alguns países isso continuou por mais tempo, e há vestígios do costume na Holanda até hoje. Quando uma pessoa era mutilada em algum membro que a tornava incapaz de serviço militar, a punição era mais severa.

Pelo Coventry Act, a mutilação do rosto por malícia ou premeditação era punida com a morte. A razão para isso foi que Sir John Coventry havia falado de maneira impertinente contra o rei no Parlamento. O príncipe de Gales, com alguns outros, provavelmente com a permissão do rei, aguardou a oportunidade e cortou as orelhas e o rosto de Coventry. O Parlamento imediatamente decretou que a mutilação do rosto por premeditação deveria ser punida com a morte. No entanto, nunca houve uma execução sob essa lei, exceto a de um homem chamado Cook, que esperou para assassinar seu irmão, mas não conseguiu concretizar o assassinato, apenas o mutilou no rosto. Por isso, ele foi considerado culpado de malícia deliberada pelo Coventry Act. Ele alegou que sua intenção era assassinar, não mutilar, mas o tribunal, com base no instrumento que ele usou, concluiu que ele pretendia tanto mutilar quanto assassinar.

Um homem também pode ser ofendido por tentativa de agressão e violência corporal. Quando uma pessoa é posta sob medo físico, isso é considerado tentativa de agressão; quando ela é efetivamente agredida, considera-se uma violência corporal. Originalmente, nenhuma agressão apenas verbal era punida, a menos que houvesse também um gesto ameaçador, como sacudir o punho, sacar uma arma ou algo do tipo; a concordata era a primeira punição para esses crimes, mas agora a punição é multa e prisão.

Um homem pode também ser ofendido em seu corpo por restrição de sua liberdade; portanto, as leis de cada país são particularmente cuidadosas em protegê-la. Nenhum magistrado neste país tem poder arbitrário de prisão. É, de fato, razoável que ele tenha a capacidade de prender quando há fundamentos para suspeita, embora um homem inocente possa às vezes sofrer um pouco por isso. Nada é mais difícil do que garantir perfeitamente a liberdade. Se a pessoa conseguir apresentar algumas circunstâncias que amenizem a suspeita, ela pode ser libertada sob fiança, a menos que seja um crime capital. Se a fiança não for suficiente, é injusto o magistrado aceitá-la. Mas, se for, ele é punível se não o fizer. Se uma pessoa for mantida erroneamente na prisão além do tempo em que deveria ter sido julgada, ela tem direito a uma compensação diária de acordo com sua posição social. Na Inglaterra, se uma pessoa for presa no dia seguinte à sessão do tribunal, quarenta dias depois ela pode se beneficiar da Lei de Habeas Corpus, ou seja, ela pode ser levada para Londres às suas próprias custas, mas, se não puder arcar com isso, deve esperar até o próximo julgamento. Na Escócia, não há motivo para a Lei de Habeas Corpus. Uma pessoa pode ser julgada pelo xerife, se assim desejar, e, de qualquer forma, pode ser levada a Edimburgo para o Tribunal do Rei. Tudo isso ocorre para a segurança da liberdade em governos livres, mas, em governos despóticos, a vontade do magistrado é lei.

Deve-se observar, com relação ao que é feito por medo, que um contrato assinado sob esse princípio não é obrigatório. Nenhuma obrigação é válida a menos que a pessoa tenha agido voluntariamente. No entanto, se uma pessoa for ameaçada de ser processada e assinar um contrato para evitar isso, o contrato é válido, e o medo não é considerado *metus injustus*.

Um estupro ou casamento forçado é considerado capital, porque a mulher é tão desonrada que nenhuma outra punição pode ser uma retaliação suficiente. Embora o casamento forçado seja proibido por lei, se a mulher consentir posteriormente, os parentes não podem recorrer, mas o rei ainda pode processar.

Um homem pode ser ofendido em sua reputação por insultos, palavras e escritos. Um insulto em público é considerado uma ofensa real; se o insulto for feito com palavras, trata-se de uma ofensa verbal; se for por escrito, é uma ofensa escrita. Em todos esses casos, a lei oferece reparação. Insultos, segundo a antiga lei, eram punidos da mesma forma que tentativa de agressão e ofensa física. Insultos em público são crimes extremamente graves. A multa insignificante de 5 ou 10 libras está longe de ser uma compensação adequada para eles. Quando a lei nega justiça, somos naturalmente levados a buscar justiça por conta própria. Isso introduziu o duelo na Europa, que traz consigo uma ofensa adicional. Eu não apenas recebo um tapa na orelha, mas sou obrigado a arriscar minha vida ou me tornar completamente odiado. É importante observar que, na época de Sócrates, o insulto de desmentir alguém era pouco considerado. Ele próprio o faz sem qualquer cerimônia.

As ofensas verbais são reparadas tanto pelas leis antigas quanto pelas modernas. Quando uma pessoa é acusada por palavras, o caso passa por um processo em um tribunal de justiça. Se ela for acusada de falsificação, roubo ou qualquer outro crime, como pode estar sujeita a grandes danos, tem direito a uma reparação adequada. Da mesma forma, se o direito ou o título de uma pessoa for difamado, ela sofre uma ofensa. Se eu disser que você não tem mais direito à sua própria casa do que eu, isso configura uma ofensa, pois pode incitar aqueles que têm títulos contestados. Mesmo que seja verdade, trata-se apenas de uma atenuante e não me protegerá de uma ação judicial. Existem algumas ofensas que são processadas apenas nos tribunais espirituais, como quando se chama uma mulher de prostituta.

As ofensas escritas estão sujeitas a punições mais severas do que as verbais, pois envolvem uma malícia mais deliberada. Palavras abusivas em um libelo dão início a um processo, mesmo que as mesmas palavras, se faladas, não o fizessem. Libelos e sátiras são punidos de acordo com a natureza do governo. Em governos aristocráticos, eles são punidos severamente. Principezinhos podem ser completamente destruídos por libelos abusivos, enquanto reis e ministros de Estado em um país livre, estando fora do alcance dessas ofensas, não podem ser prejudicados por eles. Em governos e em Roma, por muito tempo, não eram punidos.[19] Augusto finalmente reviveu a lei, sujeitando os autores à pena capital. Em geral, pessoas de posse não dão atenção a tais libelos, a menos que seja absolutamente necessário se defender de algum crime.

Uma pessoa pode ser ofendida em sua propriedade, seja real ou pessoal. No que diz respeito à sua propriedade real, ela pode ser ofendida tanto em seus bens móveis quanto imóveis. Em seus bens imóveis, ela pode ser ofendida por incêndio criminoso ou entrada forçada. Incêndio criminoso é o ato de pôr fogo intencionalmente, seja na casa de outra pessoa ou na nossa, de modo a afetar a de outra pessoa. Segundo as leis romana, inglesa e escocesa, tal ato é punido com a pena capital. Se o incêndio for causado por negligência, nenhuma punição é imposta. Entrada forçada é a expulsão violenta de uma pessoa de sua propriedade. As leis são tão rigorosas nesse aspecto

19 Aqui está claramente faltando algo para que se compreenda o sentido da frase. (N. T.)

que a pessoa expulsa pode retomar sua propriedade por meio de violência. Isso adveio dos costumes feudais, pelos quais era muito comum que barões e seus vassalos se privassem mutuamente de suas posses, e essa era a única forma de recuperação na época. Posteriormente, foi estabelecido que, se qualquer pessoa pudesse provar que foi violentamente despojada, sua propriedade seria restituída. No entanto, se o possuidor violento mantivesse a propriedade por três anos, o antigo possuidor deveria provar não apenas que foi despojado por meio de violência, mas que tem um direito real sobre a propriedade, antes que ela seja restituída.

Um homem pode ser ofendido em seus bens móveis de três maneiras: por furto, roubo e pirataria. Furto é a apropriação clandestina da propriedade de outra pessoa. Esse crime não desperta naturalmente uma intensidade tal de ressentimento que exija punição capital, e por muito tempo não foi punido com a morte. Segundo a antiga lei romana, o ladrão era obrigado a devolver o que havia tomado e acrescentar uma quantidade adicional; se roubasse uma ovelha, devolvia duas. No entanto, havia uma distinção peculiar entre *fur manifestus* e *fur nec manifestus*. O primeiro, por ser pego com os bens em sua posse, pagava o quádruplo, enquanto o segundo pagava apenas o dobro do valor das coisas roubadas. Diz-se que isso foi inspirado nos lacedemônios, que ensinavam seus jovens a roubar e esconder bem, pois acreditavam que isso os aprimorava na astúcia necessária na guerra. Contudo, os lacedemônios nunca incentivaram o roubo da propriedade alheia. Em seus banquetes, nada era preparado para seus jovens, e esperava-se que eles subtraíssem das mesas de seus pais o suficiente para si mesmos. Roubar coisas triviais, como uma crosta de pão, era tolerado, mas nada mais. A verdadeira razão pela qual puniam o *fur manifestus* mais severamente do que outros crimes era que as nações bárbaras puniam os crimes de acordo com a intensidade de ressentimento que despertavam, e quando o ladrão era pego em flagrante, o ressentimento era muito intenso e, consequentemente, os inclinava a puni-lo severamente. Desde o século XIII, esse crime passou a ser punido com a pena capital. Os vassalos dos grandes lordes estavam constantemente invadindo territórios vizinhos e efetuando saques. Quando o governo foi estabelecido, naturalmente puniu com maior severidade esses crimes aos quais os homens tinham maior propensão, e, consequentemente, tentou restringir essa prática. O imperador Barbarossa foi o primeiro a tornar esse crime passível de pena capital, e ele foi seguido por todas as nações civilizadas, embora sem dúvida a punição seja excessiva, pois um ladrão é uma criatura pequena e insignificante e não desperta um ressentimento tão intenso. Ele parece estar, de certa forma, abaixo dessa paixão. Segundo a antiga lei escocesa, o furto de um cavalheiro proprietário de terras era considerado traição, porque a nobreza era vista como vizinha e assistente de ladrões e vagabundos, e como eles faziam guerra uns contra os outros, o que parecia uma usurpação de soberania era tomado como crime de traição. Pela lei inglesa, qualquer furto abaixo de 1 xelim era punido com o pelourinho, e acima desse valor, com a morte. Na Escócia, requer-se uma soma muito maior. Nada é considerado furto entre nós, exceto o que pertence a pessoas específicas. O homem que roubava cervos em uma floresta ou pombos a uma certa distância de um pombal não podia ser punido até uma lei recente. Arrombamento, no entanto, embora o valor roubado não fosse superior a 1 xelim, era punido com a pena capital. Tais punições, por mais necessárias que tenham sido, são certamente muito severas agora. O governo era inicialmente fraco e não conseguia punir crimes, mas era obrigado a intervir nesses casos em que o interesse da sociedade estava em jogo. Contudo, quando adquiriu mais força, tornou as punições severas para restringir a licenciosidade dos costumes que a disciplina frouxa havia introduzido. Consequentemente, verificamos que as leis das Doze Tábuas tornaram quase todos os crimes passíveis de pena capital. Na Europa, após o costume das compensações ter sido abandonado, puniam tudo como traição. O furto de um proprietário de terras, o assassinato de um senhor por um servo, o assassinato de um bispo por um curado, ou o assassinato de uma esposa por um marido eram todos considerados traição menor. Mais tarde, apenas crimes que envolviam o Estado foram considerados traição, e esse crime chegou pouco a pouco à sua extensão adequada.

Roubo, pelo fato de deixar a vítima sob o maior medo físico, está sujeito à maior punição; nenhuma circunstância pode salvar o ladrão, mesmo que ele tente encobrir a ofensa simulando a compra dos bens de uma pessoa depois de forçá-la a vendê-los para ele.

A pirataria é punida ainda com mais severidade.

Um homem pode ser ofendido em seus bens pessoais por fraude ou falsificação. A punição natural para o *dolus malus* não é a morte, mas algum tipo de ignomínia, como o pelourinho. No entanto, algumas fraudes, devido à facilidade e segurança com que podem ser cometidas e ao dano que causam, são justamente sujeitas à pena capital. Quando um navio segurado, por exemplo, naufraga, é difícil provar que houve fraude. Mas, se ele estiver segurado pelo valor total, há uma grande tentação de causar o naufrágio, portanto a lei, para intimidar o mercador, estabelece a morte como punição. Houve uma questão sobre se um navio deveria ser segurado pelo valor no porto de onde parte ou no porto para onde está se destinando, e foi determinado que deveria ser pelo valor no porto de onde parte. Se um mercador de Glasgow envia um navio com mercadorias no valor de 3 mil libras para a Virgínia, elas valerão mais de 4 mil libras quando chegarem lá. E se ao mercador fosse permitido contratar o seguro por essa última quantia, ele teria uma grande tentação de provocar o naufrágio. Ele só pode contar com isso quando arca com as despesas de levar suas mercadorias para a Virgínia; ele pode encontrar devedores inadimplentes e não pode perder nada com os seguradores. Da mesma forma, antigamente era crime capital roubar qualquer coisa do arado, pois estava muito exposto.

Na Inglaterra, um falido pode obter a quitação ao se entregar e entregar todos os seus bens, mas como ele tem o poder de defraudar seus credores, se não entregar tudo o que possui pode ser punido com a morte.

A falsificação também é punida com a pena capital, e ninguém reclama que essa punição seja demasiado severa, pois, quando os contratos são passíveis de ação judicial, a propriedade nunca pode estar segura a menos que a falsificação de documentos falsos seja reprimida. No entanto, nem toda falsificação de documento é considerada crime capital, mas apenas a falsificação de documentos pagáveis ao portador à vista, porque qualquer falsificação de um documento relativo à transferência de terras pode ser facilmente descoberta antes que qualquer dano seja causado.

Perjúrio não é punido com a pena capital.

Assim como existem várias maneiras de adquirir direitos pessoais, também há várias maneiras de eles se extinguirem. Primeiramente, pelo pagamento do que é devido por contrato ou quase contrato, pois o cumprimento da obrigação recompensa a outra parte. Em segundo lugar, pela quitação ou absolvição, mesmo que a dívida não seja paga. Isso também ocorre em relação a crimes, pois quando o rei ou a pessoa prejudicada escolhem desistir da acusação ou conceder um perdão, a pessoa é liberada. Em terceiro lugar, pela prescrição. Se uma dívida não for cobrada dentro de um determinado prazo, o devedor é liberado. Isso é muito razoável, pois se uma dívida não é cobrada por um longo tempo, a negligência do devedor é incentivada. Segundo a lei escocesa, se ele não exigir nem o principal nem os juros de um título por quarenta anos, a dívida é muito justamente prescrita. Ninguém de prudência mediana negligenciaria qualquer parte de seus assuntos por quarenta anos, se pretendesse se envolver com eles de novo. De acordo com a lei estrita, se os juros forem exigidos no 39º ano, o capital não prescreve. Os crimes também prescrevem, e é razoável que o façam, seja por serem punidos a partir de uma simpatia com o ressentimento da vítima, seja por utilidade pública ou para recompensar o público. O ressentimento se esvai em alguns anos, e uma pessoa que se comportou bem por vinte anos, o tempo estipulado por nossa lei, dificilmente pode ser considerada muito perigosa para o público. Apelações, segundo a lei inglesa, prescrevem em um ano, mas uma acusação formal não prescreve tão rapidamente, porque o rei processa pela segurança pública e não para recompensar o ressentimento privado, e por isso a lei favorece sua reivindicação. De qualquer forma, seria irracional processar um homem por um crime cometido há quarenta anos, pois ele pode ser uma pessoa completamente diferente de quem era na época. Além disso, o fato está completamente esquecido, e o objetivo de punir e de servir como exemplo público se perde. Até mesmo a traição prescreve em alguns anos. No entanto, por um ressentimento legal, se a sentença já foi efetivamente proferida contra uma pessoa, e ela conseguiu escapar, pode ser executada com base na sentença anterior. A fuga é considerada um novo crime. Contudo, isso não é muito natural, e se um homem vive pacificamente após seu regresso, raramente é incomodado. Tivemos um exemplo de um conde que havia sido sentenciado em 1715 e voltou ao seu país natal, onde viveu pacificamente até o ano de 1745, quando novamente se juntou aos rebeldes e foi executado com base em sua sentença anterior. O mesmo se passou com o dr. Cameron na Escócia. Em todos os países, se uma pessoa regressa após vinte anos, não é incomodada; os oficiais de justiça considerariam inapropriado interferir nessa situação.

Sobre esse assunto, falta apenas tratarmos de algumas observações gerais sobre o direito penal.

O ressentimento parece ser a melhor explicação para a punição de crimes. Se uma pessoa dispara uma pistola em uma rua, mesmo que não cause dano, a utilidade pública exige que ela seja punida. No entanto, tais crimes são, pelas leis de todos os países, punidos de forma mais leve do que se algum dano tivesse ocorrido. A razão é clara. O ressentimento nunca atinge um alto grau, a menos que alguma ofensa seja realmente causada. Algumas ações que são criminosas por si mesmas não são punidas, a menos que alguma consequência negativa ocorra. Um homem desperta pouco ressentimento por cavalgar um cavalo indomado na praça do mercado, mas se ele matar alguém, o ressentimento é muito alto. Pelo mesmo motivo, objetos inanimados, como os *deodands*, são considerados execráveis. Em muitos casos, o ressentimento recai sobre o próprio membro do corpo que cometeu a ação. No geral, o ressentimento é um princípio muito indiscriminado, detendo-se pouco à disposição da mente.

Certas pessoas não devem ser consideradas como objetos de punição, como idiotas, loucos e crianças. Não nos chocamos tanto com uma ação cometida por um louco quanto por uma cometida por outra pessoa. Consideramos que a restrição é a única punição adequada para seus crimes.

Isso é tudo o que pretendíamos abordar sobre as ofensas que podem ser causadas a um homem enquanto homem.

Tendo agora considerado o homem como membro de um Estado, como membro de uma família e como homem, prosseguimos para a Polícia, a segunda divisão da jurisprudência.

Segunda parte: Da Polícia

A Polícia responde pela segunda divisão geral da jurisprudência. O termo *police* é francês e deriva do grego πολιτεια, que significa, propriamente dizendo, as políticas do governo civil, embora na atualidade seja empregado para a regulamentação das partes inferiores do governo, ou seja, a limpeza, a segurança e a abundância ou abastança. As duas primeiras, isto é, os métodos adequados para a remoção do lixo das ruas e para a execução da justiça, na medida em que esta diz respeito a regulamentações para a prevenção dos crimes e a manutenção de um sistema de vigilância das cidades, não são, malgrado sua utilidade, dignas de consideração em um discurso geral como este de que nos ocupamos. Antes de passarmos ao terceiro item, uma ou duas observações a respeito serão suficientes.

Observe-se que nem sempre aquelas cidades em que mais polícia é adotada e o número de regulamentações é maior são as mais seguras. Em Paris, as regulamentações a respeito são tão numerosas que muitos volumes não poderiam contê-las. Em Londres, existem apenas duas ou três regulamentações simples. Mesmo assim, mal transcorre uma noite em Paris sem um assassinato, enquanto em Londres, uma cidade muito maior, há três ou quatro crimes como esses por ano. Por causa disso, poderíamos supor que, quanto mais polícia, menor a segurança, mas não é o caso. Desde os tempos feudais até o reinado de Elisabeth, tanto na Inglaterra quanto na França havia um grande número de criados ociosos nas cercanias das moradas dos nobres, inspirando assim um respeito nos arrendatários. Quando dispensados, eles só tinham como se sustentar cometendo roubos e vivendo de saques, causando as maiores desordens. Se a atual situação na França é diferente daquela da Inglaterra, isso se deve aos vestígios de maneiras feudais ali preservados. A nobreza parisiense mantém muito mais empregados domésticos do que a nossa; e com frequência são dispensados, seja por causa própria, seja devido ao capricho de seus senhores. Encontrando-se em condições de completa indigência, veem-se forçados a cometer os piores crimes. Glasgow, onde poucos têm mais de um empregado, registra menos crimes capitais do que Edimburgo, em que não se passa um ano sem tais desordens. Entende-se, assim, que não são as políticas que impedem os crimes, mas a existência de poucas pessoas que vivem com outras em situação de dependência. Nada corrompe tanto os humanos quanto a dependência, já a independência fomenta a honestidade das pessoas. O advento do comércio e das manufaturas traz essa independência e é a melhor política para a prevenção de crimes. As pessoas comuns têm salários melhores, e uma probidade generalizada se verifica nas maneiras do país como um todo. Ninguém é louco de se expor em uma estrada, se pode ganhar o pão de maneira laboriosa e honesta. As nobrezas de Paris e de Londres se encontram, sem dúvida, no mesmo nível, mas as pessoas comuns da primeira dependem muito mais de senhores e não se comparam às da última; pela mesma razão, os mais comuns da Escócia não se comparam aos da Inglaterra, embora as respectivas nobrezas se encontrem praticamente no mesmo nível.

É o suficiente a respeito dos dois primeiros itens relativos à Polícia. No restante deste discurso, nos restringiremos à consideração da abastança ou abundância, ou, o que significa o mesmo, dos meios mais apropriados à obtenção de riqueza e fartura. Abastança e abundância são no fundo a mesma coisa. É apenas por causa da abundância de água que ela é tão barata a ponto de se obter de uma bomba, e por causa da escassez que os diamantes (cujo uso de fato resta a ser descoberto) são tão caros. Para determinar o método mais apropriado de obtenção dessas conveniências é necessário primeiro mostrar no que consiste a opulência, e, antes mesmo disso, considerar quais as carências naturais dos humanos a serem supridas. E, no caso de divergirmos em relação às opiniões comuns a respeito, daremos ao menos as razões dessa divergência.

A natureza produz para todos os animais tudo que é suficiente para sustentá-los sem que tenham de recorrer ao aprimoramento de seus produtos naturais. Alimento, roupas e abrigo são carências comuns a todo e qualquer animal, e a maioria do reino animal é suficientemente abastecida pela natureza em relação às carências incidentes à sua condição. No entanto, o homem é dotado de uma delicadeza tal que nenhum objeto produzido é de seu agrado. Em tudo ele encontra necessidade de aprimoramento. Embora a prática mostre ao selvagem que seu alimento dispensa preparação, quando entra em contato com o fogo ele percebe que pode torná-la mais nutritiva e mais digestiva, protegendo-o assim contra as muitas doenças virulentas tão comuns entre os seus. Mas não apenas seu alimento requer aprimoramentos como esse. Sua frágil constituição também é atingida pelas intemperanças do ar que ele respira, que, embora não seja suscetível a grandes aprimoramentos, tem de ser adequado ao temperamento de seu corpo; com esse propósito, ele prepara uma atmosfera artificial. A pele humana é incapaz de suportar as inclemências do clima, e mesmo nos países em que o calor do ar é mais forte do que o natural da constituição humana e as roupas são desnecessárias, ele pinta e tatua o próprio corpo, para suportar assim os ardores do sol e da chuva. Mas as necessidades humanas não são, em geral, tão grandes que não possam ser supridas pelo trabalho exclusivo de um indivíduo. Cada um pode prover por si mesmo suas necessidades, como animais e frutas para alimentação ou peles para vestimenta.

Assim como a delicadeza do corpo humano exige muito mais provisões do que a de qualquer outro animal, a delicadeza de sua mente requer uma provisão ainda maior em comparação com a deles. As diferentes artes são subservientes a esse fim. O homem é o único animal dotado de uma sutileza tão grande que a cor de um objeto é capaz de feri-lo. Do mesmo modo, agradam-lhe diferentes divisões ou arranjos distintos dos mesmos objetos.

A causa de toda essa sutileza é o estado da beleza, que consiste principalmente na variedade apropriada, na fácil conexão e na ordem simples. Nada que seja desprovido de variedade nos agrada: um longo muro uniforme é um objeto desagradável. Variedade em excesso também desagrada, como objetos amontoados em um *parterre*. A uniformidade cansa a mente; o excesso de variedade, se levado ao exagero, produz sua dissipação. A conexão fácil torna os objetos agradáveis; mas, se não vemos razão para a contiguidade entre as partes, se a conexão entre elas não é natural, ou se não há entre elas semelhança ou contraste, é inevitável que nos desagradem. Se não houver simplicidade na ordem, de modo a permitir a fácil apreensão do todo, isso fere a delicadeza de nosso gosto.

Do mesmo modo, a imitação e a pintura tornam os objetos mais agradáveis. Ver árvores, florestas e outras representações como essas em uma planície é uma agradável surpresa para a mente. A variedade de objetos também os torna agradáveis. O que estamos acostumados a ver no dia a dia nos afeta com indiferença. Por isso, as gemas e os diamantes nos agradam tanto. E também por isso os índios, que tanto gostam de nosso pechisbeque e de outros brinquedos, trocam-nos por joias e diamantes e acreditam ter feito um bom negócio.

Essas qualidades, que são o fundamento da preferência e ocasionam o prazer e a dor, são a causa de muitas demandas insignificantes que de modo algum são necessárias para nós. Toda a industriosidade humana é empregada para a obtenção não de necessidades humildes como alimentação, vestimenta e abrigo, mas do suprimento de conveniências que satisfaçam a sutileza e a delicadeza de nosso gosto. As artes, com toda a sua variedade, surgem do aprimoramento e da multiplicação dos materiais que são, principalmente, o objeto de nossas necessidades.

A agricultura, cujo principal objetivo é o fornecimento de alimentos, introduz não apenas o cultivo da terra, mas também o plantio de árvores, a produção de linho, cânhamo e inúmeras outras coisas de natureza semelhante. Por meio dessas atividades, surgem diferentes manufaturas, que são altamente suscetíveis de aprimoramento. Os metais extraídos das entranhas da terra fornecem materiais para ferramentas, com as quais muitas dessas artes são praticadas. O comércio e a navegação também servem aos mesmos propósitos, coletando os produtos dessas diversas artes. A partir delas, surgem outras artes subsidiárias. A escrita, para registrar a multitude de transações, e a geometria, que serve a muitos propósitos úteis. A lei e o governo, por sua vez, parecem não ter outro objetivo senão este: proteger o indivíduo que aumentou sua propriedade, para que ele possa desfrutar pacificamente de seus frutos. Por meio da lei e do governo, todas as diferentes artes florescem, e a desigualdade de fortuna que ocasionam é suficientemente preservada. Através da lei e do governo, a paz doméstica é assegurada, bem como a segurança contra o invasor estrangeiro. Sabedoria e virtude também derivam seu brilho do suprimento dessas necessidades, pois, como o estabelecimento da lei e do governo é o mais alto esforço da prudência e sabedoria humanas, as causas não podem ter uma influência diferente dos efeitos. Além disso, é pela sabedoria e probidade daqueles com quem convivemos que um comportamento apropriado nos é indicado, e também os meios adequados para alcançá-lo. Seu valor nos defende, sua benevolência nos sustenta, o faminto é alimentado, o nu é vestido, pela manifestação dessas qualidades divinas. Assim, de acordo com a representação acima, todas as coisas são subordinadas ao suprimento de nossas necessidades tripartites.

Em uma nação incivilizada, onde o trabalho não é dividido, tudo é provido de acordo com as carências naturais da humanidade; no entanto, quando a nação é cultivada e o trabalho é dividido,[20] uma provisão mais generosa é atribuída a elas. É por isso que um trabalhador diarista na Grã-Bretanha desfruta de mais luxos em sua maneira de viver do que um soberano indígena. O casaco de lã que ele veste exige preparações consideráveis; o tosquiador, o cardador, a fiandeira, o tintureiro, o tecelão, o alfaiate e muitos outros devem ser empregados antes que o trabalhador esteja vestido. As ferramentas utilizadas para todo esse processo empregam um número ainda maior de artífices: o fabricante de teares, o construtor de moinhos, o cordoeiro, sem mencionar o pedreiro, o lenhador, o mineiro, o fundidor, o ferreiro, entre outros. Além de sua roupa, considere também os móveis de sua casa, seus lençóis grosseiros, seus sapatos, o carvão extraído da terra ou trazido pelo mar, seus utensílios de cozinha e diferentes pratos, aqueles que são empregados na produção de seu pão e cerveja, o semeador, o cervejeiro, o ceifador, o padeiro, e suas janelas de vidro e a arte necessária para prepará-las, sem as quais nosso clima do Norte dificilmente poderia ser habitado. Quando examinamos as conveniências de um trabalhador diarista, descobrimos que mesmo em seu modo de vida simples ele não pode ser atendido sem a ajuda de muitas pessoas, e ainda assim isso é pouco comparado ao luxo da nobreza. No entanto, um príncipe europeu não excede tanto um plebeu quanto este excede o chefe de uma nação

20 Ver anexo sobre a divisão do trabalho. (N. T.)

selvagem. É fácil entender como os ricos podem ser tão bem providos, pois podem direcionar tantas mãos para servir aos seus propósitos. Eles são sustentados pelo trabalho do camponês. Em uma nação selvagem, cada um desfruta de todo o fruto do próprio trabalho, mas sua indigência é maior do que em qualquer outro lugar.

A divisão do trabalho é o que aumenta a opulência de um país. Em uma sociedade civilizada, embora haja de fato uma divisão do trabalho, não há uma divisão igualitária, pois há muitos que não trabalham de forma alguma. A distribuição da opulência não é proporcional ao trabalho. A riqueza do mercador é maior do que a de todos os seus funcionários, embora ele trabalhe menos; e esses funcionários, por sua vez, têm seis vezes mais do que um número igual de artesãos, que estão mais ocupados. O artesão que trabalha confortavelmente dentro de casa tem muito mais do que o pobre trabalhador que se esforça incessantemente. Assim, aquele que, por assim dizer, carrega o fardo da sociedade é quem desfruta de menos vantagens.

Em seguida, mostraremos como essa divisão do trabalho ocasiona uma multiplicação do produto, ou, o que é a mesma coisa, como a opulência surge dela. Para isso, vamos observar o efeito da divisão do trabalho em algumas manufaturas. Se todas as partes de um alfinete fossem feitas por um só homem, se a mesma pessoa extraísse o minério, o fundisse e dividisse o fio, levaria um ano inteiro para fabricar um alfinete, e esse alfinete teria de ser vendido ao custo de sua manutenção durante esse tempo, o que, tomando uma estimativa moderada, seria pelo menos 6 libras por um alfinete. Se o trabalho estiver dividido a tal ponto de o fio estar pronto, ele não fará mais de vinte por dia, o que, considerando 10 *pence* como salário, faz que o alfinete custe 2 *pence*. O fabricante de alfinetes divide, portanto, o trabalho entre muitas pessoas diferentes; cortar, torná-lo pontiagudo e moldar a cabeça, além de galvanizar, são todas profissões separadas. Dois ou três são empregados na fabricação da cabeça, um ou dois na colocação dela, e assim por diante, até o embalo dos alfinetes, totalizando dezoito pessoas. Com essa divisão, cada um pode, com grande facilidade, produzir 2 mil alfinetes por dia. O mesmo ocorre nas manufaturas de linho e lã. No entanto, há algumas artes que não admitem essa divisão, portanto não conseguem acompanhar o ritmo de outras manufaturas e artes, como por exemplo a agricultura e a pecuária. Isso se deve inteiramente às variações sazonais, pelas quais um homem só pode ser empregado por um curto período em qualquer operação. Em países onde as estações não causam tais alterações, a situação é diferente. Na França, o cereal é melhor e mais barato do que na Inglaterra. Mas nossas quinquilharias, que não dependem do clima e para as quais o trabalho pode ser dividido, são muito superiores às da França.

Quando o trabalho é assim dividido, e um único homem realiza uma grande parte proporcional, o excedente além de sua manutenção torna-se considerável, o que cada um pode trocar por um quarto do que ele teria feito se tivesse terminado sozinho.[21] Por esse meio, a mercadoria se torna muito mais barata, e o trabalho, mais caro. Vale observar que o preço do trabalho não determina, de forma alguma, a opulência de uma

21 Essa passagem está bastante truncada. O que precisa ficar claro aqui é que, com a divisão do trabalho, o excedente gerado pode ser trocado por outros excedentes, ao invés de cada um produzir por si mesmo tudo que necessita. (N. T.)

sociedade. Isso só ocorre quando uma pequena quantidade de trabalho pode granjear uma abundância. Por esse motivo, uma nação rica, quando suas manufaturas estão muito aprimoradas, pode ter uma vantagem sobre uma nação pobre ao vender seus produtos a preços mais baixos. O algodão e outras mercadorias da China superariam em preço qualquer coisa produzida por nós, se não fossem o transporte demorado e os outros impostos que lhes são aplicados.

Não devemos julgar o custo do trabalho pelo dinheiro ou moeda que é pago por ele. Um *penny* em alguns lugares pode comprar tanto quanto 18 *pence* em outros. Na região do Mogol, onde o salário diário é de apenas 2 *pence*, o trabalho é melhor recompensado do que em algumas de nossas ilhas açucareiras, onde os homens estão quase passando fome com 4 ou 5 xelins por dia. Portanto, a moeda não pode ser uma medida adequada. Ademais, embora o trabalho humano seja empregado tanto na multiplicação de mercadorias quanto de dinheiro, a chance de sucesso não é igual. Um agricultor, ao cultivar corretamente um acre, tem certeza de obter aumento, mas o minerador pode trabalhar repetidamente sem sucesso. As mercadorias, portanto, devem se multiplicar em uma proporção maior do que o ouro e a prata.

No entanto, além disso, a quantidade de trabalho realizada pela divisão do trabalho é muito aumentada pelos três seguintes fatores: primeiro, o aumento da destreza; segundo, a economia de tempo perdido na transição de um tipo de trabalho para outro; e, terceiro, a invenção de máquinas. Vamos considerar cada um deles em sequência.

1º) Quando qualquer tipo de trabalho é reduzido a uma operação simples, a repetição frequente dessa ação aos poucos confere ao homem uma destreza em realizá-la. Um ferreiro do campo, não acostumado a fazer pregos, trabalhará arduamente para produzir três ou quatrocentos pregos por dia, e estes serão de qualidade muito inferior. Mas um jovem acostumado a essa tarefa conseguirá facilmente fazer 2 mil pregos, e eles serão incomparavelmente melhores. No entanto, o aprimoramento na destreza nesse tipo complexo de manufatura nunca pode ser igual ao de outros tipos. Um fabricante de pregos muda de postura, acende o fogo, troca ferramentas etc., portanto a quantidade produzida não pode ser tão grande quanto em manufaturas de alfinetes e botões, onde o trabalho é reduzido a operações simples.

2º) Sempre há algum tempo perdido ao passar de um tipo de trabalho para outro, mesmo quando estão bastante conectados. Quando uma pessoa está lendo, ela deve descansar um pouco antes de começar a escrever. Isso é ainda mais evidente com o tecelão do campo, que possui uma pequena fazenda; ele deve dar uma pausa quando muda de uma atividade para outra. Em geral, é o que ocorre com os trabalhadores do campo; eles são frequentemente os mais lentos, já que os trabalhos rurais de semeadura, colheita e debulha são tão diferentes entre si. Acabam adquirindo um hábito de indolência e raramente são muito ágeis. Ao fixar cada pessoa em sua própria operação e evitar a mudança de uma tarefa para outra, a quantidade de trabalho deve ser significativamente aumentada.

3º) A quantidade de trabalho é muito aumentada pela invenção de máquinas. Dois homens e três cavalos farão mais em um dia com o arado do que vinte homens sem ele. O moleiro e seu servente farão mais com o moinho d'água do que uma dúzia com o moinho manual, embora este também seja uma máquina. A divisão do trabalho, sem dúvida, deu origem à invenção de máquinas. Se o trabalho de um homem na vida consiste em realizar duas ou três tarefas, sua tendência será encontrar a maneira mais eficiente de fazê-lo; mas, quando sua mente está dividida, não se pode esperar que ele seja tão bem-sucedido. Não temos nem podemos ter uma história completa da invenção de máquinas, porque a maioria delas é inicialmente imperfeita e recebe aprimoramentos e aumento de capacidades graduais por parte de seus usuários. Provavelmente foi um agricultor quem inventou o arado original, embora os aprimoramentos possam ter sido feitos por outra pessoa. Alguns escravos miseráveis, que talvez tenham sido empregados por muito tempo em moer grãos entre duas pedras, talvez tenham sido os primeiros a descobrir o método de sustentar a pedra superior com um eixo. Um mestre de moinho pode ter descoberto a maneira de girar o eixo com a mão. Contudo, quem projetou que a roda externa fosse movida pela água foi um filósofo, cuja ocupação consiste em não fazer nada, mas observar tudo. Eles devem ter uma visão extensa das coisas, como nesse caso, ao trazer a ajuda de novas forças não aplicadas anteriormente. Aquele que primeiro executou isso, que seja um artesão, deve ser considerado um filósofo; máquinas de fogo, moinhos de vento e d'água foram invenções de filósofos, cuja destreza também é aumentada pela divisão do trabalho. Eles se dividem, conforme os diferentes ramos, em filósofos mecânicos, morais, políticos e químicos. Assim, mostramos como a quantidade de trabalho é aumentada pelas máquinas.

Já demonstramos que a divisão do trabalho é a causa imediata da opulência. Agora, vamos considerar o que dá origem à divisão do trabalho, ou quais princípios em nossa natureza podem melhor explicá-la. Não podemos imaginar que isso seja um efeito da prudência humana. De fato, foi estabelecido por Sesostris que cada homem deveria seguir a ocupação de seu pai, mas isso de maneira alguma é adequado às disposições da natureza humana e nunca pode se estabelecer por muito tempo. Todos gostam de ser um cavalheiro, seja lá quem for seu pai. Aqueles que são mais fortes e se destacam na agitação da sociedade, elevando-se acima dos mais fracos, devem ter tantos subordinados quanto necessário para defendê-los em sua posição; portanto, por causas necessárias, deve haver tantos nas posições inferiores quantos a situação exigir. Deve haver tantos acima quanto abaixo, e nenhuma divisão pode ser excessiva. Mas não é isso que dá origem à divisão do trabalho. Ela decorre de uma propensão direta na natureza humana para que um homem permute com outro, o que é comum a todos os homens e não é conhecido por nenhum outro animal. Ninguém jamais viu um cachorro, o animal mais sagaz, trocar um osso por outro com seu companheiro. Dois galgos, de fato, ao perseguir uma lebre, parecem ter algo como um pacto ou acordo entre eles, mas isso não é nada além de uma coincidência das mesmas paixões. Se um animal pretende barganhar, por assim dizer, ou obter algo do homem, é através de sua afeição e bondade. O homem, da mesma forma, age sobre o interesse próprio de seus semelhantes, oferecendo-lhes uma tentação suficiente para conseguir o que deseja; a linguagem dessa disposição é: "Dê-me o que eu quero e você terá o que quer". Não é por benevolência, como os cães, mas por interesse próprio que o homem espera algo. O cervejeiro e o padeiro não nos servem por benevolência, mas por interesse próprio. Nenhum homem além de um mendigo depende de benevolência, e mesmo esses morreriam em uma semana se dependessem inteiramente dela.

Por essa disposição de permutar e trocar o excedente do trabalho de uma pessoa pelo trabalho de outras, em uma nação de caçadores, se alguém tem um talento para fazer arcos e flechas melhor do que seus vizinhos, ele inicialmente os dará como presentes e, em troca, receberá sua caça como presente. Ao continuar com essa prática, ele viverá melhor do que antes e não terá necessidade de prover para si mesmo, já que o excedente de seu próprio trabalho o faz de forma mais eficaz.

Essa disposição para permutar não é de forma alguma baseada em diferentes gênios e talentos. É duvidoso que haja alguma diferença desse tipo; pelo menos é muito menor do que imaginamos. O gênio é mais um efeito da divisão do trabalho do que o contrário. A diferença entre um carregador e um filósofo nos primeiros quatro ou cinco anos de suas vidas é, propriamente falando, nula. Quando eles passam a ser empregados em ocupações diferentes, suas visões se expandem e divergem pouco a pouco. Como todos têm essa disposição natural para barganhar e permutar, através da qual se proveem, não há necessidade de talentos tão diferentes; portanto, entre os selvagens, sempre há uma grande uniformidade de caráter. Em outros animais da mesma espécie, encontramos uma diferença muito maior do que entre o filósofo e o carregador antes do costume. O mastim e o *spaniel* têm habilidades completamente diferentes, mas, embora esses animais sejam dotados de talentos, eles não podem, por assim dizer, dispor suas produções em um fundo comum e trocá-las. Portanto, seus diferentes talentos não são úteis para eles. Entre os seres humanos, é completamente diferente: eles podem trocar suas diversas produções de acordo com a quantidade ou a qualidade. O filósofo e o carregador são vantajosos um para o outro. O carregador é útil para transportar fardos para o filósofo, e este, por sua vez, torna-lhe a queima de carvão mais barata com a invenção de máquinas. Assim, mostramos que a diferença de talento não está na base dessa disposição para a permuta, que é a causa da divisão do trabalho. A verdadeira base disso é o princípio de persuasão, que tanto prevalece na natureza humana. Quando se apresentam argumentos para persuadir, sempre se espera que tenham seu devido efeito. Se uma pessoa afirma algo sobre a lua, mesmo que não seja verdade, ela sentirá uma espécie de desconforto ao ser contestada, e ficaria muito feliz se a pessoa que está tentando persuadir tivesse a mesma opinião que ela. Devemos, então, cultivar principalmente o poder da persuasão, e de fato o fazemos sem querer. Como uma vida inteira é passada no exercício disso, um método fácil para negociar uns com os outros deve, sem dúvida, ser alcançado. Como já foi observado, nenhum animal pode fazer isso, exceto ganhando o favor daqueles que deseja persuadir. Às vezes, de fato, os animais parecem agir concertadamente, mas nunca há nada parecido com uma negociação entre eles. Os macacos, quando roubam um jardim, jogam a fruta um para o outro até depositá-la no esconderijo, mas sempre há uma disputa sobre a divisão do saque, e geralmente alguns deles são mortos.

De tudo que foi dito, podemos observar que a divisão do trabalho deve sempre ser proporcional à extensão do comércio. Se apenas dez pessoas desejam uma determinada mercadoria, sua produção nunca será tão dividida quanto seria se mil pessoas a quisessem. Além disso, a divisão do trabalho, para gerar opulência, torna-se sempre mais perfeita com um método fácil de transporte em um país. Se a estrada estiver infestada de ladrões ou em mau estado e o transporte for difícil, o progresso do comércio será interrompido. Desde a melhoria das estradas na Inglaterra, há quarenta ou cinquenta anos, a opulência do país aumentou muito. O transporte fluvial é outra conveniência, pois por meio dele 300 toneladas podem ser transportadas com o custo do desgaste do navio e o salário de cinco ou seis homens, e ainda em menos tempo do que por cem carroças, que precisariam de seis cavalos e um homem cada. Assim, a divisão do trabalho é a grande causa do aumento da opulência pública, que é sempre proporcional à indústria do povo, e não à quantidade de ouro e prata, como é tolamente imaginado, sendo que a indústria do povo é sempre proporcional à divisão do trabalho.

Tendo assim demonstrado o que dá origem à opulência pública, ao prosseguir com esse assunto, propomos considerar:

1º) Quais circunstâncias regulam o preço das mercadorias.

2º) O dinheiro em duas perspectivas diferentes: primeiro como medida de valor e depois como instrumento de comércio.

3º) A história do comércio, na qual serão mencionadas as causas do lento progresso da opulência tanto nos tempos antigos quanto modernos, sendo que essas causas serão mostradas como afetando tanto a agricultura quanto as artes e manufaturas.

Finalmente, os efeitos de um espírito comercial sobre o governo, o temperamento e os costumes de um povo, sejam eles bons ou ruins, e os remédios adequados. Discutiremos esses pontos em ordem.

Toda mercadoria tem dois preços diferentes, que, embora pareçam independentes, terão uma conexão necessária, a saber: o preço natural e o preço de mercado. Ambos os preços são regulados por certas circunstâncias.[22] Quando os homens são induzidos a uma certa espécie de indústria em vez de qualquer outra, devem ganhar o suficiente para se manter enquanto estão empregados. Um fabricante de flechas deve ter a certeza de trocar o excedente de seu produto pelo suficiente para mantê-lo durante o tempo que levou para fazê-las. No entanto, com base nesse princípio, em diferentes ofícios deve haver uma diferença considerável, porque alguns deles, como o de alfaiate e tecelão, não são aprendidos por simples observação casual e pouca experiência, como ocorre com o trabalhador diarista, mas requerem muito tempo e esforço antes de serem adquiridos. Quando uma pessoa começa a praticar um desses ofícios, durante um período considerável seu trabalho não é de utilidade nem para seu mestre nem para qualquer outra pessoa, portanto seu mestre deve ser compensado tanto pelo que o mantém quanto pelo que ele perde. Quando passa a exercer o ofício, deve ser reembolsado pelo que gastou, tanto em despesas quanto em taxas de aprendizagem. E, como sua expectativa de vida após esse período não ultrapassa dez ou doze anos, no máximo, seus salários devem ser altos, devido ao risco de não conseguir recuperar tudo. No entanto, há muitas artes que requerem um conhecimento mais extenso do que o adquirido durante o tempo de um aprendizado. Um ferreiro e um tecelão podem exercer bem sua atividade sem nenhum conhecimento prévio de matemática. Contudo, um relojoeiro deve estar familiarizado com várias ciências – como aritmética, geometria e astronomia, especialmente em relação à equação do tempo – para exercer bem sua atividade, e seus salários devem ser altos

22 Ver anexo sobre estoque e lucro. (N. T.)

para compensar a despesa adicional. Em geral, esse é o caso em todas as artes liberais, porque, depois de passarem um longo tempo em sua educação, apenas um profissional de cada dez fará algo com isso. Seus salários, portanto, devem ser mais altos proporcionalmente às despesas que tiveram, ao risco de não viverem tempo suficiente e ao risco de não terem destreza suficiente para administrar seus negócios. Entre os advogados, não há um a cada vinte que adquira conhecimento e destreza suficientes em sua atividade para recuperar as despesas com sua educação, e muitos deles nunca chegam a ganhar o preço de sua toga, como costumamos dizer. Os honorários dos advogados estão longe de ser extravagantes, como em geral se pensa; na verdade, são até baixos proporcionalmente. É a eminência da profissão, e não o dinheiro ganho com ela, que representa a tentação de se dedicar a ela, e a dignidade dessa posição deve ser considerada como parte do que é obtido com ela.

Da mesma forma, verificamos que o preço do ouro e da prata não é exorbitante se considerarmos por esse ângulo, pois em uma mina de ouro ou prata há grande chance de não encontrar nada. Se supusermos um número igual de homens empregados no cultivo de milho e na extração de prata, os primeiros produzirão mais do que os últimos, porque talvez, de quarenta ou cinquenta empregados em uma mina, apenas vinte obtenham algum resultado. Alguns deles podem até enriquecer, mas todo agricultor tem sucesso em seus empreendimentos, de modo que, no geral, obtém-se mais riqueza dessa forma do que pela mineração. É a aquisição idealizada que representa a principal tentação em uma mina. Um homem, então, recebe o preço natural de seu trabalho quando é suficiente para mantê-lo durante o tempo de trabalho, para cobrir as despesas de sua educação e para compensar o risco de não viver o suficiente e de não ter sucesso no negócio. Quando um homem recebe isso, há estímulo suficiente para o trabalhador, e a mercadoria será cultivada na proporção da demanda.

O preço de mercado dos bens é regulado por circunstâncias bastante diferentes. Quando um comprador vai ao mercado, ele nunca pergunta ao vendedor quais foram os custos que ele teve para produzir os bens. A regulação do preço de mercado dos bens depende dos três seguintes fatores:

1º) A demanda ou necessidade da mercadoria. Não há demanda por algo de pouca utilidade; não é um objeto de desejo racional.

2º) A abundância ou escassez da mercadoria em proporção à sua necessidade. Se a mercadoria é escassa, o preço sobe; mas se a quantidade for maior do que a necessária para suprir a demanda, o preço cai. Assim, diamantes e outras pedras preciosas são caros, enquanto o ferro, que é muito mais útil, é muito mais barato, embora isso dependa principalmente da última causa, ou seja:

3º) A riqueza ou pobreza daqueles que demandam. Quando não é produzido o suficiente para atender a todos, a fortuna dos arrematadores é a única reguladora do preço.

A história contada sobre o mercador e o mensageiro nos desertos da Arábia é uma evidência disso. O mercador pagou 10 mil ducados por uma certa quantidade de água. Sua fortuna aqui regulou o preço, pois, se ele não tivesse esse montante, não poderia tê-lo dado, e se sua fortuna tivesse sido menor, a água teria sido mais barata. Quando o bem é escasso, o vendedor deve se contentar com o nível de riqueza daqueles que o compram. O caso é muito semelhante ao de um leilão; se duas pessoas têm uma igual preferência por um livro, aquele cuja fortuna for maior será quem o levará. Assim, as coisas que são muito raras sempre vão para países ricos. Só o rei da França poderia comprar aquele grande diamante de tantos milhares de libras de valor. Com base nesse princípio, tudo é mais caro ou mais barato conforme seja adquirido por um grupo de pessoas mais rico ou mais pobre.

Os utensílios de ouro são acessíveis apenas a pessoas em certas condições de vida. Os de prata são adquiridos por outro grupo de pessoas e seus preços são regulados pelo que a maioria pode pagar. Os preços do cereal e da cerveja são regulados pelo que toda a população pode pagar, e por isso os salários dos trabalhadores diaristas têm uma grande influência sobre o preço do cereal. Quando o preço do cereal sobe, os salários também aumentam, e vice-versa. Quando a quantidade de cereal diminui, como em uma viagem marítima, isso sempre provoca uma fome e o preço torna-se exorbitante. O cereal então se torna a compra de um grupo mais rico de pessoas, e os mais pobres têm de se contentar com nabos e batatas.

Assim, consideramos os dois preços, o preço natural e o preço de mercado, que toda mercadoria deve ter. Observamos anteriormente que, embora aparentemente independentes, eles estão necessariamente conectados. Isso se evidenciará a partir das seguintes considerações: se o preço de mercado de qualquer mercadoria é muito alto e o trabalho é muito bem remunerado, o mercado fica extraordinariamente sobrecarregado com ela, maiores quantidades são produzidas e pode ser vendida para as pessoas de posição social inferior. Se para cada dez diamantes houvesse 10 mil, eles seriam acessíveis a todos, porque se tornariam muito baratos e cairiam para seu preço natural. Além disso, quando o mercado está saturado e não se consegue obter o suficiente para a remuneração do trabalho da manufatura, ninguém se dedicará a ela; não é possível se sustentar com isso, porque o preço de mercado então cai abaixo do preço natural. Alega-se que, à medida que o preço do cereal cai, os salários dos trabalhadores devem cair, pois ele é então mais bem remunerado. É verdade que se os alimentos fossem baratos por um longo período, como mais pessoas se dirigiriam para esse trabalho onde os salários são altos, através dessa concorrência de trabalho os salários cairiam. Contudo, observamos que, quando o preço do cereal dobra, os salários continuam os mesmos de antes, porque os trabalhadores não têm alternativa. O mesmo ocorre com os empregados domésticos.

Podemos observar, a partir do que foi dito anteriormente, que qualquer política que tende a elevar o preço de mercado acima do preço natural tende a diminuir a opulência pública. Carestia e escassez são, de fato, a mesma coisa. Quando as mercadorias são abundantes, elas podem ser vendidas às camadas inferiores da sociedade, que podem pagar menos por elas, mas isso não acontece se forem escassas. Portanto, na medida em que os bens são uma conveniência para a sociedade, esta vive menos feliz quando apenas alguns podem possuí-los. Assim, tudo que mantenha os bens acima de seu preço natural por um longo período diminui a opulência de uma nação. São eles:

1º) Todos os impostos sobre a indústria, o couro e os sapatos, e, o que as pessoas mais detestam, sobre o sal, a cerveja ou qualquer outra bebida forte, pois nenhum país vive sem algum tipo dela. O homem é um animal ansioso e deve ter suas preocupações aliviadas por algo que possa exaltar o ânimo. Alega-se que esse imposto sobre a cerveja é uma segurança artificial contra a embriaguez, mas, se prestarmos atenção, veremos que isso de forma alguma a previne. Em países onde as bebidas fortes são baratas, como na França e na Espanha, as pessoas geralmente são sóbrias. Mas, nos países do Norte, onde elas são caras, não se embriagam com cerveja, mas com bebidas destiladas. Ninguém pressiona seu amigo a tomar um copo de cerveja, a menos que ele queira.

2º) Os monopólios também destroem a opulência pública. O preço dos bens monopolizados é elevado acima do que é suficiente para incentivar o trabalho. Quando apenas certa pessoa ou grupo de pessoas tem a liberdade de importar uma mercadoria, importa-se menos do que se importaria de outra forma: o preço, portanto, é mais alto, e menos pessoas se favorecem dela. É a concorrência entre diferentes trabalhadores que sempre reduz o preço. Nos monopólios, como as Companhias da Baía de Hudson e das Índias Orientais, as pessoas envolvidas determinam o preço como bem entendem.

3º) Os privilégios de exclusividade das corporações têm o mesmo efeito. Os açougueiros e padeiros aumentam o preço de seus produtos como desejam, porque apenas sua própria corporação tem permissão para vender no mercado, portanto a carne deles deve ser comprada, seja boa ou não. Por conta disso, é sempre necessário um magistrado para fixar os preços. Para qualquer mercadoria livre, como o pano grosso, não há necessidade disso, mas é necessário para os padeiros, que podem combinar entre si para estabelecer a quantidade e o preço que quiserem. Mesmo um magistrado não é uma solução suficientemente boa para isso, pois ele deve sempre fixar o preço no limite máximo, caso contrário o remédio seria pior do que a doença, pois ninguém se dedicaria a esses negócios e uma fome se seguiria. Por isso, padeiros e cervejeiros sempre fazem negócios lucrativos.

Assim como o que eleva o preço de mercado acima do preço natural diminui a opulência pública, o que o reduz abaixo dele tem o mesmo efeito.

Isso geralmente só pode ser feito por alguma lei ou regulação aplicada às manufaturas destinadas à exportação, como o subsídio concedido pelo governo sobre o linho grosso, o que o torna exportável quando está abaixo de 12 *pence* por jarda. Como o público paga grande parte do preço, ele pode ser vendido mais barato aos estrangeiros do que seria necessário para incentivar o trabalho. Da mesma forma, com o subsídio de 5 xelins sobre o *quarter* de cereal quando vendido abaixo de 40 xelins, como o público paga oitava parte do preço, ele pode ser vendido proporcionalmente mais barato no mercado estrangeiro. Com esse subsídio, a mercadoria se torna mais acessível e uma quantidade maior dela é produzida, mas isso rompe o que pode ser chamado de equilíbrio natural da indústria. A disposição de aplicar-se à produção dessa mercadoria não é proporcionada à causa natural da demanda, mas sim a ela e ao subsídio adicionado. Isso não apenas afeta a mercadoria específica, mas também atrai pessoas de outras produções menos incentivadas, rompendo assim o equilíbrio da indústria.

Na época da caça e da pesca, as provisões eram o produto imediato do trabalho; posteriormente, quando as manufaturas foram introduzidas, nada podia ser produzido em pouco tempo. Transcorria muito tempo até que o tecelão pudesse levar ao mercado o tecido que ele comprara como fibra de linho. Portanto, todo ofício requer um estoque de alimentos, roupas e abrigo para sua continuidade.

Vamos supor então, como é realmente o caso em todos os países, que haja em reserva um estoque de alimentos, roupas e abrigo; o número de pessoas empregadas deve ser proporcional a esse estoque. Se o preço de uma mercadoria cair abaixo de seu preço natural, enquanto outra está acima, resta uma quantidade menor do estoque para sustentar o todo, devido à conexão natural de todos os ofícios com o estoque. Ao permitir subsídios para alguns, retira-se o estoque do restante. Essa tem sido a verdadeira consequência do subsídio sobre o cereal.

Com a queda no preço do cereal, a renda das fazendas também diminui. No entanto, o subsídio sobre o cereal, que foi estabelecido na época da implementação de impostos, tinha como objetivo aumentar a renda, e teve esse efeito por algum tempo, porque os arrendatários tinham a garantia de um preço para seu cereal, tanto no mercado interno quanto no externo. No entanto, embora os efeitos do subsídio, incentivando a agricultura, tenham reduzido o preço do cereal, isso aumentou o valor das fazendas de pasto, pois quanto mais cereal menos pasto.

Quando o preço do pasto aumenta, a carne de açougue, por sua dependência dele, também precisa aumentar. Assim, se o preço do cereal diminui, o preço de outras mercadorias necessariamente sobe. De fato, o preço do cereal caiu de 42 para 35, mas o preço do feno subiu de 25 para quase 50 xelins. Como o preço do feno subiu, os cavalos não são tão facilmente mantidos, portanto o preço do transporte também aumentou. Mas o que quer que aumente o preço do transporte, reduz a abundância no mercado. Portanto, no geral, a melhor política é deixar as coisas seguirem seu curso natural, não conceder subsídios nem impor impostos sobre mercadorias. Assim, mostramos quais circunstâncias regulam o preço das mercadorias, o que foi a primeira coisa proposta.

Chegamos agora ao segundo ponto, que é considerar o dinheiro primeiro como medida de valor e depois como meio de permutação ou troca.

Quando as pessoas lidam com muitas espécies de bens, uma delas deve ser considerada a medida de valor. Supondo haver apenas três mercadorias – ovelhas, cereal e bois –, podemos facilmente lembrar seus valores comparativamente. Mas, se tivermos cem mercadorias diferentes, haverá 99 valores de cada uma surgindo da comparação com as demais. Como esses valores não podem ser facilmente lembrados, os homens naturalmente recorrem a uma delas como um padrão comum com o qual comparam todas as outras. Isso será, é claro, a mercadoria com a qual estão mais familiarizados. Assim, constatamos que o gado preto e as ovelhas eram o padrão na época de Homero. A armadura de um de seus heróis valia nove bois, e a de outro valia cem. O gado preto era o padrão comum na Grécia antiga. Na Itália, e particularmente na Toscana, tudo era comparado com ovelhas, pois esse era o principal produto. Isso é o que se pode chamar de medida natural de valor.

De maneira semelhante, havia medidas naturais de quantidade, como braças, côvados e polegadas, derivadas das proporções do corpo humano, uma vez em uso por todas as nações. Mas, com um pouco de observação, descobriram que o braço de um homem era mais longo ou mais curto do que o de outro, e que uma pessoa não podia ser comparada com outra, portanto os sábios que se ocupavam dessas questões procuraram estabelecer uma medida mais precisa, para que quantidades iguais tivessem valores iguais. Esse método tornou-se absolutamente necessário quando as pessoas passaram a negociar com muitas mercadorias e em grandes quantidades delas. Embora uma polegada fosse completamente insignificante quando as transações eram limitadas a poucas jardas, mais precisão era exigida quando se tratava de lidar com milhares. Encontramos vestígios dessa imprecisão em países onde há poucas negociações. Tampouco o desvio da balança é considerado quando se trata de suas mercadorias grosseiras.

Assim, como deve necessariamente haver um padrão comum pelo qual quantidades iguais tenham valores iguais, os metais, em geral, pareciam ser os mais adequados para esse propósito, e, entre eles, o valor do ouro e da prata poderia ser mais bem determinado. A têmpera do aço não pode ser precisamente conhecida, mas a composição de uma liga de ouro e de prata pode ser exatamente identificada. Portanto, o ouro e a prata foram escolhidos como o padrão mais exato para comparar mercadorias e, assim, foram considerados a medida de valor mais apropriada.

Por se tornarem a medida de valor, o ouro e a prata também passaram a ser o instrumento do comércio. Logo se tornou necessário que as mercadorias fossem levadas ao mercado, e elas nunca poderiam ser trocadas de forma eficiente a menos que a medida de valor também fosse o instrumento do comércio. Na época dos pastores, poderia não ser um grande inconveniente que o gado fosse o meio de troca, já que o custo de mantê-lo era nulo, sendo todo o país considerado uma grande terra comum. Mas, quando as terras passaram a ser divididas e a divisão do trabalho foi introduzida, esse costume traria inconvenientes consideráveis. O açougueiro e o sapateiro, em certos momentos, poderiam não ter necessidade das mercadorias um do outro. O agricultor muitas vezes não consegue manter em sua propriedade uma vaca a mais do que já possui; seria uma grande dificuldade para um mercador de Glasgow entregar-lhe uma vaca em troca de uma de suas mercadorias. Para remediar isso, os materiais que antes eram considerados como a medida de valor passaram também a ser o instrumento de troca. O ouro e a prata possuíam todas as vantagens: podem ser guardados sem custo, não se desgastam e são muito portáteis. Contudo, eles não derivam toda a sua utilidade por serem o meio de troca. Mesmo que nunca tivessem sido usados como moeda, são mais valiosos do que outros metais. Possuem uma beleza superior, podem ser polidos de forma mais refinada e são mais adequados para a confecção de qualquer instrumento, exceto aqueles com lâmina. Por todas essas razões, o ouro e a prata se tornaram a medida adequada de valor e o instrumento de troca. Mas, para torná-los mais apropriados a esses propósitos, era necessário que tanto seu peso quanto sua pureza fossem determinados. A princípio, suas balanças não eram muito precisas, e, por isso, fraudes eram facilmente cometidas; no entanto, aos poucos isso foi sendo corrigido.

No entanto, os negócios comuns não permitiriam os experimentos necessários para determinar com precisão o grau de pureza; aliás, mesmo com uma grande quantidade de liga, [as moedas] parecem boas. Portanto, era necessário, para facilitar a troca, que se encontrasse algum expediente para determinar com precisão tanto o peso quanto a pureza. A cunhagem assegura de maneira mais eficaz ambos os aspectos. O público, percebendo o quanto isso facilitaria o comércio, colocou um selo em certas peças, para que quem as visse pudesse ter fé pública de que tinham determinado peso e pureza; sendo um fato de grande importância, isso corresponderia ao que foi inicialmente marcado na moeda.

Assim, as moedas de cada país parecem ter carregado consigo os nomes dos pesos correspondentes a elas, e continham a denominação que expressavam. A libra esterlina britânica parece ter sido originalmente uma libra de peso de prata pura. Como o ouro podia ser facilmente trocado por prata, esta última se tornou invariavelmente o padrão ou medida de valor. Como não pode haver dois padrões, e na maior parte das compras a prata é necessária, nunca dizemos que um homem vale tantas guinéus, mas sempre tantas libras.

Observa-se que a medida de quantidade sempre aumentou, enquanto a de valor diminuiu. A libra britânica agora caiu para menos de um terço de seu valor original, que era 63 xelins, enquanto a medida de quantidade aumentou consideravelmente. A razão disso é que o interesse do governo o exige. É do interesse do padeiro e do cervejeiro fazer que a medida de quantidade seja a menor possível, portanto há inspetores nomeados que, quando a medida é reduzida, sempre a ajustam um pouco para cima. Todas as nossas medidas, que foram derivadas do pé, braça e polegada romanos, agora são muito maiores. Da mesma forma, o que era chamado de peso *troy*, originado em Troyes, uma cidade na Champanhe onde havia grande comércio, deu origem a um peso mais pesado, porque geralmente era considerado o desvio da balança junto com ele; e como isso tornava as negociações imprecisas, era necessário que esse desvio da balança fosse determinado. Assim, o *averdupois* (*avoir du poise*) ou peso de medida foi fixado em 13 onças, mas como este era um número difícil de dividir, foi ajustado para 16, com as onças sendo proporcionais a ele.

Assim, a medida de quantidade foi aumentada. A seguir, vamos mostrar como a moeda diminuiu.

Quando o governo assume a cunhagem de moedas, as despesas naturalmente recaem sobre ele, e, se qualquer pessoa privada cunhar moedas, terá de diminuir o valor ou não terá nada além de seu trabalho em troca; mais ainda, como a autoridade de nenhum homem pode ser tão grande a ponto de fazer que sua moeda seja aceita em pagamentos comuns, ele teria de falsificar o selo do governo. Como o governo assumiu essa tarefa, procuraria, para evitar fraudes, impedir a falsificação da moeda do rei e a violação de seu poder. Além disso, como a fé pública estava envolvida, era necessário prevenir todos os tipos de fraude, pois também era preciso garantir que as pessoas fossem obrigadas a aceitar a moeda de acordo com sua denominação, e que, se alguém a recusasse após uma oferta legal de pagamento, o devedor ficaria livre e o credor seria culpado de felonia.

Em períodos primitivos e bárbaros, o governo estava sujeito a muitas tentações de desvalorizar[23] a moeda ou, segundo a linguagem da Casa da Moeda, de valorizá-la. Quando, por exemplo, em uma ocasião importante, como o pagamento de dívidas ou de soldados, ele precisa de dois milhões, mas possui apenas um, recolhe a moeda do país e, misturando-a com uma maior quantidade de liga, faz que ela saia como 2 milhões, o mais parecido possível com o que era antes. Muitas operações desse tipo foram realizadas em todos os países. Mas a Inglaterra, devido à liberdade que desfrutou quase ininterruptamente, foi menos afetada por isso do que qualquer outra nação. Lá, a moeda caiu apenas para um terço do valor original. Mas, em

23 Ver nota 17, p.149, sobre *debasement*. (N. T.)

muitos outros países, ela não representa nem um quinquagésimo de seu valor inicial.

Os inconvenientes de tais práticas são muito grandes. A desvalorização da moeda obstrui o comércio ou, no mínimo, o embaraça consideravelmente. Um novo cálculo deve ser feito, determinando quanto da nova moeda deve ser dado em troca de uma quantia da antiga. As pessoas tendem a retirar seus produtos do mercado, pois não sabem o que receberão por elas. Assim, ocorre uma estagnação do comércio. Além disso, a desvalorização da moeda mina a fé pública. Ninguém estará disposto a emprestar qualquer quantia ao governo, ou a fazer acordos com ele, já que pode acabar recebendo apenas metade do valor. Como há uma fraude cometida pelo governo, cada súdito também se encontra autorizado a fazer o mesmo e pagar suas dívidas com a nova moeda, que vale menos do que a dívida original. Esse esquema, no entanto, funciona por um curto período, por causa do seguinte: o uso do dinheiro tem duas funções, para o pagamento de dívidas e para a compra de mercadorias. Quando a moeda é desvalorizada, uma dívida de 20 xelins é paga com 10 xelins, mas se a nova moeda for levada a um mercado estrangeiro, ela só terá o valor antigo. Todos os trabalhadores são pagos com a nova moeda. As necessidades da vida devem ser vendidas pelo que a maioria das pessoas pode pagar, e, por conseguinte, o preço será reduzido por algum tempo. No entanto, o próprio rei perde muito, apesar de ter um ganho temporário. A duplicação do valor da moeda é, sem dúvida, uma vantagem imediata, mas necessariamente diminui sua receita, pois todos os impostos são pagos com a nova moeda. Para evitar essa perda, os franceses, e de fato todas as outras nações em ocasiões semelhantes, quando duplicam o valor da moeda por decreto sem nova cunhagem, fazem a alteração depois que a moeda é recolhida e antes de ser emitida, e uma diminuição é feita antes do próximo prazo de pagamento. Uma diminuição sempre tem um efeito pior do que um aumento. Um aumento prejudica o credor, enquanto uma diminuição prejudica o devedor, que sempre deve ser favorecido. Se eu me comprometer a pagar 10 libras e for obrigado a pagar 15 libras, a atividade comum será extremamente comprometida.

As moedas da maioria dos países são de cobre, prata ou ouro. Somos até obrigados a receber pagamentos em moedas de 6 *pence*, o que às vezes causa confusão e perda de tempo. As diferentes moedas não são reguladas pelo capricho do governo, mas pelo preço de mercado do ouro e da prata, e de acordo com isso a proporção entre ouro e prata é estabelecida.

Essa proporção às vezes varia um pouco. As guinéus, há algum tempo, eram avaliadas em 22 xelins, e em outras ocasiões foram avaliadas em 20 xelins. O ouro sobe mais proporcionalmente na Grã-Bretanha do que em qualquer outro lugar, e, como isso reduz um pouco o valor da prata, causa um verdadeiro inconveniente. Como a prata compra mais ouro no exterior do que no país, enviando prata para fora eles trazem ouro em troca, o que compra mais prata aqui do que no exterior. Por esse meio, cria-se uma espécie de comércio, no qual a moeda de ouro aumenta e o valor[24] diminui. Há algum tempo, foi apresentada uma proposta para remediar isso, mas o caso foi considerado tão complexo que decidiram, naquela ocasião, não se envolver

24 Parece haver um erro, e a afirmação só faria sentido se estivéssemos falando da prata, ou seja, a moeda de ouro aumenta e a de prata diminui. (N. T.)

com ele. Mostramos o que tornou o dinheiro a medida de valor, mas é importante observar que o trabalho, e não o dinheiro, é a verdadeira medida de valor. A opulência nacional consiste, portanto, na quantidade de bens e na facilidade de permutações. Consideraremos isso a seguir.

Quanto mais dinheiro é necessário para circular os bens de um país, mais a quantidade de bens é diminuída. Suponha que todo o estoque da Escócia em cereal, gado, dinheiro etc. totalize 20 milhões, e que 1 milhão em dinheiro seja necessário para realizar a circulação; haverá no país apenas 19 milhões em alimentos, roupas e abrigo, e o povo terá 1 milhão a menos do que teria se não fosse necessário esse expediente do dinheiro. É, portanto, evidente que a pobreza de um país aumenta à medida que o dinheiro aumenta, sendo o dinheiro, por si só, um fundo morto que não fornece nenhuma conveniência para a vida. O dinheiro, nesse aspecto, pode ser comparado às estradas de um país, que por si mesmas não produzem cereais ou pasto, mas fazem circular todo o cereal e pasto do país. Se conseguíssemos encontrar uma maneira de economizar o espaço ocupado pelas estradas, aumentaríamos consideravelmente a quantidade de mercadorias e teríamos mais para levar ao mercado. Da mesma forma que o valor de um terreno não reside no número de estradas que o atravessam, a riqueza de um país não consiste na quantidade de dinheiro empregada para circular o comércio, mas na grande abundância de bens necessários para a vida. Se, portanto, encontrássemos um método para enviar metade de nosso dinheiro para o exterior, para ser convertido em bens, e, ao mesmo tempo, abastecer o canal de circulação doméstica, aumentaríamos grandemente a riqueza do país. Daí os efeitos benéficos da criação de bancos e notas de crédito.

É fácil demonstrar que a criação de bancos é vantajosa para o comércio de um país. Suponha, como anteriormente, que todo o estoque da Escócia seja de 20 milhões, e que 2 milhões sejam empregados em sua circulação, e os outros 18 em mercadorias. Se, então, os bancos na Escócia emitirem notas no valor de 2 milhões e reservarem entre eles 300 mil libras para atender às demandas imediatas, haveria 1,7 milhão de libras circulando em dinheiro, além de 2 milhões em papel-moeda. No entanto, a circulação natural é de 2 milhões, e o canal dessa circulação não receberá mais do que isso. O que exceder será enviado ao exterior para trazer materiais para a alimentação, vestimenta e abrigo. Que isso tende a enriquecer uma nação é evidente à primeira vista, pois quaisquer mercadorias importadas aumentam proporcionalmente a opulência do país. A única objeção contra o papel-moeda é que ele esgota o país de ouro e prata, já que as notas bancárias não circulam em um mercado estrangeiro, e que as mercadorias estrangeiras devem ser pagas em espécie.[25] Isso, sem dúvida, é verdade. Contudo, se considerarmos atentamente, veremos que isso não causa nenhum dano verdadeiro a um país. A opulência de uma nação não consiste na quantidade de moeda, mas na abundância de mercadorias necessárias à vida, e tudo o que tende a aumentar essa abundância tende, até certo ponto, a aumentar a riqueza de um país.

O dinheiro não é adequado para nenhuma das necessidades da vida; ele, por si só, não pode fornecer alimento, roupas ou abrigo, mas deve ser trocado por mercadorias adequadas a esses propósitos. Se toda a moeda de uma nação fosse exportada e nossas mercadorias aumentassem proporcionalmente,

25 Ou seja, em moedas metálicas. (N. T.)

ela poderia ser recuperada em qualquer emergência repentina mais rápido do que qualquer um poderia imaginar. Bens sempre trarão dinheiro, e enquanto o estoque de mercadorias em uma nação aumentar, pode-se aumentar a quantidade de moeda, se necessário, exportando seu estoque para países estrangeiros. Esse raciocínio é confirmado pelos fatos. Percebemos que o comércio de todas as nações da Europa aumentou prodigiosamente com a criação de bancos. Nesse país, todos estão cientes de seus bons efeitos, e nossas colônias americanas, onde a maior parte do comércio é realizada por circulação de papel, estão na mais próspera condição.

O que primeiro deu origem à criação dos bancos foi o fato de facilitar a transferência de dinheiro. Até hoje, esse é o único objetivo do banco em Amsterdã. Quando o comércio atinge um nível elevado, a entrega de ouro e prata consome muito tempo. Quando um grande comerciante tinha 10 mil ou 20 mil libras para transferir, era possível que ele levasse quase uma semana para contar o valor em guinéus e xelins. Uma letra bancária evita todo esse trabalho. Antes da criação do banco em Amsterdã, o método que os mercadores usavam para reduzir o trabalho de contar grandes quantias de dinheiro era manter certas somas guardadas em sacos para atender às demandas imediatas. Nesse caso, era preciso confiar na honestidade do mercador ou assumir o trabalho de contar o valor. Se se confiasse em sua fidelidade, fraudes frequentes poderiam ser cometidas; se não, o trabalho não era menor. Os inconvenientes resultantes disso deram origem à criação desse banco, cujo funcionamento é o seguinte: você deposita certa quantia de dinheiro lá, e o banco lhe dá uma letra correspondente a esse valor. Esse dinheiro está seguro, e é possível que você nunca o solicite, porque a letra geralmente é vendida acima do par,[26] sendo portanto vantajoso deixá-la no banco. O banco não tem um escritório de pagamento, pois raramente se exige algum pagamento. Dessa forma, o banco de Amsterdã tem um bom efeito ao facilitar o comércio, e suas notas circulam apenas ali. O crédito daquela cidade não está nem um pouco em risco por causa do banco. Em 1701, quando o exército francês estava em Utrecht, foi feita uma demanda repentina ao banco, e toda a Holanda ficou alarmada com as possíveis consequências fatais, mas nenhum perigo se seguiu. Antes disso, havia uma suspeita de que os banqueiros haviam caído no hábito de negociar com o dinheiro, mas naquela época descobriu-se que uma grande quantia de dinheiro havia sido chamuscada por um incêndio que ocorrera nas proximidades cerca de cinquenta anos antes. Isso mostrou claramente que não havia fundamento para a suspeita, e o crédito do banco permaneceu intacto. Afirma-se que o banco de Amsterdã sempre tem dinheiro em seus cofres no valor de 80 milhões ou 90 milhões. No entanto, um engenhoso cavalheiro recentemente demonstrou que isso era falso, a partir de uma comparação entre o comércio de Londres e Amsterdã.

A constituição dos bancos na Grã-Bretanha difere amplamente da de Amsterdã. Aqui, apenas cerca de um sexto do estoque é mantido em prontidão para atender às demandas, e o restante é empregado no comércio. Originalmente, eles opera-

26 Em economia, para comparar moedas utiliza-se as expressões "ao par", "acima do par" e "abaixo do par". A primeira quer dizer que o valor está igual ao seu valor nominal ou de face; a segunda, quando a cotação está acima do valor nominal; e a terceira, quando está abaixo. (N. T.)

vam de maneira semelhante ao banco de Amsterdã, mas, à medida que os diretores tomaram a liberdade de expedir dinheiro, gradualmente chegaram à situação atual.

A ruína de um banco não seria tão perigosa quanto em geral se imagina. Suponha que todo o dinheiro da Escócia fosse emitido por um único banco e que ele abrisse falência; alguns indivíduos seriam arruinados por isso, mas não muitos, porque a quantidade de dinheiro ou papel-moeda que as pessoas possuem em mãos não tem proporção com sua riqueza. Tampouco a riqueza do país seria muito prejudicada, porque nem mesmo a centésima parte das riquezas de um país consiste em dinheiro. O único método para evitar as consequências ruins decorrentes da falência de bancos é não conceder monopólios a nenhum, mas sim incentivar a criação de tantos bancos quanto possível. Quando vários são estabelecidos em um país, prevalece uma rivalidade mútua, e eles estão continuamente realizando retiradas inesperadas uns contra os outros. Isso os mantém em alerta e os obriga a se preparar para tais exigências. Se houvesse apenas um banco na Escócia, ele talvez fosse um pouco mais ousado, pois não teria rivais, e, por má gestão, poderia falir, mas a existência de vários elimina esse risco. Mesmo que um quebrasse, cada indivíduo teria poucas notas suas. Por todas essas considerações, é evidente que os bancos são benéficos para o comércio de um país e que é uma má política restringi-los.

Vários escritores políticos publicaram tratados para demonstrar a natureza perniciosa dos bancos e do papel-moeda. Mun,[27] um mercador de Londres, publicou uma obra com essa

27 Ver anexo sobre o cálculo do valor do estoque de todo o reino. (N. T.)

intenção, em resposta a um livro que havia sido escrito anteriormente com a visão oposta. Ele afirma que, conforme a Inglaterra é drenada de seu dinheiro, deve entrar em ruína. A circulação de papel expulsa o ouro e a prata do país. Todos os outros bens que possuímos, sendo gastos com nossa subsistência, diminuem pouco a pouco e, por fim, terminam. O dinheiro nunca se deteriora, um estoque dele durará para sempre, e, ao manter grandes quantidades no país, garantiremos nossas riquezas enquanto o mundo existir. Esse raciocínio foi, na época, considerado muito satisfatório. Mas, a partir do que já foi dito anteriormente sobre a natureza da opulência pública, parece evidentemente absurdo.

Algum tempo depois, o sr. Gee, também um mercador, escreveu com a mesma intenção. Ele se esforça para mostrar que a Inglaterra logo seria arruinada pelo comércio com países estrangeiros; pelo câmbio, ele calcula que a balança está sempre contra nós e, consequentemente, que, em quase todas as nossas transações comerciais com outras nações, somos perdedores. À medida que nosso dinheiro é drenado, devemos logo chegar à ruína. O absurdo disso também é evidente a partir das considerações anteriores, e vemos que, embora nenhuma interrupção tenha sido imposta à maneira de conduzir o comércio exterior por meio de regulamentações, a nação aumentou prodigiosamente em riquezas e ainda está aumentando. Ele propôs, de fato, algumas regulamentações para evitar nossa ruína por essa via, as quais, se o governo tivesse sido tolo o suficiente para aceitar, provavelmente teriam empobrecido a nação.

O sr. Hume publicou alguns ensaios mostrando quão absurdas são essas e outras doutrinas semelhantes. Ele prova de forma muito engenhosa que o dinheiro sempre deve manter certa proporção em relação à quantidade de mercadorias em cada país, e que, sempre que o dinheiro se acumula além da proporção das mercadorias em qualquer país, o preço dos bens inevitavelmente sobe, desvalorizando esse país no mercado estrangeiro, e, consequentemente, fazendo que seu dinheiro se dirija a outras nações. Por outro lado, quando a quantidade de dinheiro cai abaixo da proporção das mercadorias, o preço dos bens diminui, o país consegue vender mais barato no mercado estrangeiro, e, consequentemente, o dinheiro retorna em grande quantidade. Assim, dinheiro e bens manterão um nível quase constante em cada país. O raciocínio do sr. Hume é extremamente engenhoso. No entanto, ele parece ter se aproximado um pouco da noção de que a opulência pública consiste em dinheiro, o que já foi considerado anteriormente.

Podemos observar que a industriosidade humana sempre multiplica bens e dinheiro juntos, embora nem sempre na mesma proporção. O trabalho dos homens será sempre empregado na produção de tudo que for objeto de desejo humano, e as coisas aumentarão na medida em que for possível ao homem cultivá-las. O cereal e outras mercadorias desse tipo devem sempre ser produzidos em maior abundância do que o ouro, as pedras preciosas e afins, porque estão mais ao alcance da industriosidade humana. Quase qualquer parte da superfície da terra, com o cultivo adequado, pode vir a produzir cereal, mas o ouro não é encontrado em todos os lugares, e mesmo onde ele pode ser encontrado, está escondido nas entranhas da terra, e para produzir uma pequena quantidade dele são necessários muito tempo e trabalho. Por essas razões, o dinheiro nunca aumenta na mesma proporção que o aumento de bens, e, consequentemente, ele será vendido a uma taxa mais barata à medida que um país se torna opulento. Em nações selvagens, a moeda tem um valor altíssimo porque os selvagens não têm dinheiro além do que adquirem por meio de pilhagem, já que não têm o conhecimento necessário para produzir moeda em seu próprio país. Contudo, quando uma nação atinge um certo grau de aprimoramento nas artes, seu valor diminui; então eles começam a buscar as minas e a fabricá-la por conta própria. Da queda do Império Romano até a descoberta das Índias Ocidentais, o valor da moeda era muito alto e aumentava continuamente. Desde esse último período, seu valor diminuiu consideravelmente.

O sr. Locke também publicou um tratado para demonstrar as consequências perniciosas de permitir que se esgote o dinheiro de uma nação. Suas ideias também estavam baseadas na noção de que a riqueza pública consiste no dinheiro, embora ele trate o assunto de uma maneira mais filosófica que os demais.

Ele afirma, como o sr. Mun, que se não houver dinheiro em uma nação, ela logo estará destinada à ruína, que todas as mercadorias são logo consumidas, mas o dinheiro dura para sempre. Em suma, podemos observar, sobre esse assunto, que a razão pela qual nossa riqueza não consiste no dinheiro, mas em mercadorias, é que o dinheiro não pode ser usado para nenhum dos propósitos da vida, enquanto as mercadorias são adequadas para nossa subsistência. A consumibilidade, se pudermos usar esse termo, das mercadorias é a grande causa da industriosidade humana, e um povo industrioso sempre produzirá mais do que consome. É fácil demonstrar como o dinheiro em circulação em cada país representa uma pequena proporção da opulência pública. Geralmente se supõe que haja 30 milhões em circulação na Grã-Bretanha, mas o consumo anual é muito maior do que 100 milhões, pois, contabilizando 10 milhões de habitantes na ilha e considerando 10 libras por ano para a subsistência de cada pessoa, o que é muito pouco, o consumo anual totaliza essa soma. Assim, fica claro que o dinheiro em circulação representa apenas uma pequena proporção da opulência total do país. No entanto, é provável que não haja 30 milhões na Grã-Bretanha, e nesse caso a proporção seria ainda menor.

Aqueles que apoiam a noção de que a riqueza de um país consiste em dinheiro dizem que, quando uma pessoa se retira do comércio, ela transforma imediatamente seu estoque em dinheiro. No entanto, é evidente que a razão para isso é que, como o dinheiro é o instrumento do comércio, um homem pode trocá-lo por necessidades e luxos da vida mais facilmente do que qualquer outra coisa. Mesmo o avarento que guarda seu ouro em um cofre tem esse objetivo em mente. Nenhum homem em sã consciência acumula dinheiro por seu próprio valor, mas considera que, mantendo sempre dinheiro à mão, ele tem o poder de suprir de imediato todas as necessidades de si mesmo e de sua família. Essa opinião de que a riqueza consiste em dinheiro, além de ser absurda em teoria, também deu origem a muitos erros prejudiciais na prática, alguns dos quais são os seguintes.

Foi devido a esses princípios que o governo proibiu a exportação de moeda.[28] Essa proibição tem sido extremamente prejudicial para o comércio do país, pois qualquer quantidade de dinheiro que exceda o necessário para a circulação é meramente um fundo morto.

---

28 Ver anexo sobre a proibição de exportação de moeda e de metal precioso. (N. T.)

Durante o reinado de Guilherme havia dois tipos de moeda, cunhada e não cunhada. A moeda não cunhada era frequentemente raspada[29] por diferentes pessoas em sua circulação. Isso ocasionou desordens frequentes entre o povo, e, por isso, o Parlamento ordenou que todo o dinheiro raspado fosse levado à Casa da Moeda, e o governo arcou com a despesa da recunhagem, uma operação que custou cerca de 2 milhões. Como haviam assumido essa despesa, acharam justo e apropriado proibir a exportação de dinheiro no futuro. No entanto, os mercadores reclamaram dessa imposição e, então, foram autorizados a exportar dinheiro em pequena escala. A grande reclamação, contudo, sempre foi a escassez de dinheiro. Para remediar isso, o governo estabeleceu um escritório comum para cunhar dinheiro, onde qualquer um poderia transformar seu ouro e prata em moeda sem qualquer custo. A consequência disso foi que, como a moeda não tinha mais valor do que o metal em barra, grande parte da moeda foi derretida e exportada. Para impedir isso, tornou-se crime grave derreter moeda, mas é uma operação tão simples e de fácil execução que a lei foi facilmente contornada. O efeito imediato dessa regulação foi a exportação de mais moedas. Isso poderia ter sido facilmente prevenido fixando-se um preço específico para a cunhagem de metais, ou determinando que o mestre da Casa da Moeda fosse pago pelas pessoas que levassem seu dinheiro para cunhar, mas uma regulação desse tipo nunca foi cogitada. Qualquer regulação como aquela anteriormente mencionada é muito absurda, pois, se as coisas forem deixadas ao seu curso

29 *Coin clipping* (raspagem de moeda) era o ato de raspar uma pequena parte de uma moeda de metal precioso. (N. T.)

natural, não há o temor de que determinada nação venha a carecer de dinheiro suficiente para a circulação de suas mercadorias. Ademais, toda proibição de exportação é sempre ineficaz, e com muita frequência ocasiona a exportação de mais do que ocorreria de outra forma. Suponha, por exemplo, que os portugueses fossem proibidos de exportar seu dinheiro sob pena de morte. Como eles têm poucos bens para trocar pelos nossos, seu comércio exterior cessaria; ou, se tentassem contrabandear, o mercador britânico precisaria pôr um preço alto o suficiente em suas mercadorias para recompensá-lo pelo risco de ser descoberto, e o comerciante português, sendo obrigado a comprar suas mercadorias a um preço muito elevado, sairia perdendo. Em geral, toda proibição desse tipo prejudica o comércio de um país. Toda acumulação desnecessária de dinheiro é um fundo morto que poderia ser empregado para enriquecer a nação através do comércio exterior. Isso também eleva o preço das mercadorias e faz que o país seja desvalorizado em mercados estrangeiros.

Deve-se observar que a proibição de exportação de dinheiro é, na verdade, uma das grandes causas da pobreza da Espanha e de Portugal. Quando obtiveram posse das minas do México e do Peru, pensaram que poderiam dominar toda a Europa com os suprimentos contínuos que recebiam de lá, caso conseguissem manter o dinheiro entre eles. Por isso, proibiram sua exportação. No entanto, isso teve um efeito completamente contrário, pois, quando o dinheiro é, por assim dizer, represado a um nível antinatural, e há mais do que a circulação requer, as consequências são muito desfavoráveis para o país. É impossível que a exportação de ouro e prata seja totalmente interrompida, pois a balança comercial deve ser desfavorável a eles, ou seja, eles precisam comprar mais do que vendem, e é indispensavelmente necessário que essa diferença seja paga em dinheiro. Toda mercadoria sobe a preços exorbitantes. Os portugueses pagam, pelo tecido inglês, além do preço natural, o custo e o risco de transportá-lo até lá, pois ninguém jamais viu um navio espanhol ou português em um porto britânico. Todos os bens enviados a esses países são transportados por nós mesmos e consignados a agentes britânicos, para serem vendidas por eles. Além do transporte e do seguro, o mercador britânico deve ser pago pelo risco de ter seu dinheiro apreendido em Portugal devido à proibição. Todo o risco de confisco ou penalidade recai sobre os bens. Isso tem um efeito desastroso sobre a indústria doméstica desses países e paralisou suas manufaturas. Ninguém jamais viu um pedaço de tecido espanhol em outro país, embora eles tenham os melhores materiais do mundo e, com a mesma técnica que temos, poderiam monopolizar o comércio da Europa. Chamou a atenção das nações que negociam essas mercadorias com eles, quando, em certa ocasião, um general presenteou Sua Majestade com o regimento sob seu comando vestido com manufaturas da Espanha. Em geral, eles não exportam produtos manufaturados, exceto espadas e armaduras, já que confessadamente possuem o melhor aço do mundo, mas apenas as produções espontâneas do país, como frutas e vinhos.

Regulamentações de natureza semelhante foram feitas na Grã-Bretanha durante o reinado do rei Guilherme. Pensava-se que o dinheiro era expressão de opulência, portanto a acumulação dele recebeu toda a atenção pública. Todas as moedas eram cunhadas gratuitamente, e as despesas da cunhagem, que somavam cerca de 14 mil libras, foram completamente desperdiçadas; além disso, grandes incentivos foram dados à exportação, pois, como ouro e prata eram cunhados gratuitamente, o dinheiro cunhado nunca poderia ser mais caro do que o metal. Como a exportação do metal precioso era livre, derretiam-se as moedas e elas eram enviadas para o exterior. Atualmente, há uma grande tentação para tais práticas, pois 1 onça de prata pura, no preço da Casa da Moeda, é avaliada exatamente em 5 xelins e 2 *pence*, mas o metal muitas vezes é comprado a 5 xelins e 6 *pence*. Como nada se perde ao derreter, há aqui um lucro de 4 *pence* por onça. É por esse motivo que raramente ou nunca vemos um xelim novo, e é uma das razões pelas quais a prata é tão escassa em comparação com o ouro.

A ideia de que a opulência pública consiste em dinheiro tem gerado outros efeitos perniciosos. Com base nesse princípio, foram estabelecidas regulações extremamente nocivas. Os tipos de comércio que drenam nosso dinheiro são considerados desvantajosos, enquanto aqueles que o aumentam são vistos como benéficos; por isso, os primeiros são proibidos e os últimos, incentivados. Como se acredita que a França produza mais artigos de luxo do que este país, e como adquirimos muitos deles e eles necessitam de pouco de nós, a balança comercial é desfavorável para nós, portanto quase todo o comércio com a França é proibido por meio de altos impostos e taxas de importação. Por outro lado, como a Espanha e Portugal compram mais de nossos produtos do que nós dos deles, a balança nos favorece, e esse comércio não só é permitido, mas também incentivado. A absurda natureza dessas regulações se torna evidente com a mínima reflexão.

Todo comércio realizado entre dois países deve, necessariamente, ser vantajoso para ambos. O propósito mesmo do comércio é trocar suas mercadorias por outras que você considera mais convenientes para você. Quando dois homens negociam entre si, é sem dúvida para a vantagem de ambos. Um deles talvez tenha mais de um tipo de mercadoria do que precisa, e por isso troca certa quantidade com o outro, por outra mercadoria que lhe será mais útil. O outro concorda com a barganha pelo mesmo motivo, e dessa maneira o comércio mútuo é vantajoso para ambos. O mesmo acontece exatamente entre duas nações. Os bens que os comerciantes ingleses desejam importar da França são certamente mais valiosas para eles do que aquilo que dão em troca. O próprio desejo de comprá-las demonstra que temos mais utilidade para elas do que para o dinheiro ou as mercadorias que oferecemos em troca. Pode-se dizer, de fato, que a moeda dura para sempre, enquanto o clarete e a cambraia são logo consumidos. Isso é verdade, mas qual é a intenção da indústria senão produzir coisas que podem ser usadas e que contribuem para a conveniência e o conforto da vida humana? Se não utilizarmos o fruto de nossa indústria, se não pudermos sustentar mais pessoas de maneira melhor, de que adianta? Além disso, se temos dinheiro para gastar em mercadorias estrangeiras, para que serve mantê-lo no país? Se a circulação de mercadorias o exigir, não haverá dinheiro sobrando; e se o canal de circulação estiver cheio, não haverá necessidade de mais. E se apenas certa quantia for necessária para esse propósito, por que colocar mais moedas em circulação?

Além disso, ao proibir a exportação de mercadorias para mercados estrangeiros, a indústria do país é grandemente desestimulada. Um forte incentivo para a indústria é que as pessoas possam trocar os frutos de seu trabalho pelo que quiserem, e sempre que há alguma restrição nesse sentido, elas não se dedicam tanto ao aprimoramento das manufaturas.

Se nos for proibido enviar cereal e tecido para a França, será interrompida a indústria que cultiva cereal e prepara tecidos para o mercado francês. Pode-se dizer, de fato, que se nos fosse permitido comercializar com a França, não trocaríamos nossas mercadorias pelas deles, mas sim nosso dinheiro, e dessa maneira a indústria humana não seria de modo algum desestimulada. No entanto, ao analisarmos a questão, veremos que no final dá no mesmo. Ao impedir que as pessoas disponham de seu dinheiro como acharem adequado, você desestimula as manufaturas que geram esse dinheiro. Portanto, todas as rivalidades entre diferentes nações e preconceitos desse tipo são extremamente prejudiciais ao comércio e limitam a opulência pública. Isso sempre ocorre entre a França e nós em tempos de guerra.

De modo geral, podemos observar que essas rivalidades e proibições são mais prejudiciais às nações mais ricas e que, proporcionalmente, um comércio livre seria mais vantajoso. Quando um homem rico e um homem pobre fazem negócios entre si, ambos aumentam suas riquezas, se negociarem com prudência, mas o fundo do homem rico aumentará em maior proporção do que o do homem pobre. Da mesma forma, quando uma nação rica e uma nação pobre travam relações comerciais, a nação rica terá a maior vantagem, portanto a proibição desse comércio é mais prejudicial para ela. Todo o nosso comércio com a França é proibido pelos altos impostos sobre todas as mercadorias francesas importadas. No entanto, teria sido uma política melhor incentivar nosso comércio com a França. Se se deve proibir algum comércio exterior, é então o caso daquele com a Espanha e Portugal. Isso teria sido muito mais vantajoso para a Inglaterra. A França é um país mais populoso, mais extenso, mais avançado em artes e manufaturas de todos os tipos, e a indústria que um comércio com esse país teria estimulado em casa seria muito maior. Vinte milhões de pessoas, aproximadamente, em uma grande sociedade, trabalhando como se estivessem de mãos dadas, pela própria natureza da divisão do trabalho já explicada, produziriam mil vezes mais bens do que outra sociedade composta por apenas 2 milhões ou 3 milhões. Seria, portanto, favorável tanto para esse país quanto para a França que todos os preconceitos nacionais fossem erradicados e um comércio livre e ininterrupto fosse estabelecido. Pode-se observar, de modo geral, que nunca ouvimos falar de uma nação arruinada por essa balança comercial. Quando Gee publicou seu livro, a balança com todas as nações estava contra nós, exceto Espanha e Portugal. Naquela época, pensava-se que em poucos anos seríamos reduzidos a um estado absoluto de pobreza. Esse tem sido de fato o clamor de todos os escritores políticos desde o tempo de Carlos II. No entanto, apesar de tudo isso, nos encontramos muito mais ricos do que antes, e, quando há necessidade, conseguimos levantar muito mais dinheiro do que jamais foi feito. Um ministro de Estado recentemente arrecadou 23 milhões em um ano com mais facilidade do que lorde Godolphin conseguiu arrecadar 6 milhões no tempo da rainha Ana.

Os escritores franceses e holandeses, adotando o mesmo princípio, frequentemente alarmaram seus países com o mesmo terror infundado, mas ainda assim continuam a prosperar.

Deve-se observar que a pobreza de uma nação nunca pode resultar do comércio exterior, se este for conduzido com sabedoria e prudência. A pobreza de uma nação procede das mesmas causas que tornam um indivíduo pobre.

Quando um homem consome mais do que ganha com seu trabalho, ele inevitavelmente se empobrece, a menos que tenha outra forma de sustento. Da mesma maneira, se uma nação consome mais do que produz, a pobreza é inevitável. Se seu produto anual for de 90 milhões e seu consumo anual, de 100 milhões, ela está gastando, comendo e bebendo, destruindo e vestindo 10 milhões a mais do que produz, e sua reserva de opulência deve gradualmente se reduzir a nada.

Há ainda outro efeito pernicioso que resulta dessa noção absurda de que a opulência nacional consiste em dinheiro. Comumente se imagina que, se você cuidar das exportações e importações, qualquer coisa que as pessoas gastem em seu próprio país não pode diminuir a opulência pública. Esse é o fundamento do sistema do dr. Mandeville, que afirma que vícios privados são benefícios públicos. O que é gasto em casa é gasto entre nós mesmos, e nada sai do país. Mas é evidente que, quando um homem gasta a ponto de esgotar seu estoque, sem se dedicar a qualquer forma de atividade, ao final do ano a nação se empobrece na mesma medida. Se ela gastar apenas os juros de seu dinheiro, não há dano, pois o capital permanece e é empregado para promover a indústria; mas, se ela gastar o capital, tudo se perde. Para ilustrar isso, suponhamos que meu pai, ao morrer, em vez de me deixar mil libras em dinheiro, me deixe os bens e conveniências da vida no mesmo valor, o que é exatamente o mesmo que se ele tivesse deixado em dinheiro, pois depois os compraria com dinheiro. Eu reúno um grupo de pessoas ociosas ao meu redor e como, bebo, uso e gasto até que tudo esteja acabado. Com isso, não apenas me reduzo à penúria, mas certamente roubo mil libras do fundo público, pois essa quantia foi gasta e nada foi produzido em troca. Como outra ilustração do prejuízo que o público sofre com tais práticas, suponhamos que esta ilha fosse invadida por uma grande horda de tártaros, um povo que ainda está no estado de pastores, que leva uma vida nômade e tem pouca ou nenhuma ideia de indústria. Aqui, encontrariam todas as mercadorias disponíveis para o saque; vestiriam roupas finas, comeriam, beberiam, esgotando tudo que encontrassem. A consequência seria que, do mais alto grau de opulência, o país inteiro seria reduzido ao mais baixo nível de miséria e retornaria ao seu estado antigo. Os 30 milhões de libras em dinheiro provavelmente permaneceriam por algum tempo, mas todos os bens necessários à vida seriam consumidos. Isso demonstra o absurdo da opinião de que nenhum consumo interno pode prejudicar a opulência de um país.

Com base nesse princípio de que nenhuma despesa pública empregada internamente pode ser prejudicial, uma guerra na Alemanha é considerada uma calamidade terrível, pois drena o dinheiro do país, e uma guerra terrestre é sempre considerada mais prejudicial do que uma guerra marítima pelo mesmo motivo. Contudo, ao refletirmos, veremos que é indiferente para a nação como ou onde seu estoque é gasto. Se eu comprar mil libras em vinhos franceses e consumi-los todos quando chegarem ao país, a nação ficará 2 mil libras mais pobre, porque tanto os bens quanto o dinheiro se foram. Se eu gastar mil libras em mercadorias no país para meu próprio consumo, a nação só perde mil libras, pois o dinheiro ainda permanece; mas, ao manter um exército em uma guerra distante, é indiferente se os pagamos em mercadorias ou dinheiro, porque o consumo será o mesmo de qualquer forma. Talvez seja uma política melhor pagá-los em dinheiro, já que os bens são mais adequados para os propósitos da vida interna. Pelo mesmo motivo, não há diferença entre guerras terrestres e marítimas, como se costuma imaginar.

Das considerações anteriores, conclui-se que a Grã-Bretanha deveria, de todas as maneiras, ser transformada em um porto livre, que não deveria haver interrupções de qualquer tipo no comércio exterior, que, se fosse possível cobrir as despesas do governo por qualquer outro método, todos os impostos e taxas aduaneiras e alfandegárias deveriam ser abolidos, e que o livre comércio e a liberdade de troca deveriam ser permitidos com todas as nações e para todas as mercadorias.

No entanto, ainda mais, e com base nos mesmos princípios mencionados antes, faz-se uma defesa da dívida pública. Dizem eles que embora devamos atualmente mais de 100 milhões, devemos isso a nós mesmos, ou pelo menos muito pouco a estrangeiros. É como se a mão direita devesse à esquerda, e no geral isso pode representar pouca ou nenhuma desvantagem. Mas deve-se considerar que os juros desses 100 milhões são pagos por pessoas trabalhadoras e destinados a sustentar pessoas ociosas que são empregadas para arrecadá-los. Assim, o trabalho é tributado para sustentar a ociosidade. Se a dívida não tivesse sido contraída, por prudência e economia, a nação estaria muito mais rica do que está atualmente. Seu trabalho não seria prejudicado pela opressão dessas pessoas ociosas que vivem dela. Em vez de o cervejeiro pagar impostos que muitas vezes são inadequados, o fundo poderia ter sido emprestado a pessoas trabalhadoras, que obteriam 6% ou 7% de lucro com ele, oferecendo melhores juros do que o governo. Esse fundo seria então empregado para o bem-estar do país. Quando há impostos tão pesados a pagar, os comerciantes fazem menos negócios; eles têm de pagar seus impostos antes de vender qualquer uma de suas mercadorias. Isso, por assim dizer, restringe seu fundo e impede que seus negócios possam se expandir. Para silenciar essa reclamação, Sir Robert Walpole tentou mostrar que a dívida pública não era um inconveniente, embora seja de se supor que um homem de suas habilidades visse por si mesmo o contrário.

O último efeito pernicioso que deve ser mencionado é a noção do sr. Law, um mercador escocês. Ele acreditava que a opulência nacional consistia em dinheiro, e que o valor do ouro e da prata era arbitrário, dependendo de convenções e acordos. Ele imaginava que a ideia de valor poderia ser transferida para o papel, e que isso seria preferível à moeda. Se isso pudesse ser feito, ele acreditava que seria uma grande conveniência, pois o governo poderia então fazer o que quisesse: levantar exércitos, pagar soldados e cobrir quaisquer despesas. O sr. Law propôs seu esquema ao Parlamento Escocês em 1701. Foi rejeitado, e ele rumou para a França, onde seu projeto foi apreciado pelo duque de Orleans. Em seu livro, ele concorda com os escritores mencionados anteriormente no sentido de que, se a balança comercial estiver contra uma nação, ela logo terá seu dinheiro drenado. Para inverter a balança comercial a nosso favor, ele propôs ao Parlamento Escocês o seguinte esquema.

Como havia pouco ouro ou prata neste país, ele acreditava que se poderia adotar outro método para criar dinheiro independentemente desse fato, ou seja, por meio do papel. Assim, ele propôs a criação de um banco de terras em Edimburgo, mas cometeu com isso muitos erros relacionados à posse e à natureza da propriedade. Nesse banco, seriam mantidas apenas 20 mil ou 30 mil libras para atender pequenas demandas, e emitiram-se notas equivalentes a terras. Para dois acres de terra arável, uma nota de igual valor seria emitida, e, se fosse feita uma demanda extraordinária, pagar-se-ia parte em dinheiro e parte em terras. Dessa forma, em muito pouco tempo toda a terra da Escócia passaria de mão em mão, assim como uma moeda de 20 xelins. Como esse projeto nunca foi executado, é difícil prever quais poderiam ter sido suas consequências; no entanto, ele obviamente apresenta os seguintes inconvenientes. Estimando a renda da terra na Escócia em 5 milhões por ano, embora seja muito mais, em vinte anos isso soma 100 milhões; haveria então exatamente essa quantidade de dinheiro no país, e se fosse necessário apenas 1 milhão para a circulação, haveria 99 milhões sem utilidade, já que nada disso poderia ser usado no exterior. Com esse dinheiro, não se manteria um homem melhor do que antes, pois a quantidade de comida, roupas e abrigo não teria aumentado, e cada mercadoria teria subido para 99 vezes o valor atual.

O sr. Law, não encontrando o incentivo que esperava, foi para a França no ano de 1714 e, como mencionado antes, obteve o favor do duque de Orleans, então regente, e recebeu permissão para fundar um banco lá, inicialmente limitado a 6 milhões de libras francesas[30] ou 3,2 mil libras esterlinas. A partir desse início, ele levou o projeto a um patamar muito alto, emitiu muitas notas e, em pouco tempo, monopolizou toda a circulação da França. O fato de as notas do sr. Law serem aceitas no pagamento de rendimentos contribuiu para o sucesso do esquema. Isso teve um efeito ainda maior na França do que teria aqui, considerando a quantidade de impostos e a maneira como eram

30 No século XVIII, a moeda francesa era a libra (*livre*). (N. T.)

cobrados. Por essas e outras razões, suas notas estavam sempre em paridade com o ouro e a prata, especialmente porque estavam fazendo mudanças contínuas na moeda. Naquela época, 28 libras francesas, que equivaliam a 8 onças de prata pura, foram elevadas para 60, e, como uma desvalorização na moeda é sempre consequência de um aumento repentino, esperava-se por isso todos os dias. O sr. Law fez suas notas pagáveis no que era chamado de "dinheiro do dia". Em vez de prometer pagar suas notas, como diríamos, em libras esterlinas, ele o fez em coroas e meias coroas, o que era um método muito apropriado para mantê-las em paridade com o ouro e a prata. Suponha que nossa moeda fosse dobrada, uma 0,5 coroa se tornaria 1 coroa, e assim as notas bancárias e o dinheiro subiriam e cairiam juntos.

Como Law queria que suas notas ficassem acima do par, ele adotou o seguinte esquema. Emitiu suas notas bancárias pagáveis em *livres tournois*, pelas quais, quando a moeda fosse desvalorizada, ele não seria obrigado a pagar mais do que a metade. A moeda não era aceita no mercado ou em outros lugares, pois a desvalorização era esperada e não ocorreu por algum tempo. Isso favoreceu seu plano e manteve as notas acima do par, o que estabeleceu o crédito de seu banco. O próximo passo do sr. Law foi aliviar as dívidas públicas, que somavam 200 milhões. Vendo que a desvalorização da moeda inevitavelmente ocorreria, ele adotou outro método para manter o valor de suas notas. Obteve uma concessão do privilégio exclusivo de comércio com o Canadá e estabeleceu a Companhia do Mississippi. A esta ele juntou as companhias da África, da Turquia e das Índias Orientais. Também recolheu 12 milhões do comércio de tabaco e de todos os rendimentos públicos franceses, pois na França todo a receita é recolhida por uma única pessoa, que assume essa responsabilidade e a arrecada sem a participação de fiscais, e coletores de impostos lá são os mais ricos do país, além de serem hábeis em finanças e rendimentos públicos. O sr. Law assumiu essa responsabilidade e, tendo o monopólio de todo o comércio do país, era difícil prever quais lucros obteria.

Ele queria emprestar ao governo 80 milhões ou 90 milhões, o que poderia facilmente fazer emitindo notas nesse valor, mas percebeu que elas logo voltariam para ele. A fim de evitar isso, sua engenhosidade foi posta em prática, e veremos até que ponto ele teve sucesso. Como a companhia que ele criou parecia estar em condição muito próspera, as ações foram compradas a um valor considerável. Ele abriu uma subscrição pelo preço de 500 libras francesas, de modo que um bilhete naval ou *billet d'état* comprava uma ação dela, o que elevou esses títulos ao par, já que, por muito tempo, estavam bem abaixo disso. O governo da França nunca esteve em uma condição tão miserável como naquela época. Os juros do dinheiro que deveriam ter pagado os *billets d'état* foram confiscados para outros propósitos. Nunca um monarca foi mais degradado do que Luís XIV. Após o Tratado de Utrecht, ele precisou, além de pedir emprestados 8 milhões de libras francesas à Holanda, dar 32 milhões como garantia, e também contar com alguns comerciantes como fiadores. Dado esse cenário, não é de surpreender que os *billets d'état* fossem vendidos com grande deságio, pois não rendiam juros e era bastante incerto quando seriam pagos. Law publicou uma declaração afirmando que um desses, concedido por 500 libras francesas, compraria uma ação na companhia, e assim eles voltaram ao par. Com as pessoas ainda alimentando grandes expectativas de lucro, em poucos dias abriu uma nova subscrição por 5 mil libras francesas, e depois outra por 10 mil. Nesse momento, ele conseguiu emprestar ao governo 1,6 bilhão de libras francesas a uma taxa de 3%. Se tivesse parado por aqui, é provável que ele teria cumprido todos os compromissos, mas suas ações futuras arruinaram tudo. Era impossível que o valor das ações se mantivesse por muito tempo em um nível tão alto.

Ele achava, no entanto, que era necessário fazer tudo que pudesse para manter o valor das ações, pois as fortunas de muitas pessoas estavam no banco. Ele havia emitido notas que dobraram a circulação de dinheiro no país, o que elevou o preço de tudo a um nível exorbitante, e, consequentemente, o câmbio estava desfavorável para a França em todo o comércio exterior. Isso foi causado sobretudo pela abertura de um escritório para comprar ações de 500 libras francesas a 9 mil libras francesas, o que o obrigou a emitir muitas notas. Pessoas prudentes envolvidas no processo se opuseram a esse esquema, e, de fato, foi a primeira coisa que fez seu banco perder crédito e levou à sua dissolução. Como não era obrigado a pagar os montantes principais, apenas o dividendo anual de 200 libras francesas resultante dos lucros, ele poderia ter deixado as ações caírem para seus 500 originais com prejuízo somente para sua reputação. Entretanto, ao recomprar as ações, ele emitiu tantas notas que elas voltavam necessariamente a ele. Tanto foi assim que Law se viu obrigado a abrir escritórios em diferentes partes de Paris para pagá-las. Oprimido como estava, começou a fazer mudanças contínuas na moeda, com o objetivo de dissuadir as pessoas de retornarem ao banco e desencorajá-las a usar ouro e prata. Ele exaltou o ouro, mas como a moeda não pode ser mantida muito acima do valor do metal, quando foi tão depreciada, não era mais aceita. Se uma pessoa possuía 20 mil guinéus, temendo que a moeda não mantivesse aquele valor, ia ao banco e trocava por notas. Essa mesma consideração impedia que as notas fossem devolvidas ao banco, pois, ao fazer isso, seriam pagas em moeda. Dessa forma, ele não apenas evitava que suas notas retornassem, como também enchia seus cofres com quase todo o ouro do país. Para realizar essa parte de seu esquema de maneira mais perfeita, ele, de forma extremamente arbitrária, publicou um decreto proibindo que qualquer pessoa mantivesse em sua posse ouro ou prata além de um determinado valor. Ele também aboliu as severas penalidades que estavam em vigor contra a exportação de moeda, e toda pessoa passou a ter permissão para exportar dinheiro sem pagar impostos. Dessa forma, grande parte dele foi para a Holanda. Ele raciocinou consigo mesmo que algum instrumento de troca seria necessário. Atualmente, o papel, o ouro e a prata são o meio de troca. Se o ouro e a prata fossem completamente exportados, restaria apenas o papel, que poderia ser transformado no único instrumento de comércio. Ele pensou que havia realizado isso de maneira eficaz quando, por meio de um decreto, acumulou parte do ouro em seus cofres e livrou o país do restante. Portanto, as pessoas seriam obrigadas a aceitar o papel. No entanto, depois de um grande número de expedientes, ele descobriu que isso era impraticável. Pagando grandes somas, conseguiu adiar a ruína por alguns meses, mas, por fim, publicou um decreto que determinava que todas as notas bancárias seriam pagas apenas pela metade; e, de fato, se tivesse mantido essa decisão, como alguns imaginavam que deveria, teria sido muito melhor do que enfrentar as consequências posteriores. Com esse decreto, o crédito do banco foi totalmente quebrado, e as notas bancárias, de repente, perderam todo o seu valor.

Isso arruinou um número imenso de pessoas. A Grã-Bretanha nunca pode ser muito prejudicada pela quebra de um banco, pois poucas pessoas guardam notas de valor significativo. Um homem com uma fortuna de 40 mil libras esterlinas dificilmente terá quinhentas notas consigo. Contudo, a quebra desse banco na França causou a mais terrível confusão. A maior parte das pessoas tinha toda a sua fortuna em notas e foi reduzida à mendicância. As únicas pessoas que estavam seguras eram os especuladores que venderam a tempo ou que, com suas notas bancárias, compraram todos os bens valiosos e uma grande quantidade de terras, embora a preços altíssimos. Estes fizeram fortunas imensas.

O esquema do Mar do Sul em nosso próprio país não foi nada comparado a isso. Ninguém era obrigado a participar, o governo não teve participação e a perda foi comparativamente insignificante. O clamor causado pelo último decreto de Law fez que logo fosse revogado, e declarou-se novamente que as notas seriam pagas pelo valor de face. Ora, o banco nunca recuperou seu crédito, e a revogação não teve efeito. No entanto, por meio da elevação do valor da moeda e de outros expedientes, ele conseguiu manter sua posição de maio até outubro, e então foi obrigado a deixar a França, o que fez com dificuldade; seus bens foram confiscados, e ele morreu logo depois.

Esse esquema incrível estava fundado em dois princípios: que a opulência pública consiste em dinheiro e que o valor do dinheiro é arbitrário, baseado no consentimento comum da humanidade. Coerente com esses princípios, ele pensou que poderia facilmente aumentar a opulência pública se conseguisse anexar a ideia de dinheiro ao papel, e que o governo nunca teria dificuldade em produzir qualquer efeito que o dinheiro pudesse alcançar.

Esse esquema do sr. Law não era de modo algum desprezível; ele realmente acreditava nele e foi sua própria vítima. Pensava-se que ele havia se protegido financeiramente, mas descobriu-se que não foi esse o caso. Se o duque de Orleans tivesse vivido apenas alguns dias a mais, estava certo de que Law seria restabelecido. Após a morte do duque, não se considerou conveniente pôr isso em prática.

Esse esquema de Law foi imitado por toda a Europa. Ele deu origem à Companhia dos Mares do Sul na Inglaterra, que no final se revelou uma mera fraude e, se tivesse sido levada à mesma extensão que o esquema de Law, teria produzido as mesmas consequências. A Companhia foi criada no fim do reinado da rainha Ana, e o objetivo era conduzir o comércio com os Mares do Sul. Para isso, comprou-se a maior parte das dívidas da nação. No entanto, seu fundo não era grande, e os lucros que poderiam ser esperados eram muito pequenos. As expectativas do público nunca foram muito elevadas, e sua queda não foi muito prejudicial para a nação.

Temos apenas mais duas coisas a mencionar sobre o preço das mercadorias, a saber: juros e câmbio.

Supõe-se comumente que o prêmio do juro depende do valor do ouro e da prata. O valor destes é regulado por sua quantidade, pois, à medida que a quantidade aumenta, o valor diminui, e à medida que a quantidade diminui, o valor aumenta. No entanto, se prestarmos atenção, descobriremos que o prêmio do juro é regulado pela quantidade de fundo. Observa-se que na época da descoberta das Índias Ocidentais o juro comum era de 10% ou 12%, e desde então diminuiu gradualmente. A razão simples é esta: sob a constituição feudal, não poderia haver muita acumulação de estoque, o que ficará claro ao considerarmos a situação dessas três ordens de homens que compunham todo o corpo do povo: os camponeses, os proprietários de terras e os mercadores. Os camponeses tinham contratos de arrendamento que dependiam do capricho de seus senhores. Eles nunca podiam aumentar sua riqueza porque o proprietário estava sempre pronto para extorqui-la, portanto não tinham nenhum incentivo para adquiri-la. Da mesma forma, os proprietários de terras não podiam aumentar sua riqueza, pois viviam uma vida indolente e estavam envolvidos em guerras perpétuas. Os mercadores, por sua vez, eram oprimidos por todas as classes e não conseguiam proteger o fruto de seu trabalho contra a rapina e a violência. Assim, havia pouca acumulação de riqueza. Contudo, após a queda do governo feudal, esses obstáculos à indústria foram removidos e o estoque de mercadorias começou a aumentar pouco a pouco. Podemos observar ainda que o que um comércio empresta a outro não é tanto considerado como dinheiro, mas como mercadorias. Sem dúvida, em geral é dinheiro que um homem entrega a outro como empréstimo. Mas então ele é imediatamente convertido em fundo, e assim a quantidade de fundo permite que você faça um número maior de empréstimos.

O preço dos juros é inteiramente regulado por essa circunstância. Se houver poucos que tenham a possibilidade de emprestar dinheiro e um grande número de pessoas que desejam tomá-lo emprestado, o preço dos juros deve ser alto. Mas, se a quantidade de fundo disponível for tão grande a ponto de permitir que um grande número de pessoas empreste, ele deve cair proporcionalmente.

O câmbio é um método inventado pelos mercadores para facilitar o pagamento de dinheiro à distância. Suponha que eu deva 100 libras esterlinas a um mercador em Londres; eu recorro a um banqueiro em Glasgow para obter uma letra de câmbio por meio de outro mercador em Londres, pagável ao meu credor. Para isso, eu não só devo fornecer ao banqueiro 100 libras, mas também recompensá-lo por seu trabalho. Essa recompensa é chamada de preço ou prêmio de câmbio. Entre Glasgow e Londres, às vezes é de 2%, às vezes mais, às vezes menos. Entre Londres e Glasgow, por sua vez, é às vezes 4% ou 5% abaixo do par, e entre Glasgow e as colônias das Índias Ocidentais, muitas vezes está a 50% abaixo do par. O valor do câmbio é sempre regulado pelo risco de enviar dinheiro entre dois lugares. No entanto, muitas vezes é maior do que se pode supor, e isso se deve à circulação de papel. Entre Glasgow e Londres, pode-se facilmente transportar 100 libras esterlinas por 15 ou 16 xelins, mas, como o papel na Escócia compõe grande parte do dinheiro em circulação, e como há um inconveniente em trocar notas bancárias por ouro e prata, um mercador prefere pagar 2% do que ter o trabalho de trocar as notas por dinheiro e enviar o valor. Isso também é a causa do alto preço do câmbio entre a Virgínia e Glasgow. Nas colônias americanas, o dinheiro é em papel, e suas notas estão 40% ou 50% abaixo do par, pois os fundos não são suficientes. Em cada câmbio, é preciso pagar o preço, o risco, algum lucro ao banqueiro e também uma quantia pela depreciação do valor do dinheiro em notas. Essa é a causa do aumento do câmbio. Sempre que ele se eleva além do preço do seguro, isso se deve ao fato de o dinheiro de um país estar mais baixo do que o de outro. Essa foi a razão do alto preço do câmbio entre a França e a Holanda na época da Companhia do Mississippi. Naquele momento, estava em 80% ou 90%. Todo o dinheiro havia sido expulso da França pelo esquema do sr. Law, e toda a circulação era em papel, e o crédito do banco havia caído. Todas essas razões conspiraram para elevar o câmbio a um ponto exorbitante.

Passemos agora ao próximo ponto proposto, que é examinar as causas do lento progresso da opulência.

Quando se considera os efeitos da divisão do trabalho e a tendência imediata que ela tem de aprimorar as artes, parece bastante surpreendente que toda nação permaneça por tanto tempo em um estado de pobreza e indigência, como vemos acontecer. As causas disso podem ser analisadas sob dois aspectos: em primeiro lugar, os impedimentos naturais; e, em segundo lugar, a opressão do governo civil.

Um povo rude e bárbaro é ignorante dos efeitos da divisão do trabalho, e demora muito para que uma pessoa, trabalhando continuamente em diferentes atividades, consiga produzir algo além do necessário para sua subsistência diária. Antes que o trabalho possa ser dividido, é necessário algum acúmulo de estoque. Um homem pobre, sem estoque, nunca pode iniciar uma manufatura. Antes de começar a trabalhar como agricultor, ele deve, no mínimo, ter provisionado um ano de mantimentos, pois não receberá os frutos de seu trabalho até o fim da estação. Em consonância com isso, em uma nação de caçadores ou pastores, ninguém pode abandonar o comércio comum em que está empregado, e que lhe fornece sustento diário, até que tenha algum estoque para se sustentar e começar um novo ofício. Todos sabem quão difícil é, mesmo em uma sociedade refinada, elevar-se a uma condição moderadamente confortável. É ainda mais difícil elevar-se de condição por meio de ofícios que não exigem arte ou engenhosidade. Um carregador ou trabalhador diarista deve permanecer pobre para sempre. Nos primórdios da sociedade, isso é ainda mais difícil. A subsistência básica é quase tudo que um selvagem pode obter, e, não tendo estoque a partir do qual começar, ou seja, nada para sustentá-lo além do que é produzido pelo esforço de sua própria força, não é de se admirar que ele permaneça por muito tempo em um estado de indigência. O trabalhador mais humilde em uma sociedade refinada tem, em muitos aspectos, uma vantagem sobre um selvagem. Ele conta com mais assistência em seu trabalho; tem apenas uma tarefa específica a realizar, na qual, por meio da assiduidade, adquire facilidade de execução; além disso, tem à sua disposição máquinas e instrumentos que o auxiliam muito. Um indígena não possui sequer uma picareta, uma pá ou uma enxada, nem qualquer outra ferramenta além de seu próprio trabalho. Essa é uma das grandes causas do lento progresso da opulência em todo país; até que algum estoque seja gerado, não pode haver divisão do trabalho, e, antes que ocorra a divisão do trabalho, pode haver muito pouca acumulação de estoque.

A outra causa atribuída foi a natureza do governo civil. Na infância da sociedade, como frequentemente observado, o governo é fraco e débil, e leva tempo para que sua autoridade possa proteger o fruto da industriosidade dos indivíduos contra a rapacidade de seus vizinhos. Quando as pessoas se veem a todo momento em perigo de serem roubadas de tudo que possuem, não têm motivação para serem industriosas. É possível que houvesse pouca acumulação de estoque, pois os indolentes, que seriam a maioria, viveriam à custa dos industriosos e gastariam tudo que estes produzissem. Quando o poder do governo se torna suficientemente grande para defender o produto do trabalho, surge outro obstáculo de uma fonte diferente. Entre nações vizinhas em estado bárbaro, há guerras perpétuas, com uma sempre invadindo e saqueando a outra, e, embora a propriedade privada esteja protegida da violência dos vizinhos, ela está em perigo devido a invasões hostis. Dessa forma, torna-se quase impossível qualquer acumulação de estoque. Observa-se que, entre nações selvagens, há sempre mais convulsões violentas do que entre aquelas mais avançadas em refinamento. Entre os tártaros e árabes, grandes bandos de bárbaros estão sempre vagando de um lugar para outro em busca de pilhagem, saqueando cada país por onde passam. Assim, grandes extensões de terra são frequentemente devastadas, e todos os bens são levados embora. A Alemanha esteve nessa condição na época da queda do Império Romano. Nada pode ser mais prejudicial ao progresso da opulência.

A seguir, consideremos o efeito de medidas opressivas, primeiro em relação à agricultura, e depois em relação ao comércio.

A agricultura é, de todas as artes, a mais benéfica para a sociedade, e qualquer coisa que retarde seu progresso é extremamente prejudicial ao interesse público. O produto da agricultura é muito maior do que o de qualquer outra manufatura. As rendas de todas as terras na Inglaterra somam cerca de 24 milhões, e como ela geralmente corresponde a um terço do produto, o produto anual total das terras deve ser em torno de 72 milhões. Isso é muito mais do que o produto das manufaturas de linho ou lã; pois, como o consumo anual é estimado em cerca de 100 milhões, se deduzirmos desses 72 milhões o produto da agricultura, restarão apenas 28 milhões para todas as outras manufaturas da nação. Portanto, quaisquer medidas que desestimulem o progresso dessa arte são extremamente prejudiciais ao progresso da opulência.

Um grande obstáculo ao progresso da agricultura é a concentração de grandes extensões de terra nas mãos de poucas pessoas. Se as propriedades de um homem forem maiores do que ele é capaz de cultivar, uma parte delas fica, de certa forma, perdida. Quando uma nação de selvagens toma posse de um país, os grandes e poderosos dividem todas as terras entre si, não deixando nada para as pessoas de camadas inferiores. Foi dessa maneira que os celtas e, mais tarde, os saxões tomaram posse da nossa própria ilha.

Quando as terras são divididas em grandes porções entre os poderosos, elas são cultivadas por escravos, o que é um método muito pouco lucrativo. O trabalho de um escravo decorre de nenhum outro motivo senão o medo da punição, e, se ele pudesse escapar disso, não trabalharia de forma alguma. Mesmo que se esforçasse ao máximo, não teria a menor expectativa de qualquer recompensa, já que todo o fruto de seu trabalho vai para seu senhor, não havendo, assim, incentivo para sua industriosidade. Um escravo jovem pode talvez se esforçar um pouco no início, a fim de obter o favor de seu senhor, mas logo percebe que é tudo em vão, e que, independentemente de seu comportamento, sempre será tratado com a mesma severidade. Quando as terras, portanto, são cultivadas por escravos, elas não podem ser muito aprimoradas, pois eles não têm incentivo para a industriosidade.

Um tipo de cultivo semelhante é o realizado pelos vilões. O proprietário dava a um homem um pedaço de terra para cultivar, permitindo-lhe manter-se com ela, mas obrigando-o a devolver tudo o que excedesse sua própria subsistência. Isso era igualmente desfavorável ao progresso da agricultura, pois estes, que eram uma espécie de escravos, não tinham outro motivo para o trabalho além de sua própria subsistência. Essa objeção aplica-se igualmente a todo cultivo feito por escravos. Algumas das ilhas das Índias Ocidentais, de fato, foram cultivadas por escravos e melhoraram muito, mas poderiam ter sido cultivadas por homens livres a um custo menor; e, se os lucros do açúcar não fossem tão altos, os agricultores não teriam suportado as despesas de manter escravos. No entanto, os lucros foram tão grandes que todo o custo extraordinário do cultivo realizado por escravos foi compensado por eles. Nas colônias do Norte, eles empregam poucos escravos e, embora estejam em uma condição muito próspera, as terras são geralmente cultivadas pelos próprios proprietários, o que é o método mais favorável ao progresso da agricultura. Um arrendatário do melhor tipo sempre tem um aluguel a pagar, portanto tem muito menos para investir em aprimoramentos. Quando um país estabelece assentamentos coloniais, pode impedir que grandes extensões de terra sejam ocupadas por uma única pessoa, mas, quando selvagens tomam posse de um território, não estão sujeitos a nenhuma lei; o homem mais forte ocupa a maior parte da terra e, por isso, entre eles a agricultura não pode se desenvolver rapidamente.

Após a saída dos vilões, como foi explicado antes, os arrendatários por *steelbow* sucederam. O proprietário de terra concedia uma terra agrícola com um estoque a um vilão, que deveria devolver metade da produção ao senhor no final do ano, mas, como o arrendatário não tinha estoque e, mesmo que tivesse, não tinha incentivo para investir em melhorias, esse método sempre foi desfavorável à agricultura. Pela mesma razão que os dízimos, ao privar o agricultor de um décimo de sua produção, impedem o aprimoramento. O sistema de arrendamentos, embora em maior grau, foi um obstáculo, pois o arrendatário era privado de metade da produção. Grande parte da França ainda é cultivada por arrendatários por *steelbow*, e dizem que isso ainda persiste em algumas partes das Terras Altas da Escócia.

A próxima espécie de cultivo foi aquela realizada por arrendatários, como temos atualmente. Alguns dos arrendatários por *steelbow*, através de extrema economia e astúcia, conseguiram acumular um pequeno fundo e ofereceram a seus senhores um aluguel fixo pelo terreno. Assim, com o tempo, foi introduzido o método de cultivo atual, embora tenha permanecido por muito tempo suscetível a inconvenientes. Se o proprietário vendesse suas terras, o novo proprietário não estava vinculado aos termos do acordo, e o arrendatário frequentemente era expulso de sua fazenda. O senhor também inventou um método para se livrar do arrendatário quando quisesse, vendendo a propriedade a outra pessoa, para a qual tinha um contrato de retaguarda, obrigando-a a devolver a propriedade sempre que os arrendatários fossem expulsos. Como os arrendatários estavam constantemente em perigo de serem despejados, não tinham nenhum incentivo para aprimorar o terreno. Essa situação ocorre até hoje em todos os países da Europa, exceto na Grã-Bretanha. Na Escócia, contratos desse tipo foram transformados em direitos reais durante o reinado de Jaime III, e na Inglaterra, sob o reinado de Henrique VII.

Além disso, havia vários outros impedimentos ao progresso da agricultura. De início, todos os aluguéis eram pagos em mercadorias, o que, em um ano de escassez, deixava os arrendatários em risco de ruína. Uma diminuição na produção raramente prejudica o arrendatário que paga seu aluguel em dinheiro, pois o preço do cereal sobe em proporção à sua escassez. No entanto, a sociedade deve avançar consideravelmente antes que o dinheiro se torne o principal instrumento de comércio.

Outra dificuldade era que os senhores feudais, por vezes, permitiam que o rei cobrasse subsídios de seus arrendatários, o que desencorajava bastante sua indústria. Além de tudo, sob a tirania da aristocracia feudal, os proprietários de terras não tinham qualquer impedimento para explorar seus arrendatários e aumentar os aluguéis de suas terras tanto quanto quisessem. A Inglaterra é mais bem protegida nesse aspecto do que qualquer outro país, pois todos aqueles que possuem ao menos 40 xelins por ano durante a vida têm direito a voto para um membro do Parlamento, o que, se ele aluga uma fazenda, o protege contra a opressão.

Várias circunstâncias contribuíram para a continuação da concentração de terras. O direito de primogenitura foi estabelecido muito cedo e impediu que as propriedades fossem divididas. A instituição de cláusulas de inalienabilidade até hoje traz as mesmas consequências negativas. A dificuldade imposta pela lei feudal na transferência de propriedades também retardou o progresso da agricultura. Qualquer quantidade de qualquer outra mercadoria pode ser comprada ou vendida rapidamente, mas na compra de 4 ou 5 acres de terra, muito tempo deve ser gasto examinando o andamento dos documentos legais e garantindo que seu direito seja legalmente constituído. Isso contribui muito para a concentração de terras e, por consequência, impede seu aprimoramento.

Se todas as formalidades na compra de terras fossem abolidas, praticamente qualquer pessoa que tivesse algum dinheiro estaria disposta a investi-lo em terras, e estas, ao passarem por diferentes proprietários, seriam muito aprimoradas. Não há nenhuma razão natural para que mil acres não possam ser comprados com a mesma facilidade do que mil jardas de tecido. Manter a terra fora do mercado sempre impede seu aprimoramento. Um mercador que compra um pequeno pedaço de terra tem a intenção de aprimorá-lo e tirar dele o máximo proveito possível. Grandes e antigas famílias raramente têm fundos e disposição para aprimorar suas propriedades, exceto um pequeno pedaço de terreno de lazer ao redor de suas casas.

Há muitos erros na polícia de quase todos os países que contribuíram bastante para interromper o progresso da agricultura. Nossos antepassados, encontrando-se a cada dois ou três anos sujeitos às mais graves escassezes, para escapar a essa calamidade, proibiram a exportação de cereais. Essa ainda é a polícia da maior parte da Europa, e é a causa de toda a escassez que pretende prevenir. Em um ano de fartura, o cereal da Espanha, embora seja o país mais fértil do mundo, não vale a pena ser colhido. Deixam-no apodrecer no campo, porque não obteriam nada por ele. A causa disso não é a indolência do povo, como comumente se imagina. O fato é que o agricultor, percebendo que não pode vender seu cereal neste ano, não arrisca uma safra no ano seguinte e converte suas terras em pastagem. No próximo ano, ocorre uma fome, e ele semeia mais do que pode ser vendido para a temporada seguinte. Deve-se observar que essa foi uma das grandes causas de despovoamento da antiga Itália. A exportação de cereais foi proibida sob severas penas, e a importação foi incentivada por altos prêmios. Dessa forma, os agricultores italianos não tinham estímulo para o trabalho, pois não tinham a certeza de um mercado. Nos últimos tempos da república, os imperadores tentaram vários métodos para promover a agricultura, mas, sendo ignorantes quanto à verdadeira causa da escassez, que era a imensa quantidade de cereais importados diariamente do Egito e de outras partes da África, todos os seus esforços foram infrutíferos. Calígula e Cláudio deram terras gratuitamente a seus soldados, com a condição de que as cultivassem, mas, como os soldados não tinham outro incentivo, os aprimoramentos foram muito insignificantes. Virgílio também publicou suas *Geórgicas* para incentivar a moda de cultivar a terra, mas tudo foi em vão. Os cereais estrangeiros sempre eram vendidos mais barato do que o custo de produzir seus próprios grãos. De acordo com isso, encontramos Catão, no terceiro livro de *Dos deveres*, de Cícero, preferindo a criação de gado de qualquer tipo à agricultura. Os reis da Espanha também fizeram tudo que puderam para promover o aprimoramento das terras. Filipe IV chegou a ir ao arado ele mesmo para definir a tendência. Ele fez tudo pelos agricultores, exceto lhes oferecer um bom mercado; inclusive concedeu títulos de nobreza a vários agricultores. Tentou, de forma muito absurda, sobrecarregar os fabricantes com pesados impostos para forçá-los a se mudar para o campo. Ele pensava que, à medida que os habitantes das cidades aumentavam, os do campo diminuíam. Essa noção era bastante ridícula, pois a população de uma cidade é a causa direta do aumento populacional no campo, já que dá maior incentivo ao trabalho. Cada homem em uma cidade deve ser alimentado por outro no campo, e quando os homens vão para a cidade é sempre um sinal de que o campo está se desenvolvendo. Não há partes do campo tão bem habitadas nem tão bem cultivadas quanto aquelas que estão nas proximidades de cidades populosas. Todas essas causas impediram e ainda impedem o aprimoramento da agricultura, o ramo mais importante da indústria.

Podemos observar que, quanto maior o número de manufaturas em um país, mais aprimorada é a agricultura, e as causas que impedem o progresso dessas manufaturas acabam, de certa forma, agindo também contra a agricultura. É fácil demonstrar que a livre exportação e importação de cereais favorece a agricultura. Na Inglaterra, o país tem estado mais bem abastecido de cereais, e o preço deles tem diminuído pouco a pouco desde que sua exportação foi permitida. O subsídio para a exportação causa prejuízos em outros aspectos, mas aumenta a quantidade de cereais. Na Holanda, os cereais são mais baratos e abundantes do que em qualquer outro lugar, e uma escassez é algo desconhecido por lá. Esse país é, por assim dizer, o celeiro de cereais para grande parte da Europa. Isso se deve inteiramente à livre exportação e importação de que eles desfrutam. Se nenhuma regulamentação indevida fosse adotada, qualquer país da Europa poderia mais do que se sustentar com todos os tipos de grãos.

O lento progresso das artes e do comércio se deve a causas semelhantes. Em todos os lugares onde a escravidão prevaleceu, as manufaturas eram realizadas por escravos. É impossível que estas sejam tão bem executadas por escravos quanto por homens livres, pois os escravos não possuem nenhum incentivo para o trabalho além do medo da punição e nunca podem inventar qualquer máquina que facilite seu trabalho. Homens livres que possuem seu próprio estoque podem realizar qualquer coisa que considerem útil para facilitar o trabalho. Se um carpinteiro achar que uma plaina servirá melhor do que uma faca, ele pode ir a um ferreiro e mandá-la fazer; mas se um escravo fizer tal sugestão, é chamado de velhaco preguiçoso, e nenhum experimento é feito para aliviar seu trabalho. Atualmente, os turcos e os húngaros exploram minas do mesmo tipo, localizadas em lados opostos da mesma cadeia de montanhas, mas os húngaros obtêm muito mais delas do que os turcos, pois empregam homens livres, enquanto os turcos utilizam escravos. Quando os húngaros encontram algum obstáculo, todo tipo de invenção é empregada para descobrir uma maneira fácil de superá-lo, mas os turcos não pensam em outro expediente senão pôr mais escravos para trabalhar. No mundo antigo, como todas as artes eram realizadas por escravos, nenhuma máquina podia ser inventada, pois eles não tinham estoque. Após a queda do Império Romano, essa situação se repetiu em toda a Europa.

Em uma sociedade primitiva, nada é considerado honroso além da guerra. Na *Odisseia*, Ulisses é às vezes questionado, de forma insultuosa, se ele é um pirata ou um mercador. Naquela época, um mercador era considerado odioso e desprezível, mas um pirata ou ladrão, por ser um homem de bravura militar, era tratado com honra. Podemos observar que os princípios da mente humana mais benéficos para a sociedade não são, de forma alguma, marcados pela natureza como os mais honráveis. Fome, sede e o desejo sexual são os grandes sustentáculos da espécie humana. No entanto, quase toda expressão desses impulsos provoca desprezo. Da mesma forma, o princípio na mente que incita a barganha, a permuta e a troca, embora seja a base das artes, do comércio e da divisão do trabalho, não é marcado por nada admirável. Realizar algo ou dar algo sem recompensa é sempre visto como generoso e nobre, mas permutar uma coisa por outra é considerado mesquinho. A razão simples para isso é que esses princípios se mostram tão profundamente enraizados pela natureza que não precisam daquela força adicional que os princípios mais fracos exigem.

Nas épocas primitivas, esse desprezo atinge seu auge, e mesmo em uma sociedade refinada ele não é completamente extinto. Neste país, um pequeno comerciante ainda é, em certo grau, visto com desdém nos dias de hoje. Quando o ofício de um mercador ou artesão era tão depreciado nos primórdios da sociedade, não é de se surpreender que ele fosse restrito às camadas mais baixas da população. Mesmo quando escravos emancipados começaram a praticar esses ofícios, era impossível que acumulassem estoque, pois o governo os oprimia severamente e eles eram obrigados a pagar licenças para ter a liberdade de comercializar. No *Doomsday Book*, temos um registro de todos os diferentes comerciantes em cada condado: quantos estavam sob a autoridade do rei, quantos sob a de um bispo, e quais as obrigações que tinham de pagar por sua liberdade de comércio.

Essa visão mesquinha e desprezível que tinham dos mercadores prejudicava grandemente o progresso do comércio. O mercador é, por assim dizer, o intermediário entre o fabricante e o consumidor. O tecelão não deve ir ao mercado pessoalmente; alguém precisa fazer isso por ele. Essa pessoa precisa possuir um fundo considerável para comprar a mercadoria e sustentar o fabricante. Contudo, quando os mercadores eram tão desprezados e sobrecarregados com pesadas taxações para obter a liberdade de comércio, nunca conseguiam acumular o fundo necessário para fomentar a divisão do trabalho e aprimorar as manufaturas.

As únicas pessoas que, nesses tempos, conseguiam acumular algum dinheiro através do comércio eram os judeus, que, por serem considerados vagabundos, não tinham o direito de adquirir terras e, assim, não tinham outra maneira de se sustentar além de se tornarem artesãos ou mercadores. O comércio não poderia prejudicar a reputação deles, já que não podiam ser mais odiados do que sua religião já os fazia ser. Mesmo eles eram severamente oprimidos, o que consequentemente retardava muito o progresso da riqueza.

Outra coisa que retardou muito o comércio foi a imperfeição da lei no que diz respeito aos contratos, que eram a última espécie de direitos passíveis de ação judicial, pois originalmente a lei não oferecia reparação a não ser para aqueles contratos concluídos no local. Atualmente, todo o comércio considerável é realizado por meio de comissões, e, se essas não são passíveis de um processo judicial, pouco poderia ser feito. A primeira medida judicial sobre contratos se estendia apenas aos bens móveis do contratante; nem suas terras nem sua pessoa podiam ser tocadas. Seus bens eram muitas vezes insignificantes, e a probidade não é uma das virtudes mais prevalentes entre um povo primitivo. É o comércio que introduz a probidade e a pontualidade.

Outro obstáculo para o aprimoramento do comércio era a dificuldade de transporte de um lugar para outro. O país estava então cheio de criados, pessoas ociosas que dependiam dos senhores, cuja violência e desordem tornavam a viagem de um lugar para outro muito difícil. Além disso, não havia boas estradas. A falta de rios navegáveis em muitos lugares também era um inconveniente. Isso ainda ocorre na Ásia e em outros países orientais; todo o comércio terrestre é realizado por grandes caravanas, compostas por milhares de pessoas, para defesa mútua, com carroças etc. Em nosso próprio país, fazia-se um testamento antes de partir de Edimburgo para Aberdeen, e era ainda mais perigoso viajar para países estrangeiros. As leis de cada país em relação aos estrangeiros estão longe de serem favoráveis. É difícil, ou melhor, impossível para eles obterem satisfação. Depois que isso foi um pouco remediado, o transporte por mar ainda permanecia difícil. A pirataria era uma ocupação honrosa. Os homens eram ignorantes sobre navegação e expostos a perigos por conta disso. O custo de todos esses riscos era repassado às mercadorias, o que as elevava muito acima do preço natural, retardando grandemente o aprimoramento do comércio.

Outra medida de polícia que nossos antepassados consideravam uma instituição sábia teve o mesmo efeito: eram as feiras e os mercados em toda a Europa. Até o século XVI, todo o comércio era realizado por meio de feiras. As feiras de Bartholomew, de Leipzig, de Troyes na Champanhe e até de Glasgow são muito mencionadas na antiguidade. Esses eram os locais mais centrais e os mais adequados para realizar negócios. Todos os tecidos de linho e gado eram trazidos do campo para essas designações ou encontros, e, para que o comprador não ficasse desapontado, todos vinham em determinado dia e não podiam ser vendidos em outro dia qualquer. Aqueles que faziam estoque antecipado, percorrendo o país para comprar mercadorias antes da feira, eram severamente punidos, pois isso era um incentivo a não levá-las ao mercado. Isso pode ter sido necessário quando não era seguro viajar sozinho, mas, mesmo que não se façam feiras, compradores e vendedores encontrarão uma maneira de se encontrar. Um transporte facilitado e outras conveniências para o comércio serão mais vantajosos do que trazê-los a um mercado fixo e, assim, restringir a compra e venda a uma certa época. Todas as feiras, por mais necessárias que fossem na época, são hoje verdadeiros inconvenientes. É absurdo preservar nas pessoas o apreço por antigos costumes quando as razões para eles já não existem.

Outro obstáculo eram as cidades de comércio exclusivo, que tinham o privilégio particular de vender determinada mercadoria dentro daquele distrito. Calais, quando pertencia aos ingleses, teve por muito tempo a exclusividade do comércio da lã. Como os homens eram obrigados a levar sua lã para uma distância tão grande, o preço era muito elevado. No entanto, era uma grande vantagem para qualquer cidade ter a exclusividade, e, por isso, o rei concedia esse privilégio à cidade com a qual estivesse mais satisfeito, e o retirava sempre que ela o desagradava. As cidades de comércio exclusivo tinham todas as desvantagens das feiras e mercados, com o agravante de que a mercadoria exclusiva não podia ser vendida em nenhuma feira ou mercado, exceto em uma. Isso restringia a liberdade de troca e, consequentemente, diminuía a divisão do trabalho.

Todos os impostos sobre a exportação e importação de mercadorias também prejudicam o comércio. Os mercadores, no início, estavam em uma condição tão desprezível que a lei, por assim dizer, os abandonava, e não importava o quanto os obrigavam a pagar. No entanto, precisando repassar o imposto sobre suas mercadorias, o preço delas aumentava, menos quantidade era comprada, as manufaturas eram desencorajadas e a divisão do trabalho se via prejudicada.

Todos os monopólios e privilégios exclusivos de corporações, por melhores que fossem os objetivos para os quais foram originalmente instituídos, têm o mesmo efeito negativo. Da mesma forma, o estatuto dos aprendizes, que a princípio era uma imposição do governo, tem uma má tendência. Imaginava-se que a causa de tantos tecidos de má qualidade era que o tecelão não havia sido devidamente treinado, portanto fizeram um estatuto obrigando-o a servir como aprendiz por sete anos antes de pretender fabricar qualquer coisa. Mas isso de modo algum é uma segurança suficiente contra tecidos de má qualidade. Você mesmo não pode inspecionar um grande pedaço de tecido; isso precisa ser deixado para um mestre, a quem deve ser confiada a inspeção. Acima de tudo, a principal razão é que conceder subsídios a uma mercadoria e desencorajar outra diminui a concorrência de riqueza e prejudica o estado natural do comércio.

[Da Receita]

Antes de tratarmos dos efeitos da polícia sobre os costumes de um povo, propomos considerar os impostos ou a receita, que na verdade é uma das causas pelas quais o progresso da riqueza tem sido tão lento.

Nos primórdios da sociedade, todos os cargos públicos eram exercidos pelo magistrado sem qualquer recompensa, e ele estava plenamente satisfeito com a eminência de sua posição. Este é o caso entre os tártaros, árabes e hotentotes, até hoje. Somente presentes voluntários são aceitos, os quais sempre têm um efeito negativo, mas não podem ser evitados enquanto um estiver disposto a dar e outro a receber. Era igualmente dessa maneira que os governadores das províncias romanas obtinham suas receitas. Quando o governo se torna tão complexo a ponto de exigir toda a atenção do magistrado público, ele deve, sem dúvida, ter alguma recompensa; e se isso não for dado por parte do público, ele recorrerá a algum método mais perigoso para obtê-la. Poucos serão tão generosos a ponto de não exigir nada. Quando são feitas solicitações, todos devem trazer seu presente, e quem paga melhor será melhor ouvido.

Quando o governo avança um pouco mais, é preciso providenciar armazéns, construir navios, erigir e manter palácios e outros edifícios públicos, e, consequentemente, arrecadar uma receita pública. De fato, inicialmente entre os romanos, não havia receita arrecadada para a condução de guerras, porque os soldados não recebiam pagamento. Nas nações selvagens, esse era sempre o caso; cada um dos atenienses ia à guerra à sua própria custa. O mesmo acontecia com nossos senhores feudais; o ônus de ir à guerra estava ligado ao dever do arrendatário ou vassalo. Tal prática não pode durar por muito tempo, portanto sabemos que ela cessou em Roma e foi a grande causa da dissolução daquela república.

Os governadores das províncias faziam exações tão penosas ao povo que o tornava indiferente, de modo que não prestavam assistência na defesa do Estado quando este precisava de ajuda.

Após a posse da propriedade fundiária, uma porção de terras era comumente designada para a manutenção do governo. Os Estados livres da Grécia tinham terras separadas para esse fim, e lemos em Aristóteles a opinião de que a propriedade privada deveria circundar as terras reais, já que aqueles próximos a uma cidade eram sempre a favor da guerra, pois estavam certos da defesa, e de que o inimigo primeiro chegaria a essas terras perto das fronteiras. Em todos os países bárbaros encontramos terras apropriadas para os fins da soberania, portanto há pouca necessidade de impostos e taxas aduaneiras. Mostraremos que isso é uma má política e uma das causas do lento progresso da riqueza.

Imaginemos quão imenso seria o território necessário para sustentar o governo britânico. A despesa anual em tempos de paz chega a 3 milhões, enquanto as rendas totais das terras somam 24 milhões; portanto, o governo deve ter uma oitava parte em suas próprias mãos. Se considerarmos ainda como tal extensão de terra seria cultivada, a quantidade necessária seria prodigiosa. Supondo que apenas metade fosse tão bem cultivada quanto o restante, o que por muitas razões não seria o caso, o governo teria em suas mãos um quarto de todo o país. Assim, o estoque do país seria grandemente diminuído e menos pessoas seriam mantidas. Após o governo se tornar caro, é o pior método possível sustentá-lo por meio de uma renda fundiária. Podemos observar que o governo em um país civilizado é muito mais caro do que em um país bárbaro; e quando dizemos que um governo é mais caro do que outro, significa que um país está mais avançado em aprimoramentos do que outro. Dizer que o governo é caro e o povo não está oprimido equivale a dizer que o povo é rico. Existem muitas despesas necessárias em um país civilizado para as quais não há ensejo em um que é bárbaro. Exércitos, frotas, fortificações e edifícios públicos, juízes e oficiais da receita devem ser sustentados, e, se forem negligenciados, a desordem surgirá. Uma renda fundiária para atender a todos esses fins seria a coisa mais imprópria do mundo.

Pode-se considerar todos os impostos sob duas divisões; a saber, impostos sobre posses e impostos sobre consumo. Essas são as duas maneiras de fazer os súditos contribuírem para o sustento do governo. O imposto sobre a terra é do primeiro tipo, e todos os impostos sobre mercadorias são do segundo.

A posse se desdobra em três tipos: terras, bens e dinheiro. É fácil aplicar um imposto à terra porque é evidente a quantidade que cada um possui, mas é muito difícil estabelecer um imposto sobre bens ou dinheiro sem proceder de maneira muito arbitrária. É uma dificuldade para um homem no comércio ser obrigado a mostrar seus livros, que é a única maneira de sabermos quanto ele tem. Isso é uma violação da liberdade e pode ter consequências muito nocivas, arruinando seu crédito. A condição de vida das pessoas do comércio é, às vezes, muito pior do que de outras. Contudo, se por causa dessa dificuldade você taxasse a terra e não taxasse o dinheiro nem os bens, estaria cometendo uma grande injustiça. Embora seja difícil taxar dinheiro ou bens sem ser opressivo, esse método é utilizado em vários países. Na França, por exemplo, para averiguar a condição do súdito, cada transação é registrada e todos os negócios são realizados na presença de um notário público e inscrita em seus livros, de modo que a terra, os bens e o dinheiro são todos taxados da mesma maneira. Desses três, apenas a terra é taxada na Inglaterra, porque taxar os outros dois tem uma aparência de despotismo e enfureceria muito um povo livre. Exceto pelo imposto sobre a terra, nossos impostos são geralmente sobre mercadorias, e nestes há uma desigualdade muito maior do que nos impostos sobre a propriedade fundiária. O consumo das pessoas nem sempre é proporcional ao que possuem, mas sim à sua generosidade. Quando os impostos são aplicados a mercadorias, seus preços devem subir, a concorrência entre os comerciantes deve ser impedida, uma escassez artificial é ocasionada, menos indústria é estimulada e uma menor quantidade de bens é produzida. Os impostos sobre as propriedades fundiárias têm esta grande vantagem: são arrecadados sem muitas despesas. O imposto total sobre a terra da Inglaterra não custa ao governo mais de 8 mil ou 10 mil libras. Os coletores são escolhidos pelos senhores do condado e são obrigados a apresentar garantias adequadas para que o dinheiro que arrecadam seja transportado em segurança ao tesouro. Os impostos sobre alfândega e sobre venda, que produzem somas imensas, são quase consumidos pelas legiões de funcionários que são empregados em sua arrecadação. Esses funcionários devem ter supervisores que examinam seus procedimentos. Os supervisores estão subordinados aos coletores, que, por sua vez, respondem aos comissários, os quais precisam prestar contas ao tesouro. Para manter todos esses funcionários, é necessário arrecadar muito mais do que o governo necessita, o que constitui uma desvantagem evidente.

Outra vantagem do imposto sobre a terra é que ele não tende a aumentar o preço das mercadorias, uma vez que não é pago em proporção ao cereal e ao gado, mas sim em proporção ao aluguel da terra. Se o arrendatário paga o imposto, ele paga um aluguel proporcionalmente menor. A tributação sobre a venda eleva o preço das mercadorias e torna menos pessoas capazes de conduzir negócios. Se um homem compra mil libras em tabaco, ele tem de pagar 100 libras de imposto, o que limita a extensão de sua negociação. Assim, como é requerido um fundo maior para manter o comércio, o número de comerciantes deve ser menor, e os ricos têm, por assim dizer, um monopólio em relação aos pobres. Observou-se anteriormente que, na Inglaterra, por uma espécie de delicadeza quanto à condição de vida de pessoas específicas, o que é aparentemente uma violação da liberdade, nenhum imposto é cobrado sobre bens ou dinheiro, mas apenas sobre consumo. Quaisquer que sejam as vantagens desse método, há evidentemente uma desigualdade nele. O proprietário que paga seu imposto anual sobre a terra paga também grande parte dos impostos sobre venda. Por esse motivo, o interesse fundiário é o primeiro a se queixar de uma guerra, pensando que o fardo recai sobre ele. Por outro lado, os homens de dinheiro se beneficiam, portanto o opõem. Isso talvez propicie a continuidade do que se chama de interesse Tory. Os impostos sobre a posse são naturalmente iguais, mas os impostos sobre consumo são naturalmente desiguais, pois às vezes são pagos pelo mercador, às vezes pelo consumidor e às vezes pelo importador, que deve ser reembolsado pelo consumidor. Na Holanda, todas as mercadorias são depositadas em um armazém público, cuja chave é mantida tanto pelo comissário da alfândega quanto pelo proprietário das mercadorias. Se as mercadorias forem exportadas, nenhum imposto é adiantado, mas, se entrarem no país, o consumidor paga o preço ao mercador e impostos alfandegários ao comissário. Esse método é muito semelhante ao famoso esquema de tributação interna de Sir Robert Walpole, que acabou sendo sua ruína. Era nesse sentido que um imposto geral sobre vendas deveria ser estabelecido, e todas as mercadorias importadas teriam de ser depositadas em um armazém público, e o imposto só deveria ser pago na venda interna delas. Embora esse esquema tenha inconvenientes, como por exemplo sujeitar o proprietário à ansiedade por não ter suas mercadorias totalmente sob seu controle, é claramente isso que dá aos holandeses uma grande vantagem sobre todas as outras nações da Europa. Os holandeses são, de certa forma, os transportadores da Europa; eles trazem cereais do Báltico e de lugares onde são baratos, e vinhos de lugares onde houve uma boa safra, e os mantêm até ouvirem sobre uma escassez, e então os exportam para esses locais. Contudo, na Inglaterra, quando você traz as mercadorias para o país, deve pagar o imposto e vendê-las onde quiser.

Assim, o mercador pode ficar desfalcado por um longo tempo, portanto deve vender suas mercadorias a preços mais altos. Os holandeses, não tendo de pagar impostos senão sobre a venda interna, conseguem vender mais barato do que os ingleses ou qualquer outra nação.

Os impostos sobre consumo têm, no entanto, algumas vantagens em relação àqueles sobre a posse. Eles não são notados, sendo pagos de maneira imperceptível, mas uma pessoa possuidora de 1.000 libras de renda fundiária sente muito claramente 100 libras saindo dela. Os impostos sobre consumo não são tão criticados, porque são impostos sobre o mercador, que os repassa ao preço das mercadorias, e assim são pagos insensivelmente pelo povo. Quando compramos chá, não refletimos que a maior parte do preço é um imposto pago ao governo, portanto nós o pagamos contentes como se fosse apenas o preço natural da mercadoria. Da mesma forma, quando um imposto adicional é aplicado à cerveja, o preço dela deve aumentar, mas a multidão não dirige sua malícia diretamente ao governo, que é o verdadeiro alvo, mas sim aos cervejeiros, pois confundem o preço do imposto com o preço natural. Portanto, os impostos sobre consumo, que são pagos pelo mercador, parecem favorecer mais a liberdade e sempre serão favorecidos pelo governo. Na Holanda, compra-se um barril de vinho e paga-se primeiro ao mercador e, em seguida, um tanto aos funcionários coletores de tributação sobre venda, como que para obter permissão para bebê-lo. Nós, na verdade, fazemos a mesma coisa, mas, como não sentimos isso de imediato, imaginamos que é tudo um só preço e nunca refletimos que poderíamos beber vinho do Porto abaixo de 6 *pence* por garrafa se não fosse pelo imposto.

Os impostos sobre consumo têm ainda outra vantagem em relação àqueles sobre a posse. Se uma pessoa possui uma renda fundiária de 100 libras por ano, e essa propriedade for avaliada a uma taxa alta, ela talvez pague 20 libras ao governo. O coletor deve ser pago em determinado momento do ano, e poucas pessoas têm tanta autodisciplina para guardar dinheiro e se preparar. Portanto, ela precisa pegar emprestado 20 libras para atender às suas demandas imediatas. Quando chega o próximo pagamento, ela não tem apenas o imposto a pagar, mas também os juros do dinheiro emprestado no ano anterior. Ele começa a sobrecarregar sua propriedade, e, examinando a situação, é possível constatar que assim muitos proprietários de terras foram arruinados. O melhor método para prevenir isso é fazer que o arrendatário pague o imposto sobre a terra como parte do pagamento do aluguel. Os impostos sobre consumo não estão sujeitos a esse inconveniente. Quando uma pessoa percebe que está gastando demais com as elegâncias da vida, pode imediatamente diminuir seu consumo. Portanto, os impostos sobre consumo são mais adequados do que os impostos sobre a posse, pois não tendem tanto a arruinar a condição dos indivíduos.

Deve-se observar que os impostos, tanto sobre consumo quanto sobre a posse, são mais ou menos vantajosos para a indústria de acordo com a maneira como são cobrados. O imposto sobre a terra na Inglaterra é permanente e uniforme e não aumenta com o aluguel, que é regulado pelo aprimoramento da terra. Não obstante os aprimoramentos modernos, esse imposto permanece como anteriormente. Na França, o imposto aumenta em proporção ao aluguel, o que é um grande desestímulo para o proprietário da terra. Tem um efeito muito semelhante ao dos dízimos na Inglaterra. Quando sabemos que a produção deve ser dividida com aqueles que não investem nada, isso nos impede de investir o que, de outra forma, faríamos no aperfeiçoamento de nossas terras. Somos melhores financistas do que os franceses, pois também temos vantagem sobre eles nos seguintes aspectos.

Na metodologia de cobrança de nossos impostos alfandegários, temos uma vantagem sobre os franceses. Nossas aduanas são todas pagas de uma vez pelos mercadores, e os produtos, após seu registro nos livros da alfândega, podem ser transportados com uma autorização através de qualquer parte do país sem moléstias e despesas, exceto algumas ninharias em pedágios etc. Na França, um imposto alfandegário é pago na saída de quase toda cidade, igual, se não maior, ao que pagamos na entrada. A indústria interna é dificultada pelas aduanas francesas, e somente o comércio exterior é afetado pelas nossas.

Temos outra vantagem em cobrar nossos impostos por comissão, enquanto os deles são cobrados por arrecadação, o que significa que não chega à metade do que angariam nas mãos do governo. Na Inglaterra, toda a despesa para recolher mais de 7 milhões não chega a 300 mil libras. Na França, 24 milhões são recolhidos a cada ano, e não mais de 12 milhões vão para a despesa do governo; o restante é usado para cobrir a despesa de recolhimento e para o lucro do coletor. Na Inglaterra, são necessários oficiais de tributação sobre venda apenas nos portos, e também apenas alguns aqui e ali pelo país. Os lucros dos coletores na França cobririam a despesa de todos eles. No recolhimento de nossos impostos sobre venda, há uma subordinação regular de oficiais que têm salários fixos e nada mais. No entanto, na França, o maior licitante ocupa o cargo, e como o homem que o assume deve adiantar a quantia em um determinado momento e corre o risco de não conseguir arrecadá-la, ele merece um lucro muito alto. Além disso, em um leilão desse tipo, há poucos licitantes, já que poucos são capazes de assumir o cargo, exceto aqueles que foram educados para o negócio e possuem tanto um grande fundo quanto crédito, podendo fornecer boas garantias. Quando há poucos licitantes, eles podem facilmente entrar em associação entre si e ter o todo a um custo muito baixo. No geral, podemos observar que os ingleses são os melhores financeiros da Europa, e seus impostos são cobrados com mais propriedade do que os de qualquer outro país.

Sobre esse assunto, geralmente se observa que os impostos sobre exportação são muito mais prejudiciais do que aqueles sobre importação. Quando os habitantes de um país são, de certa forma, proibidos por impostos altos de exportar os produtos de sua indústria, eles ficam restritos ao consumo interno, e seus motivos para a produção diminuem. Os impostos sobre importação, ao contrário, incentivam a fabricação dessas mercadorias particulares. O imposto sobre o linho de Hamburgo, por exemplo, impede sua importação em grandes quantidades e acarreta uma maior fabricação de linho no país. Em geral, no entanto, todos os impostos sobre importação são prejudiciais nesse aspecto, pois desviam a indústria do país para um canal antinatural. Quanto mais fundos são empregados de uma maneira, menos há disponível para ser empregado de outra; mas os efeitos dos impostos sobre exportação são ainda mais perniciosos.

Essa é uma das grandes causas da pobreza da Espanha. Eles impuseram um alto imposto sobre a exportação de todas as mercadorias e pensam que, por esse meio, os impostos são pagos por estrangeiros, ao passo que, se impusessem um imposto sobre a importação, ele seria pago por seus próprios súditos, não refletindo que, ao impor um ônus sobre a exportação de mercadorias, restringem de certa forma seu consumo e diminuem a indústria.

Em conclusão a tudo que se pode dizer sobre impostos, é possível observar que o preconceito comum de que a riqueza consiste em dinheiro não tem sido, nesse aspecto, tão prejudicial quanto se poderia imaginar, e, de fato, tem até dado origem a regulamentações não muito inconvenientes. Essas nações para as quais damos mais bens do que recebemos em geral nos enviam bens manufaturados; estas, ao contrário, das quais recebemos mais bens do que damos, ou com respeito às quais a balança está a nosso favor, geralmente nos enviam bens não manufaturados. Para a Rússia, por exemplo, enviamos linho fino e outros produtos manufaturados, e, em troca de uma pequena quantidade destes, recebemos grandes quantidades de bens não manufaturados. Esse tipo de comércio é muito vantajoso, porque bens em estado não manufaturado e bruto oferecem emprego e sustento a um grande número de pessoas. É meramente em razão da noção absurda de que a riqueza consiste em dinheiro que os britânicos incentivam principalmente esses ramos do comércio exterior onde a balança é paga em dinheiro.

Existem ainda algumas outras espécies de impostos, mas como sua natureza é muito semelhante, não é necessário mencioná-las. Tendo assim dado uma visão geral dos impostos, não será inadequado aqui, devido à sua conexão, considerar a natureza das ações e as causas de sua ascensão e queda.

Logo após a Revolução, devido às necessidades do governo, foi necessário tomar emprestado dinheiro dos súditos, geralmente a uma taxa superior ao juro comum, a ser reembolsado em poucos anos. Os fundos destinados ao pagamento desse juro eram aplicados sobre certos produtos. Esses impostos foram inicialmente aplicados por certo número de anos, de acordo com o prazo pelo qual o dinheiro foi emprestado, mas quando, por várias artimanhas do governo, esses empréstimos se tornaram perpétuos, os impostos passaram, por conseguinte, a ser perpétuos, e assim os fundos foram hipotecados. Embora os impostos tenham se tornado perpétuos quando o dinheiro já não podia mais ser emprestado sob sua garantia, ainda assim eram redimíveis mediante o pagamento do dinheiro emprestado. Na ocasião da aplicação desses impostos, nada teria chocado mais as pessoas do que pensar que eles seriam perpétuos, mas seu progresso foi tão insensível que nunca houve maledicências. O que choca no início logo se torna fácil pelo costume, que santifica tudo. Assim esses impostos foram inicialmente aplicados, e assim chegaram à situação em que se encontram hoje em dia.

Quando uma quantia de dinheiro é emprestada a uma pessoa privada, o credor pode cobrar do devedor a qualquer momento tanto o montante principal quanto os juros, mas não é nessa base que o governo toma dinheiro emprestado; eles lhe dão o direito a uma anuidade perpétua de 3% ou 4%, mas não a opção de exigir seu montante principal de volta. Parece muito estranho à primeira vista que o credor concorde com um inconveniente tão grande, como o fato de que seu dinheiro nunca será pago, mas essa é realmente sua vantagem. Se você empresta ao governo 1.000 libras em tempos de guerra, como há um uso imediato para ele, talvez sejam obrigados a lhe dar 5% de juros, e quando a paz chega, continuam sua anuidade. Você tem a liberdade de dispor de sua anuidade, e como seu dinheiro está perfeitamente seguro, e os juros são pagos por mais ninguém com tanta pontualidade quanto pelo governo, você pode muitas vezes vender a anuidade de suas 1.000 libras por 1,1 mil libras ou mais. O governo, percebendo que essas anuidades eram vendidas acima do par, e pela mesma razão pela qual as pessoas estavam muito inclinadas a subscrever os fundos do governo, resolveu, como os fundos ainda eram redimíveis, aproveitar a oportunidade pagando os valores emprestados a 5% e tomando empréstimos a uma taxa menor. Isso fez com que os fornecedores do governo ficassem vigilantes, e, ao perceberem o plano, não emprestassem mais dinheiro sem que pelo menos uma parte dos juros fosse irredimível, talvez 2% dos 4% que deveriam receber. Assim, em cada fundo havia uma parte irredimível, o que fazia que continuassem a ser vendidos acima do par.

Durante os reinados do rei Guilherme, da rainha Anne e no início do reinado do rei George I, os fundos subiam e desciam de acordo com o crédito do governo, uma vez que ainda havia algum risco de revolução. Nos últimos tempos, embora não haja perigo de uma revolução, mesmo em tempos de paz, as ações às vezes estão 10%, 20% e até 50% abaixo do par, e às vezes muito acima disso. Ninguém pode suspeitar que haja risco de perder esse dinheiro devido à mudança de governo. Como, então, é que as ações estão assim flutuando todos os dias sem nenhuma causa visível? Como é que boas ou más notícias têm tanta influência no aumento e na queda das ações? A verdadeira causa é a seguinte.

Todo infortúnio na guerra faz que a paz pareça mais distante, e toda ocorrência ditosa parece favorecer sua aproximação. Quando a guerra continua, as necessidades do governo devem ser supridas, mais dinheiro deve ser arrecadado e novas subscrições têm de ser abertas para esses fins. Como na guerra o juro deve necessariamente aumentar, todos estão ansiosos para participar da nova subscrição, e aqueles que têm anuidades percebem que será vantajoso vender suas antigas ações em perspectiva de um juro mais alto. O número de vendedores, portanto, aumenta com a perspectiva de uma guerra, e, consequentemente, as ações caem. Por outro lado, sempre que há uma perspectiva de paz, como não há expectativas de que novas subscrições sejam abertas, aqueles que têm anuidades não estão dispostos a vendê-las, portanto o número de vendedores diminui, fazendo que as ações subam. Em tempos de guerra, todos que têm ações correm para deixá-las nas mãos do governo, pois não podem ser empregadas de forma mais vantajosa em outro lugar, uma vez que podem obter juros de talvez 7% ou 8%, dos quais 2% ou 3% podem ser resgatáveis, e frequentemente com um bilhete de loteria incluído como bônus. Uma pessoa que tem uma anuidade de apenas 3% fará o possível para vendê-la, para que possa empregar suas ações de forma mais vantajosa, e por essa razão muitas vezes venderá abaixo do par, e, consequentemente, as ações devem necessariamente cair.

No entanto, em tempos de guerra, por causa das razões a seguir, até as novas subscrições acabam sendo vendidas abaixo do par.

Como há muitos acionistas que são mercadores e que mantêm suas ações nas mãos do governo para estarem prontos para vendê-las em caso de uma demanda repentina e aproveitar uma boa oportunidade quando ela surgir, e como essas oportunidades ocorrem com mais frequência em tempos de guerra, eles frequentemente têm a necessidade de vender, e assim mais ações são lançadas no mercado, fazendo que as novas subscrições caiam abaixo do par.

Além disso, em tempos de guerra, como já foi mencionado, as ações não podem ser empregadas de forma tão vantajosa, e todos são tentados a subscrever. Até mesmo aqueles cuja condição é muito modesta subscrevem grandes somas na esperança de que as ações subam e que possam vender antes do prazo de entrega com grande lucro; mas, quando as coisas não correspondem às suas expectativas, e eles são forçados a vender de uma forma ou de outra para manter seu crédito, muitas vezes são obrigados a vender abaixo do par. Dessa forma, as novas subscrições podem cair. Os especuladores, que conhecem bem seu negócio, observam particularmente quando um grande número de pessoas indigentes participa das subscrições e, como elas logo são obrigadas a vender, fazendo que as ações caiam, esse é o momento oportuno para comprá-las.

A prática da especulação, ou a compra de ações a prazo, também tem, em todas as ocasiões, uma influência muito considerável sobre a alta e baixa das ações. O método pelo qual essa prática é conduzida é o seguinte. Um homem que talvez não tenha nem 1.000 libras no mundo subscreve 100 mil libras, que serão entregues em vários prazos fixos e em determinadas parcelas. Ele, portanto, espera conseguir vender essas várias parcelas com grande lucro antes que os prazos de pagamento cheguem, devido à alta das ações. No entanto, como tudo o que ele possui estaria em risco se as ações caíssem, ele utiliza todos os meios para fazer que elas subam. Espalha rumores em

Change Alley de que vitórias foram conquistadas, que a paz está prestes a ser concluída etc. Por outro lado, aqueles que desejam comprar ações e querem que elas caiam propagam tais rumores que farão que as ações desvalorizem o máximo possível, tal como o rumor de que a guerra continuará, que novas subscrições estão sendo planejadas etc. É devido a isso que, em tempos de guerra, nossos jornais estampam muitas notícias sobre invasões e esquemas que nunca foram sequer cogitados. Na linguagem de Change Alley, o comprador é chamado de "touro" e o vendedor, de "urso", e à medida que os touros ou ursos predominam, as ações sobem ou caem.

Essa prática de compra de ações a prazo é proibida pelo governo e, sendo assim, embora as ações para as quais se comprometeram não são entregues, nenhuma reparação é prevista pela lei. Não há razão natural para que as 1.000 libras em ações não sejam entregues, ou que a entrega não seja exigida, ou a mesma quantia em mercadorias. Contudo, após o esquema do South Sea, isso foi pensado como um expediente para prevenir tais práticas, embora tenha se mostrado ineficaz. Da mesma maneira, todas as leis contra jogos de azar nunca os impediram, e embora não haja reparação para uma soma acima de 5 libras, ainda assim todas as grandes somas perdidas são pontualmente pagas. As pessoas que apostam devem manter seu crédito, senão ninguém negociará com elas. O mesmo acontece no mercado de ações. Aqueles que não mantêm seu crédito logo serão excluídos, e na linguagem de Change Alley, serão chamados de *lame duck* [pato manco]. É desnecessário aqui dar qualquer explicação sobre fundos específicos, já que todos são de natureza semelhante e a segurança é igual. Se o juro de qualquer soma de dinheiro não for pago pelos fundos destinados a esse propósito, ele será pago pelo fundo de amortização, que é o excedente de todos os demais. Talvez haja alguma pequena diferença na facilidade de pagamento, mas isso de forma alguma é significativo e não merece nossa atenção.

Agora resta considerarmos a última divisão da polícia e mostrar a influência do comércio nos costumes de um povo.

Quando o comércio é introduzido em um país, a probidade e a pontualidade sempre o acompanham. Essas virtudes, em países primitivos e bárbaros, são quase desconhecidas. De todas as nações da Europa, os holandeses, os mais comerciais, são os mais fiéis à sua palavra. Os ingleses são mais fiéis do que os escoceses, mas muito inferiores aos holandeses, e, nas regiões mais remotas deste país, são bem menos fiéis do que nas regiões comerciais. Isso não pode ser atribuído ao caráter nacional, como pensam alguns. Não há razão natural para que um inglês ou um escocês não seja tão pontual no cumprimento de acordos quanto um holandês. É muito mais atribuível ao interesse próprio, aquele princípio geral que regula as ações de todo homem, que leva os homens a agirem de certa maneira tendo em vista a obtenção de vantagem, e que está tão profundamente implantado em um inglês quanto em um holandês. Um comerciante tem medo de ferir sua reputação e é escrupuloso em cumprir compromissos. Quando uma pessoa faz talvez vinte contratos em um dia, ela não pode ganhar tanto ao tentar enganar seus vizinhos, pois a mera aparência de ser desonesto faria que perdesse credibilidade. Quando as pessoas raramente negociam entre si, vemos que estão um pouco inclinadas a enganar, pois podem ganhar mais com um truque esperto do que perder com o dano que isso causa à sua reputação. Aqueles que chamamos de políticos não são os homens mais notáveis do mundo por sua probidade e pontualidade. Embaixadores de diferentes nações ainda menos: são elogiados pela mais insignificante vantagem que consigam obter e se orgulham bastante desse grau de refinamento. A razão disso é que as nações não estabelecem relações entre si mais do que duas ou três vezes por século, e assim podem ganhar mais com um único ato de fraude do que poderiam perder por ter uma má reputação. A França tem essa reputação conosco desde o reinado de Luís XIV, e isso nunca prejudicou em nada seus interesses ou seu esplendor.

No entanto, se os Estados fossem obrigados a negociar uma ou duas vezes por dia, como os mercadores fazem, seria necessário ser mais preciso para manter sua reputação. Quando as negociações são frequentes, um homem não espera ganhar tanto com qualquer contrato isolado quanto pela probidade e pontualidade em suas ações no geral, e um comerciante prudente, consciente de seu real interesse, preferiria perder aquilo ao que tem direito do que dar qualquer motivo para suspeitas. Qualquer coisa desse tipo é tão odiosa quanto rara. Quando a maior parte das pessoas é composta de mercadores, elas sempre trazem a probidade e a pontualidade à moda, e essas, portanto, são as principais virtudes de uma nação comercial.

Há, no entanto, alguns inconvenientes que surgem de um espírito comercial. O primeiro que mencionaremos é que ele limita as perspectivas dos homens. Onde a divisão do trabalho é levada à perfeição, cada homem tem apenas uma operação simples a realizar. Sua atenção está inteiramente voltada para isso, e poucas ideias passam em sua mente além daquelas que têm uma conexão imediata com essa tarefa. Quando a mente se ocupa com uma variedade de objetos, de algum modo ela se expande e se enriquece, e por essa razão geralmente se reconhece que um artesão do campo possui uma gama de pensamentos muito mais ampla do que um da cidade. O primeiro talvez seja marceneiro, carpinteiro e fabricante de móveis, tudo ao mesmo tempo, e sua atenção deve, naturalmente, se voltar para uma série de objetos de diferentes tipos. O segundo talvez seja apenas um fabricante de móveis. Esse tipo particular de trabalho ocupa todos os seus pensamentos, e como ele não teve a oportunidade de comparar uma série de objetos, sua visão das coisas além de seu próprio ofício é de modo algum tão ampla quanto a do primeiro. Isso deve ser ainda mais evidente quando a atenção de uma pessoa está completamente dedicada à 17ª parte de um alfinete ou à 80ª parte de um botão, tamanha a divisão nessas manufaturas. É notável que em todas as nações comerciais as pessoas comuns sejam muito ignorantes. O holandês comum é notavelmente assim, e o inglês mais do que o escocês. A regra é geral: nas cidades, eles não são tão inteligentes quanto no campo, nem em um país rico tanto quanto em um país pobre.

Outro inconveniente que acompanha o comércio é que a educação é amplamente negligenciada. Em nações ricas e comerciais, a divisão do trabalho, tendo reduzido todos os ofícios a operações muito simples, oferece a oportunidade de empregar crianças muito jovens. Neste país, de fato, onde a divisão do trabalho não está tão avançada, até o mais humilde carregador pode ler e escrever, porque o preço da educação é barato, e um pai não pode empregar seu filho de outra maneira aos 6 ou 7 anos de idade. No entanto, a situação é outra nas regiões comerciais da Inglaterra. Um menino de 6 ou 7 anos de idade em Birmingham pode ganhar seus 3 ou 6 *pence* por dia, e os pais acham que é de seu interesse deixá-los trabalhar cedo.

Assim, sua educação é negligenciada. A educação que os filhos das pessoas de estrato inferior recebem não é absolutamente considerável; no entanto, faz-lhes um bem imenso, e a falta dela é certamente uma de suas maiores desgraças. Por meio dela, aprendem a ler, o que lhes proporciona o benefício da religião, que é uma grande vantagem, não apenas considerada em um sentido piedoso, mas também porque lhes oferece assuntos para reflexão e especulação. A partir disso, podemos observar o benefício das escolas rurais e, por mais negligenciadas que sejam, devemos reconhecê-las como uma excelente instituição. Contudo, além dessa falta de educação, há outra grande perda que acompanha o fato de pôr os meninos para trabalhar muito cedo. O menino começa a perceber que seu pai depende dele, portanto rejeita sua autoridade. Quando cresce, não tem ideias com as quais possa se entreter. Quando está fora do trabalho, deve recorrer à embriaguez e à desordem. Consequentemente, descobrimos que, nas regiões comerciais da Inglaterra, os artesãos estão, em sua maioria, nesta condição deplorável: seu trabalho durante metade da semana é suficiente para sustentá-los, e por falta de educação não têm outro entretenimento na outra metade senão desordem e devassidão. Portanto, pode-se dizer com justiça que as pessoas que vestem o mundo inteiro estão em farrapos.

Outro efeito negativo do comércio é que ele diminui a coragem da humanidade e tende a extinguir o espírito marcial. Em todos os países comerciais, a divisão do trabalho é infinita, e os pensamentos de cada um estão voltados para uma única coisa específica. Nas grandes cidades comerciais, por exemplo, os mercadores de linho são de vários tipos, pois o comércio de linho de Hamburgo e de linho irlandês são profissões bastante distintas. Alguns dos advogados atuam no King's Bench, outros no Court of Common Pleas e outros ainda na Chauncery. Cada um deles está, em grande medida, pouco familiarizado com os negócios de seu vizinho. Da mesma forma, a guerra também se torna um comércio. Um homem tem, então, tempo apenas para estudar um ramo de atividade, e seria uma grande desvantagem obrigar todos a aprender e praticar a arte militar. A defesa do país, portanto, é confiada a certo grupo de homens que não têm outra ocupação; e, entre a maioria das pessoas, a coragem militar diminui. Ao ter a mente constantemente ocupada com as artes de luxo, eles se tornam efeminados e covardes.

Isso é confirmado pela experiência universal. No ano de 1745, 4 mil ou 5 mil *highlanders* desarmados e malvestidos tomaram posse das regiões desenvolvidas deste país sem qualquer oposição dos habitantes pacíficos. Eles penetraram na Inglaterra e alarmaram toda a nação, e, se não tivessem sido confrontados por um exército permanente, teriam tomado o trono com pouca dificuldade.

Há duzentos anos, tal tentativa teria despertado o espírito da nação. Nossos ancestrais eram corajosos e belicosos, sua mente não estava enfraquecida pelas artes e pelo comércio, e eles estavam prontos com espírito e vigor para resistir ao inimigo mais formidável. É pela mesma razão que um exército de quatrocentos ou quinhentos europeus frequentemente penetrou o país mogol, e que os exércitos mais numerosos dos chineses foram sempre derrotados pelos tártaros. Nesses países, a divisão do trabalho e o luxo atingiram um nível muito alto, eles não têm um exército permanente, e o povo está inteiramente focado nas artes da paz. A Holanda seria uma presa fácil se suas barreiras fossem removidas. No início deste século, o exército permanente dos holandeses foi derrotado no campo de batalha, e o restante dos habitantes, em vez de pegar em armas para se defender, concebeu um plano de desertar seu país e se estabelecer nas Índias Orientais. Um país comercial pode ser formidável no exterior, e pode se defender com frotas e exércitos permanentes, mas quando eles são dominados e o inimigo penetra no país, a conquista é fácil. A mesma observação pode ser feita a respeito de Roma e Cartago. Os cartagineses muitas vezes foram vitoriosos no exterior, mas quando a guerra foi levada para seu próprio país, eles não tinham como competir com os romanos. Essas são as desvantagens de um espírito comercial. As mentes dos homens são limitadas e incapazes de elevação, a educação é desprezada ou pelo menos negligenciada, e o espírito heroico é quase totalmente extinto. Remediar esses defeitos seria um objetivo digno de séria atenção.

Assim, concluímos os três primeiros grandes objetos da lei, a saber: Justiça, Polícia e Receita. Abordaremos agora as Armas, a quarta parte da divisão geral da jurisprudência.

Das Armas

No início da sociedade, a defesa do Estado não exigia uma polícia nem provisões específicas para tal. Todo o povo se levantava para se opor a qualquer tentativa contra eles, e aquele que era o líder em tempos de paz naturalmente mantinha sua influência em tempos de guerra. Contudo, após a introdução da divisão do trabalho, tornou-se necessário que alguns permanecessem em casa para se dedicar à agricultura e a outras artes, enquanto o restante saía para a guerra. Após a apropriação de terras e a distinção social começarem a ser introduzidas, o cultivo da terra naturalmente passou a ser responsabilidade do estrato mais baixo. O serviço militar, menos trabalhoso, porém mais honrado, seria reivindicado pelo estrato mais alto. De fato, encontramos essa prática em todas as nações em seu estado primitivo. Os cavaleiros romanos, os *equites*, eram originalmente cavaleiros do exército, e nenhum escravo ou pessoa que não pagasse impostos participava das guerras. Da mesma forma, entre nossos ancestrais, apenas aqueles que detinham terras com base no serviço de cavalaria eram empregados na defesa do Estado, e os antigos vilões nunca foram considerados parte da força nacional. Quando o Estado era defendido por homens de honra, que cumpriam seu dever baseado nesse princípio, não havia necessidade de disciplina. No entanto, à medida que as artes e manufaturas cresciam e eram consideradas dignas de atenção, e os homens percebiam que podiam ascender em dignidade ao se dedicar a essas ocupações, tornou-se inconveniente para os ricos irem à guerra. Por avareza, essas artes, inicialmente desprezadas pelos ambiciosos e ativos, passaram a ocupar sua atenção. Um mercador que pode ganhar 2 mil ou 3 mil libras em casa não se inclinará a ir para a guerra, mas isso era um passatempo para um antigo cavaleiro que não tinha mais nada a fazer. Quando o desenvolvimento das artes e manufaturas passou a ser considerado um objetivo digno da atenção dos estratos mais altos, a defesa do Estado naturalmente se tornou responsabilidade dos estratos mais baixos, pois os ricos nunca podem ser forçados a fazer algo contra sua vontade. Em Roma, depois que os cavaleiros deixaram de servir no exército, os mais pobres os substituíram, e em nosso próprio país, após a extinção da milícia feudal, outro grupo de baixa condição assumiu essa função. Esse é, portanto, o progresso do serviço militar em todos os países. Entre uma nação de caçadores e pastores, e mesmo quando a nação avança para a agricultura, todo o povo vai junto à guerra. Quando as artes e manufaturas começam a se desenvolver, o povo todo já não pode mais sair para a guerra, e, como essas artes são trabalhosas e pouco lucrativas, por razões já mencionadas, os estratos mais altos vão à guerra. Mais tarde, quando as artes e o comércio se tornam muito lucrativos, a defesa do Estado recai sobre os mais pobres. Essa é nossa situação atual na Grã-Bretanha. Quando todo o povo ia junto à guerra, não havia necessidade de disciplina militar, pois todos estavam, por assim dizer, no mesmo nível, e como a causa comum era claramente compreendida, a disciplina era desnecessária. Quando os estratos mais altos iam para a guerra, um princípio de honra supria a necessidade de disciplina, mas quando essa tarefa passou para os estratos mais baixos, tornou-se necessária uma disciplina severa e rígida, e, de fato, vemos que ela foi introduzida em todos os exércitos permanentes. Em geral, é necessário que esses soldados sejam mantidos sob autoridade tão rigorosa que temam mais seus generais e oficiais do que o próprio inimigo. O medo de seus oficiais e as penas rígidas da lei marcial são a principal razão para seu bom comportamento, e é a esse princípio que devemos suas ações valentes. Na última guerra, oitocentos prussianos defenderam um desfiladeiro por um dia inteiro contra vários milhares de austríacos, e à noite, em sua retirada, desertaram quase todos. Qual poderia ser a origem dessa coragem? Não foi um princípio de honra, nem amor à pátria, nem respeito por seus oficiais, pois essas motivações os teriam mantido firmes. Foi apenas o medo de seus oficiais, que estavam, por assim dizer, montados em seu cangote, e a quem eles não ousavam desobedecer. Isso, de passagem, mostra a capacidade humana de ser governada, e também pode mostrar o quanto da coragem que tanto vangloriamos depende de circunstâncias externas. Podemos observar ainda até que ponto esse princípio do medo pode ser levado. Se um ajudante de ordem ousado, feroz e tirânico for sucedido por outro de disposição branda e gentil, as ideias de terror são transmitidas junto com o uniforme, e pode demorar até que se perceba que ele não é tão terrível quanto o anterior. Dessa forma, os exércitos permanentes foram introduzidos, e, onde não existem, o país se torna uma presa fácil para seus inimigos. A única coisa a ser observada em relação a eles é que devem ser formados da maneira mais conveniente e com o menor prejuízo possível para o país. Por mais que se clame contra os exércitos permanentes, em certo período da sociedade eles devem ser introduzidos. Uma milícia comandada por proprietários de terras que ocupam cargos públicos na nação jamais cogitaria sacrificar as liberdades do país a quem quer que seja. Uma milícia desse tipo seria, sem dúvida, a melhor proteção contra o exército permanente de outra nação.

Os exércitos permanentes são de dois tipos. O primeiro é quando o governo concede cargos a determinadas pessoas e paga uma quantia por cada homem que elas recrutam. Um exército permanente como este, que é o modelo do nosso, é menos perigoso do que o de segundo tipo, ou seja, aquele cujo governo faz um acordo com um general para recrutar certo número de tropas para seu auxílio, que é o modelo dos exércitos permanentes em alguns pequenos estados da Itália. Eles fazem um acordo com algum chefe em regiões onde as artes ainda não chegaram, e, como os oficiais dependem completamente dele e esse chefe é independente do Estado, seus empregadores ficam à mercê dele. No entanto, um exército permanente como o nosso não é tão propenso a voltar suas armas contra o governo, porque os oficiais são homens de honra e têm grandes conexões no país.

Contudo, em algumas ocasiões, por exemplo quando se põe em questão o poder do soberano, como aconteceu em nosso próprio país, um exército permanente provou ser perigoso para as liberdades do povo pois esse exército geralmente toma o lado do rei. O princípio do soldado é obedecer ao seu líder, e como o rei o nomeou e lhe paga, é a ele que o soldado pensa que deve seu serviço. Isso nunca ocorreria se uma milícia adequada fosse estabelecida. Na Suécia, onde isso acontece, eles não correm perigo. Isso tudo diz respeito aos exércitos permanentes, pois é desnecessário entrar em detalhes sobre seus salários e outras circunstâncias.

Tendo considerado as leis da natureza, conforme propusemos, no que diz respeito à Justiça, Polícia, Receita e Armas, passemos agora para a última parte de nosso plano, que é considerar as Leis das Nações, ou as reivindicações que uma nação pode ter sobre outra.

Das Leis das Nações

É importante notar que as regras que as nações devem ou realmente observam umas em relação às outras não podem ser tratadas com a mesma precisão que o direito privado ou público. Verificamos que as regras de propriedade são estabelecidas quase da mesma maneira em todas as nações. A extensão do poder dos soberanos, bem como o dever dos súditos, no que concerne à justiça, são relativamente uniformes em todos os lugares. Mas, no que diz respeito às leis das nações, dificilmente podemos mencionar qualquer regulação que seja estabelecida com o consentimento comum de todas as nações, e observada como tal em todos os tempos. Isso deve necessariamente ser assim, pois sempre podemos esperar incerteza e irregularidade onde não há um poder legislativo supremo nem um juiz para resolver as diferenças.

As leis das nações podem ser aplicadas a tempos de paz ou de guerra. As leis que são aplicadas em tempos de paz já foram explicadas anteriormente, quando se demonstrou que os estrangeiros têm direito à segurança de suas pessoas e bens, mas que não têm poder para fazer testamento, pois tudo vai para o soberano após sua morte.

As leis ou regras observadas em tempos de guerra serão consideradas na seguinte ordem:

1º) O que constitui uma causa justa de guerra, ou, de acordo com a expressão latina, *quando liceat bellare*.

2º) O que é lícito a uma nação fazer à outra em tempo de guerra, ou *quantum liceat in bello*, e neste ponto consideraremos as diferenças entre os governos antigos e modernos, bem como as grandes modificações ocorridas com estes últimos.

3º) O que é devido às nações neutras por parte das potências beligerantes.

4º) Os direitos dos embaixadores entre diferentes nações.

1º) *Quando liceat bellare?* Em geral, tudo que constitui a base de um processo judicial adequado perante um tribunal de justiça pode ser uma causa justa de guerra. A base de um processo judicial é a violação de algum direito perfeito, cujo cumprimento pode ser extorquido pela força, e de fato o era em sociedades rudes; mas, nos tempos modernos, isso é decidido pelo magistrado, para que a sociedade não seja perturbada por cada indivíduo tomando a justiça em suas próprias mãos. Quando uma nação invade a propriedade de outra, ou mata os súditos de outra, aprisiona-os ou lhes nega justiça quando feridos, o soberano é obrigado a exigir reparação pela ofensa, pois é intenção do governo proteger seus diversos membros de inimigos estrangeiros, e se a reparação for negada, há base para uma guerra. Da mesma forma, a quebra de um contrato, como quando uma dívida é devida por uma nação à outra e o pagamento é recusado, é uma causa muito justa para a guerra. Se, por exemplo, o rei da Prússia se recusasse a pagar o dinheiro que lhe foi adiantado pela nação britânica durante a última guerra, uma declaração de guerra contra ele seria justa e razoável. Qualquer ofensa do soberano de um país contra o soberano de outro, ou do soberano contra o súdito, ou do súdito de um país contra o súdito de outro, sem que haja uma reparação razoável, pode ser causa de guerra. Parece haver apenas uma exceção à regra geral de que qualquer questão que possa ser objeto de um processo judicial pode também ser causa de guerra, e essa exceção diz respeito aos quase-contratos. Nesse caso, de fato, é difícil determinar se uma guerra seria razoável ou não, e não encontramos exemplo de uma guerra declarada pela violação desse direito. Deve-se admitir que a introdução do quase-contrato foi o ápice da equidade, que, exceto no direito romano, nunca foi aperfeiçoada ou introduzida. Na Inglaterra, se você consertar a casa de um homem em sua ausência, deve confiar nele para o pagamento, pois esse caso não é passível de ação judicial. Da mesma forma, consideremos que um russo presta serviço a um mercador inglês, o qual é imprescindível para aliviar um imenso sofrimento, mas depois não é recompensado por seu trabalho; nessa circunstância, se recorrer aos tribunais de justiça, a ele será dito que deve confiar na honra do mercador para o pagamento. Com a exceção desse caso, tudo que constitui a base de um processo judicial adequado também tornará a guerra justa e razoável.

2º) *Quantum liceat in bello?* Até que ponto uma nação pode levar o ressentimento de uma injúria contra a nação que a ofendeu não é algo fácil de determinar. A prática das nações antigas e modernas difere muito. Em geral, quando uma injúria é cometida de forma clara e distinta ou quando sua intenção é manifesta, e a reparação é recusada, o ressentimento é necessário e justo. Existem alguns casos em que é lícito mesmo que a reparação não seja solicitada. Se um ladrão estivesse com a intenção clara de matá-lo, seria perfeitamente legal de sua parte fazer tudo que pudesse para impedi-lo. A injúria é evidente. Da mesma forma, quando uma nação parece estar conspirando contra outra, ainda que não tenha cometido nenhum dano real, é necessário que ela seja obrigada a declarar suas intenções e dar garantias, desde que essa demanda não a sujeite a inconveniências. Ainda que essa reparação não seja exigida, quando o rei da Prússia viu seus domínios prestes a serem invadidos pelo eleitorado da Saxônia e pela rainha da Hungria, foi absolutamente correto de sua parte antecipar-se e tomar posse dos territórios deles, e nada teria sido mais absurdo do que informar que estava prestes a atacá-los. Por outro lado, se for apenas uma dívida que está em jogo, seria irracional declarar guerra sem antes exigir a reparação, e apenas pela maneira evasiva e dilatória de oferecer reparação é que uma guerra nesse caso se torna lícita. No entanto, considerando mais particularmente o que é lícito em guerra, suponha que um súdito de qualquer governo seja lesado; aqueles que o ofenderam tornam-se naturalmente objetos de ressentimento, assim como o governo que o protege se recusa a dar reparação, mas a maior parte da nação é perfeitamente inocente e nada sabe sobre o ocorrido. Na última guerra com a França, menos de um em vinte, tanto dos franceses quanto de nós, sabiam algo sobre as ofensas cometidas. Com base em que princípio ou fundamento de justiça, portanto, tomamos os bens deles e os afligimos de todas as maneiras possíveis? Isso de maneira alguma pode ser fundamentado em justiça e equidade propriamente ditas; deve basear-se na necessidade, que de fato, nesse caso, é parte da justiça. O sr. Hutchinson de fato explica isso de forma muito engenhosa, mas, se examinarmos sua opinião a fundo, veremos que não fundamentou seu raciocínio de maneira adequada. Toda nação, diz ele, mantém e apoia o governo para seu próprio bem. Se o governo cometer alguma ofensa contra um soberano ou súdito estrangeiro, e seu próprio povo continuar a apoiá-lo e protegê-lo, por assim dizer, eles se tornam cúmplices e passíveis de punição juntamente com ele. Assim como no direito romano, se qualquer escravo que toda pessoa mantinha para seu próprio benefício tivesse causado dano a outro, uma destas duas coisas deveria ser feita: ou o proprietário não manteria mais o escravo, ou pagaria pelo dano causado. Da mesma forma, uma nação deve aceitar ser responsável pelos danos ou abdicar do governo por completo. Observa-se que, nesse raciocínio, embora bastante engenhoso, os casos não são minimamente paralelos. Um homem pode fazer o que quiser com seu escravo, ele pode tanto se desfazer dele quanto pagar os danos que ele causou, mas uma nação, na maioria dos casos, não pode fazer nem uma coisa nem outra. Um governo é muitas vezes mantido para sua própria preservação, não para a preservação da nação. Nunca foi doutrina de qualquer direito público que os súditos tivessem o direito de dispor do soberano, nem mesmo na Inglaterra, onde esse direito foi tão contestado. Como então pode ser que uma nação seja culpada de uma injúria que não estava em seu poder evitar? A verdadeira causa pela qual toda a nação é considerada um alvo razoável de ressentimento é que não sentimos o mesmo por aqueles que estão distantes como sentimos por aqueles que estão perto de nós. Fomos lesados pela França, nosso ressentimento se volta contra toda a nação em vez do governo, e eles, por meio de uma faculdade cega e indiscriminada natural à humanidade, tornam-se os objetos de um ressentimento irracional. Em uma guerra entre a França e nós, um dinamarquês naturalmente adotaria os mesmos sentimentos que nós e envolveria, sem distinção, tanto os culpados quanto os inocentes. Isso, no entanto, é totalmente contrário às regras de justiça observadas em relação aos nossos próprios súditos. Preferiríamos que dez culpados escapassem a ver um inocente sofrer.

Outra razão é que muitas vezes é muito difícil obter reparação de um súdito ou de um soberano que possa ter causado ofensa. Geralmente, eles estão no coração do país e perfeitamente bem protegidos. Se pudéssemos alcançá-los, sem dúvida seriam os primeiros alvos de nosso ressentimento, mas, como isso é impossível, devemos fazer represálias de outra forma. Sofremos injustamente por causa de nossas conexões, então eles também devem sofrer injustamente por causa das suas. Em uma guerra sempre há grande injustiça, mas isso é inevitável.

A prática das nações antigas e modernas difere amplamente no que diz respeito à extensão à qual as atrocidades de guerra podem chegar. Bárbaros, se não matam aqueles capturados em guerra, podem dispor deles como bem entenderem. Como todos os que faziam guerra eram considerados ladrões e violadores da paz social, tais punições não eram de forma alguma consideradas inadequadas. Mesmo entre os romanos, se o aríete tivesse uma vez atingido as muralhas, nenhum acordo ou capitulação era permitido, e tudo caía nas mãos dos conquistadores, que estavam livres para usá-lo como quisessem. Isso era tão comum no tempo de Cícero que ele descreve como o maior ato de humanidade o fato de que uma capitulação era permitida após o aríete ter uma vez atingido as muralhas. Porém, embora a força e a fraude fossem, em períodos anteriores, as grandes virtudes da guerra, os costumes modernos atingiram um grau maior de refinamento, tanto em relação às pessoas quanto aos bens. Prisioneiros de guerra agora de forma alguma são feitos escravos ou sujeitos a opressão. Um oficial é libertado sob sua palavra de honra; e na guerra entre a França e nós, eles geralmente tratavam nossos prisioneiros feridos melhor do que seus próprios soldados feridos. De fato, não há nação que leve esse ponto de cavalheirismo mais longe do que nós. Quando os 6 *pence* por dia que eram permitidos aos prisioneiros franceses em Edimburgo e outros lugares foram considerados insuficientes para sustentá-los devido à diminuição que sofriam antes de chegar às suas mãos, por causa de subcontratos etc., uma coleta de 10 mil libras foi generosamente feita para eles. Em geral, prisioneiros de guerra agora são tão bem tratados quanto qualquer outra pessoa.

Da mesma forma, os tratados de cartel,[31] pelos quais soldados e marinheiros são avaliados em um determinado valor e trocados no final de toda campanha, com a nação que perdeu mais prisioneiros pagando o saldo, são uma evidência de nosso refinamento em termos de humanidade. Na última guerra, de fato, recusamos entrar em qualquer tratado desse tipo com a França concernente a marinheiros, e por essa sábia regulação logo enfraquecemos sua marinha, pois capturamos muitos mais do que eles. Foi a falta de humanidade, sem dúvida, que tornou as antigas cidades tão obstinadas, pois era melhor suportar as dificuldades mais terríveis do que se render, mas agora os sitiados sabem muito bem como serão tratados antes de capitular, e não correm grandes riscos antes de o fazer.

Esse grau superior de humanidade foi introduzido durante o período do papado. Nunca o encontramos entre os gregos e romanos, apesar de todas as suas realizações. O papa era considerado o pai comum da cristandade, o clero estava sob sua submissão, e ele mantinha contato, por meio de seus legados, com todas as cortes da Europa. Por isso, estavam mais intimamente conectados, e ele os obrigava a tratar uns aos outros com mais humanidade. A Guerra Santa, também, que na época foi empreendida pela maioria dos príncipes da Europa, fez que eles voltassem suas armas contra todos aqueles de religião diferente, que acreditavam merecer ser tratados da maneira mais

31 *Cartel*, em inglês, foi originalmente usado para designar o acordo escrito entre nações beligerantes com a finalidade de regular o tratamento e a troca de prisioneiros a partir de 1690. Posteriormente passou a ser usado de forma geral para qualquer acordo entre nações rivais. (N. T.)

cruel. No entanto, quando entravam em guerra entre si, como todos estavam de um lado na causa comum, e como acreditavam que os cristãos não deveriam ser tratados da mesma forma que os infiéis, um maior grau de humanidade foi introduzido. Por essas razões, os modernos se comportam de maneira diferente dos antigos no que diz respeito à pessoa dos prisioneiros.

É mais por motivos de política do que de humanidade que os bens dos inimigos são assegurados. Quando um exército francês invade a Alemanha, o general decreta que todas as pessoas que viverem pacificamente e não se revoltarem contra ele estarão seguras em sua pessoa e posses, e ele punirá um soldado tão severamente por prejudicar os camponeses do país inimigo quanto pelos do seu próprio. Mas isso não ocorre em uma guerra no mar. Um almirante apreende e saqueia todos os navios mercantes que consegue capturar. Muitos dos comerciantes fizeram tão pouco mal quanto os camponeses. Por que, então, essa distinção? É do interesse do general não roubar os camponeses, pois seria difícil marchar com um exército carregando todas as suas provisões pelo país inimigo, mas, ao convencê-los a permanecer, o exército é abastecido sem recorrer a outro expediente. Por esse meio, a guerra está longe de ser uma desvantagem em um país bem cultivado, pois muitos enriquecem com ela. Quando os Países Baixos são o palco da guerra, todos os camponeses enriquecem, pois não pagam aluguel quando o inimigo está no país, e os mantimentos são vendidos a preços altos. Isso ocorre à custa dos proprietários de terras e das pessoas mais abastadas, que geralmente são arruinadas nessas ocasiões. Tanto é assim que todos os pobres que estão no exterior, tão logo ouvem falar de uma guerra, não ficam longe de seu país natal. É bem diferente em uma guerra no mar. Cada navio carrega suas próprias provisões e não depende dos navios que encontra.

Outra causa do refinamento moderno é a cortesia, ou melhor, a galanteria que ocorre entre nações hostis, pela qual até os embaixadores são mantidos em suas respectivas cortes.

Antigamente, era considerado o maior ato de galanteria matar o general de um exército, mas atualmente nada poderia tornar uma pessoa mais infame do que tal prática. Quando o rei da França pessoalmente sitiou certo castelo, o governador enviou uma mensagem para saber em que parte do acampamento o rei estava alojado, para que ele não bombardeasse aquela área. O rei da Prússia, de fato, não atendeu ao pedido dos príncipes da Saxônia, quando eles informaram onde estava a tenda real, mas isso porque ele estava certo de que o principal depósito de munições estava ali. Agora, se há pessoas em uma nação que tenham causado mais ofensas do que outras, estas são o rei e os generais. Como é então que agora não se considera legítimo matá-los, como antigamente? A razão clara é que as monarquias, cujo interesse é sempre demonstrar respeito àqueles em autoridade, dão o exemplo hoje em dia, enquanto as repúblicas, cujo interesse estava em adotar o princípio oposto, lideravam a moda no passado.

A mesma polícia que nos torna menos inclinados a ir à guerra também nos faz ser mais indulgentes do que antigamente após uma conquista completa. No passado, um inimigo perdia todas as suas posses e era tratado conforme o desejo dos conquistadores. Por essa razão, os romanos muitas vezes precisavam repovoar um país e enviar colônias. Hoje não é assim. Um país conquistado, de certa forma, apenas troca de senhor. Eles podem ser submetidos a novos impostos e outras regulamentações, mas não precisam de novo povoamento. O conquistador geralmente lhes permite manter a religião e as leis, o que é uma prática muito melhor do que a antiga. Além disso, os exércitos modernos ficam menos irritados uns com os outros porque as armas de fogo os mantêm a uma distância maior. Quando lutavam sempre com espadas nas mãos, sua raiva e fúria atingiam o auge, e como estavam misturados uns com os outros, a carnificina era muito maior.

3º) Mostremos agora o que os poderes beligerantes devem às nações neutras. A regra de justiça com respeito às nações neutras é que, como não ofenderam nenhuma das partes, não devem sofrer nenhum dano. Em uma guerra entre a França e a Inglaterra, os holandeses deveriam ter a liberdade de comerciar com ambos os países, como em tempos de paz, já que não ofenderam nenhum dos lados. Exceto quando transportam mercadorias contrabandeadas ou estão indo para uma cidade sitiada, essas nações podem comerciar com qualquer parte do país sem serem molestados. Uma embarcação neutra, no entanto, não protegerá as mercadorias do inimigo; nem a hostilidade da embarcação, por assim dizer, confiscará os bens da potência neutra.

Há diferenças entre a prática das nações antigas e modernas com respeito ao *ius postliminii*, ou a recuperação do que foi perdido. A máxima em tempos de guerra antigamente era: sempre temos razão, e nossos inimigos estão sempre errados. Tudo que é tomado do inimigo é tomado justamente, tudo que é tomado de nós é tomado injustamente. Por essa razão, se um cartaginense tivesse vendido a um romano um navio romano capturado na guerra, o proprietário original, sempre que tivesse uma oportunidade, o recuperava, já que, com base no princípio anterior, o navio foi injustamente tomado dele. Hoje é muito diferente. Consideramos tudo o que é feito na guerra como justo e equitativo, e nem exigimos nem recuperaríamos qualquer captura feita durante ela. Se um navio inglês for capturado pelos franceses e vendido aos holandeses, e chegar a um porto britânico, o proprietário original não reivindica mais o navio, pois perdeu todas as esperanças quando ele entrou em posse do inimigo.

Nota-se que há uma diferença muito grande na conduta das nações beligerantes em relação a uma nação neutra em uma guerra terrestre, em comparação com uma guerra marítima, sendo isso mais efeito de polícia do que de humanidade. Quando um exército se retira e o conquistador prossegue em uma nação neutra, a menos que esta tenha poder para resistir a ambos, ela se torna o cenário da guerra, como é frequentemente o caso, e pouco ou nenhum reparo é dado pelos danos. Mas em uma guerra marítima, um navio tomado de um poder neutro mais insignificante é sempre restaurado. A razão comumente apresentada, de que prejudica mais o comércio deles tomar seus navios do que qualquer outra coisa, é insatisfatória, pois uma guerra terrestre prejudica o comércio mais do que isso. A verdadeira razão é que um país pequeno não tem poder para afirmar sua neutralidade em uma guerra terrestre, mas o menor deles é capaz de fazê-lo em uma guerra marítima. Um pequeno forte pode obrigar os navios da nação maior a respeitar a neutralidade de seu porto.

4º) Por fim, consideremos os direitos dos embaixadores entre diferentes nações. Quando as nações começaram a fazer muitos negócios entre si, tornou-se necessário enviar mensageiros entre elas, que foram os primeiros embaixadores. Antigamente, como havia pouco comércio entre diferentes nações, os embaixadores eram enviados apenas em ocasiões particulares e eram o que hoje chamamos de embaixadores extraordinários, que voltavam para casa após a conclusão de seus negócios. Não encontramos embaixadores residentes em Roma ou na Grécia; sua função era, em ocasiões específicas, concluir tratados de paz, fazer alianças etc. A primeira vez que embaixadores residentes foram empregados foi no início do século XVII, por Fernando, rei da Espanha. Mesmo a palavra embaixador vem do verbo espanhol *ambassare*, que significa enviar. O papa, de fato, desde os tempos mais remotos, tinha residentes, ou legados, em todas as cortes da Europa. A mesma razão que torna as embaixadas agora tão frequentes levou o papa a adotar esse método anteriormente. Ele tinha negócios em todos os países da Europa, e grande parte de sua receita era coletada deles, e como estavam continuamente tentando infringir os direitos que o papa reivindicava, ele julgou necessário ter uma pessoa constantemente residindo nas cortes para garantir que seus privilégios fossem preservados. O papa, a partir desse costume, obteve várias vantagens. Quando o comércio foi introduzido na Europa, e os privilégios de cada país, com os impostos a serem pagos sobre bens em outro, foram estabelecidos, os mercadores de um país tinham constantes reivindicações sobre os de outro; eles próprios eram estrangeiros nesses países e poderiam ser facilmente prejudicados e frequentemente pensavam assim. Tornou-se, portanto, necessário ter um compatriota constantemente residindo nas cortes de diferentes nações para proteger os direitos de seus conterrâneos. Antigamente, como já foi observado, havia pouco intercâmbio entre diferentes nações, portanto não havia necessidade de embaixadores residentes; mas agora, como há algo quase todos os dias a ser ajustado entre os comerciantes, é necessário que haja alguma pessoa de peso e autoridade que tenha acesso à corte, para evitar qualquer ocasião de disputa entre eles. Já observamos que foi Fernando da Espanha quem estabeleceu essa prática. No início, isso gerou grande ciúme nas nações vizinhas por manter embaixadores residindo em suas cortes. Ele realmente pretendia não ter o direito de fazer isso, mas, ao enviar um embaixador em certa ocasião e levantar diferentes questões, encontrou meios de mantê-lo lá. Essa prática logo foi imitada e imediatamente se tornou o costume universal dos príncipes europeus, e estava tão longe de ser malvista que era considerado um grande insulto não enviar um embaixador. Grotius, cujas opiniões são fundamentadas na prática das nações antigas, se opõe aos embaixadores residentes e os chama de espiões residentes. Contudo, se ele tivesse vivido na era atual, teria percebido que o comércio extenso torna impossível preservar a paz por um mês, a menos que as queixas sejam resolvidas por uma pessoa de autoridade que conheça os costumes do país e seja capaz de explicar quais ofensas estão realmente sendo causadas. O costume de enviar embaixadores preserva a paz e, ao fornecer informações, impede que um país seja invadido por outro sem aviso prévio. Quando qualquer tipo de disputa ocorre e o embaixador é chamado de volta, você pode obter informações através de sua comunicação com outras cortes, com seu embaixador lá sendo informado, pois os embaixadores em geral estão familiarizados com todos os negócios na Europa.

Embora um país pudesse atingir algum tipo de distinção pela influência e assiduidade de seu embaixador, pouca atenção foi dada a isso por muito tempo, e a balança de poder, que recentemente vem sendo muito discutida, nunca nem tinha sido mencionada naquela época. Cada soberano tinha muito o que fazer dentro de seus próprios domínios e não podia dispensar tanta atenção a potências estrangeiras. Antes da instituição de embaixadores residentes, eles tinham poucos pactos e combinações entre si. Mas, desde o início do século XVI, as nações da Europa foram divididas em duas grandes alianças. De um lado estavam a Inglaterra, a Holanda, a Hungria, a Moscóvia etc. Do outro, a França, a Espanha, a Prússia, a Dinamarca, a Suécia etc. Dessa forma, uma espécie de aliança foi mantida, por vezes um deixava um dos lados e outro se juntava, como no caso atual em que a Prússia está com a Inglaterra e a Hungria do outro lado. Um sistema desse tipo foi estabelecido na Itália por volta do século XV entre as grandes famílias de lá. Os embaixadores residentes dessas nações impedem que um país domine o outro, seja por mar ou por terra, e são formados por uma espécie de conselho não muito diferente do dos Anfitriões na Grécia antiga. Eles têm o poder de aconselhar e fazer consultas sobre certos assuntos, mas não de determiná-los, e ao se unirem podem ameaçar qualquer país que pretenda superioridade ou faça uma demanda irrazoável. Os correios também são de grande importância para obter informações, uma vez que a comunicação é aberta através de todos esses países, tanto em tempos de paz quanto de guerra, o que facilita o comércio e dá aviso de cada movimento.

A pessoa de um embaixador deve ser sagrada e não estar sujeita a nenhum dos tribunais de justiça do país onde reside. Se ele contrair dívidas ou causar alguma injúria, uma reclamação deve ser feita a seu país. Quando os holandeses prenderam o embaixador russo no ano de 1718, isso foi considerado uma violação das leis das nações. Os bens que um embaixador compra não estão sujeitos a nenhum imposto. Assim como um soberano estaria isento de impostos, também deve estar o embaixador que o representa. Quando um embaixador tenta perturbar a paz ao entrar em conspirações ou semelhantes, ele pode ser preso. Como um gesto de cortesia, e para manter a dignidade de um embaixador, sua casa é considerada um asilo para infratores. No entanto, ele deve ser cauteloso quanto a esse privilégio e estender sua autoridade apenas à proteção de devedores e pequenos infratores, pois o direito será violado se ele acolher aqueles culpados de crimes capitais. Os empregados dos embaixadores também têm direito a alguns privilégios consideráveis. De fato, se eles contraíram dívidas, podem ser presos, mas isso nunca é feito voluntariamente.

Todas as palavras que designam essas pessoas empregadas por uma corte em outra derivam da língua espanhola. A corte espanhola era então a mais cerimoniosa do mundo, e o traje espanhol era assumido em toda parte. Como os embaixadores eram obrigados a manter muita cerimônia, eram impedidos de prosseguir em seus negócios. Um homem que tem de negociar questões de alta importância não pode permitir que tanto tempo seja gasto na interminável cerimônia de fazer e retornar visitas. Assim, foram enviados mensageiros, a quem menos cerimônia era devida e que podiam ser abordados em qualquer ocasião. Sua dignidade, também, logo avançou e incapacitou-os de fazer negócios. À medida que permaneceram na função por algum tempo, foram chamados embaixadores residentes ordinários, sendo de uma ordem inferior aos embaixadores extraordinários. Abaixo desse nível está o ministro, que reside no país em razão de seus próprios negócios e tem o poder de conduzir quaisquer pequenos negócios do país ao qual pertence.

Um cônsul é um magistrado particular que é juiz de todos os assuntos relacionados aos comerciantes de seu próprio país e se preocupa em fazer justiça a eles nesses lugares onde pode não ser administrada de forma muito precisa.

Esses são os nomes e as funções das várias pessoas empregadas nos assuntos exteriores da nação, originados da introdução do comércio, e que agora se tornaram absolutamente necessárias.

Dessa feita, tratamos tanto das leis de natureza quanto das leis das nações.

*Anexos – Lições de jurisprudência LJ(A), relatório de 1762-3**

Anexo 1) Teoria dos estágios e origem da propriedade (em sua relação com a ocupação) – LJ(A), p.14-27

Da ocupação

Antes de considerarmos exatamente este ou qualquer outro método pelo qual a propriedade é adquirida, é importante observar que suas regulamentações devem variar consideravelmente de acordo com o estado ou época em que a sociedade se encontra. Existem quatro estados distintos pelos quais a humanidade passa: 1º) a Era dos Caçadores; 2º) a Era dos Pastores; 3º) a Era da Agricultura; e 4º) a Era do Comércio.

Se supusermos que dez ou doze pessoas de sexos diferentes se estabelecessem em uma ilha desabitada, o primeiro método

* Os colchetes indicam, segundo a edição *standard*, que se trata de anotações feitas no verso do manuscrito. E as chaves indicam leitura duvidosa, palavras ilegíveis ou espaços em branco no manuscrito original. (N. T.)

que adotariam para sua subsistência seria se sustentar com os frutos silvestres e os animais selvagens que o país oferecia. Sua única ocupação seria caçar as feras ou pescar os peixes. O ato de colher um fruto selvagem dificilmente poderia ser chamado de emprego. A única coisa entre eles que mereceria a denominação de ocupação seria a caça. Essa é a era dos caçadores. Com o passar do tempo, à medida que a quantidade de indivíduos aumentasse, perceberiam que a caça era muito incerta para garantir sua subsistência. Seriam forçados a criar algum outro método para se sustentarem. No início, talvez tentassem acumular o que em algum momento tiveram sucesso em obter, o que os sustentaria por um tempo considerável. Mas isso não poderia durar muito. O método mais natural que imaginariam seria domesticar alguns daqueles animais selvagens que caçavam, e, fornecendo-lhes comida melhor do que a que poderiam obter em outro lugar, conseguiriam mantê-los ao redor de suas terras e multiplicar sua espécie. Daí surgiria a era dos pastores. Começariam mais provavelmente multiplicando primeiro animais e só depois vegetais, já que seria necessário menos habilidade e observação. Bastaria saber qual alimento lhes convinha. Constatamos, de fato, que em quase todos os países a era dos pastores precedeu a da agricultura. Os tártaros e os árabes se sustentam quase inteiramente com seus rebanhos e manadas. Os árabes praticam um pouco de agricultura, mas os tártaros não. Todas as nações selvagens que subsistem com rebanhos não têm a ideia de cultivar a terra. O único exemplo que parece contrariar essa regra é o estado dos índios da América do Norte. Eles, embora não tenham ideia de rebanhos e manadas, têm, no entanto, alguma noção de agricultura. Suas mulheres plantam algumas espigas de milho no fundo de suas cabanas.

Mas isso dificilmente pode ser chamado de agricultura. Esse milho não representa uma parte considerável de sua alimentação; serve apenas como tempero ou algo para dar sabor à sua comida comum: a carne dos animais que caçam. Portanto, rebanhos e manadas são o primeiro recurso ao qual os homens recorreriam quando tivessem dificuldade em subsistir pela caça.

Contudo, quando uma sociedade se tornasse numerosa, os homens encontrariam dificuldade em se sustentar com rebanhos e manadas. Então, naturalmente, voltar-se-iam para o cultivo da terra e para o plantio de alimentos adequados a eles. Observariam que aquelas sementes que caíam sobre o solo seco e nu ou sobre as pedras raramente germinavam, mas que aquelas que penetravam no solo geralmente produziam uma planta e davam sementes semelhantes às que foram semeadas. Essas observações seriam estendidas às diferentes plantas e árvores que produziriam alimentos agradáveis e nutritivos. E, por esse meio, avançariam gradualmente para a era da agricultura. À medida que a sociedade se aprimorasse, as várias artes, que no início seriam exercidas por cada indivíduo na medida do necessário para seu bem-estar, seriam separadas; as pessoas cultivariam diferentes artes conforme suas inclinações. Trocariam entre si o que produziam a mais do que o necessário para sua subsistência e obteriam em troca as mercadorias de que precisavam e que não produziam por si mesmas. Esse intercâmbio de mercadorias se estenderia com o tempo não apenas entre os indivíduos da mesma sociedade, mas entre os de diferentes nações. Assim, enviamos para a França nossos tecidos, ferro e outros enfeites e, em troca, recebemos seus vinhos. Para a Espanha e Portugal, enviamos nosso milho excedente e trazemos de lá os vinhos espanhóis e portugueses. Assim, finalmente, surge a era do comércio. Portanto, quando um país está abastecido com todos os rebanhos e manadas que pode sustentar, a terra cultivada de maneira a produzir todos os grãos e outras mercadorias necessárias para nossa subsistência que ele pode suportar, ou pelo menos o suficiente para sustentar os habitantes, quando os produtos excedentes, seja da natureza ou da arte, são exportados e outros necessários são trazidos em troca, tal sociedade fez tudo ao seu alcance para seu conforto e conveniência.

É fácil perceber que, nessas diferentes eras da sociedade, as leis e regulamentações a respeito da propriedade devem ser muito diferentes. Na Tartária, onde, como dissemos, o sustento dos habitantes consiste em rebanhos e manadas, o roubo é punido com a morte imediata; na América do Norte, por outro lado, onde subsiste a era dos caçadores, o roubo não é muito levado a sério. Como quase não há propriedade entre eles, o único prejuízo que pode ser causado é privá-los de sua caça. Poucas leis ou regulamentações seriam necessárias em uma sociedade dessa era, e estas não se estenderiam por muito tempo nem seriam muito rigorosas nas punições associadas a qualquer infração da propriedade. O roubo, como dissemos, não é muito considerado entre um povo nessa era ou estado da sociedade; há poucas oportunidades para cometê-lo, e essas oportunidades não prejudicam a pessoa ofendida de forma significativa. Porém, quando os rebanhos e manadas começam a ser criados, a propriedade passa a ter uma extensão considerável; surgem muitas oportunidades de ofender uns aos outros e tais danos são extremamente prejudiciais para quem os sofre. Nesse estado, muitas mais leis e regulamentações devem ser adotadas; o roubo e o assalto, sendo facilmente cometidos, serão, consequentemente, punidos com o máximo rigor. Na era da agricultura, talvez não se esteja tão exposto ao roubo e ao assalto aberto, mas surgem muitas outras formas pelas quais a propriedade pode ser interrompida, à medida que os sujeitos dessa propriedade se estendem consideravelmente. As leis, portanto, embora talvez não tão rigorosas, serão muito mais numerosas do que entre uma nação de pastores. Na era do comércio, como os objetos de propriedade aumentam de forma considerável, as leis devem ser proporcionalmente multiplicadas. Quanto mais aprimorada for uma sociedade e mais longe forem levados os meios de sustentar seus habitantes, maior será o número de suas leis e regulamentações necessárias para manter a justiça e prevenir infrações ao direito de propriedade.

Tendo tratado dessas premissas, prosseguimos como propusemos, considerando a propriedade adquirida por ocupação. A primeira coisa a ser observada é como a ocupação, ou seja, a simples posse de um objeto, nos confere um direito exclusivo sobre o objeto adquirido. Como é que se deve imaginar que um homem, ao pegar uma maçã, tem direito sobre aquela maçã e o poder de excluir todos os outros dela – e que deve ser considerada uma ofensa quando tal objeto é tomado do possuidor. Pelo sistema que já expliquei, você se lembrará que mencionei que podemos conceber que uma ofensa foi cometida quando um espectador imparcial seria da opinião de que a pessoa foi lesada, se solidarizaria com ela e a apoiaria quando defendesse o objeto em sua posse contra qualquer ataque violento, ou usasse força para recuperar o que havia sido injustamente arrancado de suas mãos. Esse seria o caso nas circunstâncias mencionadas. O espectador absolveria o primeiro possuidor que se defendesse e até mesmo se vigasse quando ofendido, da maneira que mencionamos. A causa dessa simpatia ou concordância entre o espectador e o possuidor é que ele entra em seus pensamentos e concorda com sua opinião de que pode formar uma expectativa razoável de usar o fruto ou o que quer que seja da maneira que desejar. Essa expectativa absolve na mente do espectador o possuidor, tanto quando ele se defende de quem o priva do que adquiriu quanto quando tenta recuperá-lo à força. {O espectador concorda com sua expectativa, mas não pode entrar nos planos de quem tomaria os bens do primeiro possuidor.} A expectativa razoável, portanto, que o primeiro possuidor fornece é a base sobre a qual o direito de propriedade é adquirido por ocupação. Você pode perguntar, de fato, uma vez que essa maçã é tão adequada para seu uso quanto para o meu, que título eu tenho para detê-la de você. Você pode ir à floresta (diz alguém para mim) e pegar outra. Você também pode ir, respondi eu. E, além disso, é mais razoável que você o faça, pois já fui e gastei meu tempo e esforço para procurar o fruto.

Tendo explicado a base sobre a qual a ocupação dá a propriedade ao ocupante, a próxima questão a ser considerada é em que momento a propriedade é concebida como iniciada pela ocupação. Seria quando conseguimos avistar o objeto ou quando o temos em nossa posse efetiva? Na maioria dos casos, a propriedade de um objeto não é concebida como começando até que o tenhamos realmente em nossa posse. Uma lebre em fuga não parece estar totalmente sob nosso controle; podemos ter uma expectativa de obtê-la, mas ainda assim pode acontecer de ela nos escapar. O espectador não nos acompanha até o ponto de conceber que fosse justificado exigir uma compensação pelo prejuízo causado a nós ao tirar tal presa de nosso poder. No entanto, vemos que nesse ponto os advogados discordaram consideravelmente. Trebácio, como nos informa Justiniano, concebia que um animal começava a ser nossa propriedade sempre que fosse ferido; isso nos dava um título justo sobre ele, e alguém poderia reivindicá-lo de qualquer possuidor por meio da *rei vindicatio*, ou seja, por força judicial. Outros advogados mais rigorosos, como Procúculo e Sabino, eram da opinião de que ele não se tornava nosso até que estivesse em nossa posse efetiva. Frederico Barbarossa, refinando ainda mais a doutrina de Trebácio, fez uma distinção quanto à maneira como o ferimento era dado. Se fosse com uma arma de projétil, ele julgava que isso não transmitia imediatamente a propriedade; mas se fosse com uma arma em mãos, como uma lança ou espada, ele julgava que o animal, por exemplo, um javali selvagem, passaria imediatamente à posse da pessoa que causou o ferimento. {Sem dúvida estava muito perto de estar em seu poder, e assim ele concebia que estava totalmente sob seu controle.} Em diferentes países existem constituições diferentes sobre esse assunto. Foi promulgada uma lei pelos lombardos que, se um veado fosse ferido e morto dentro de 24 horas após o ferimento, ele pertenceria parcialmente à pessoa que o feriu e parcialmente à pessoa que o matou, já que se considerava que a primeira teria ajudado a capturá-lo. A parte atribuída àquele que feriu era, penso eu, uma perna e quatro costelas. Da mesma forma, hoje em dia, nos navios que vão à pesca na Groenlândia, a baleia ferida é compartilhada entre o navio que feriu e o que a matou. Se o arpão de qualquer navio que estava pescando na mesma temporada for encontrado no peixe, certa parte é atribuída àquele navio, como tendo contribuído com o ferimento para a captura do peixe. Na maioria dos casos, no entanto, a propriedade é concebida como começando quando o objeto entra no poder do capturador.

A próxima questão a ser tratada é, por quanto tempo e em que circunstâncias a propriedade continua e em que momento se supõe que ela termine.

A princípio, concebia-se que a propriedade terminasse e começasse com a posse. Eles concebiam que algo já não era mais nosso de forma alguma depois que perdêssemos a propriedade imediata sobre isso. Um animal selvagem que havíamos capturado, quando sai de nosso poder, é considerado como deixando de ser nosso. Mas, como há uma conexão maior entre o possuidor que perde a posse daquilo que havia obtido do que tinha antes de obtê-lo, a propriedade passou a ser considerada como se estendendo um pouco mais, e a incluir não apenas aqueles animais que possuíamos na ocasião, mas também aqueles que tínhamos possuído antes, embora estivessem então fora de nossas mãos, isto é, enquanto os perseguíamos e tínhamos uma probabilidade de recuperá-los.

Se eu estivesse desejoso de pegar uma maçã e esticasse minha mão em direção a ela, mas outra pessoa, mais ágil, viesse e a pegasse antes de mim, um espectador imparcial conceberia isso como uma grande violação de boas maneiras e civilidade, mas não consideraria isso como uma violação de propriedade. Se, depois de eu ter pegado a maçã em minha mão, ela caísse e outra pessoa a pegasse, isso seria ainda mais incivil e uma afronta muito grave, beirando uma violação do direito de propriedade. Mas se alguém tentasse arrancá-la de minha mão quando eu estava efetivamente na posse dela, o espectador imediatamente concordaria que minha propriedade foi violada e me acompanharia no esforço para recuperá-la ou impedir a ofensa de antemão, mesmo que eu usasse de violência para cumprir meu objetivo. Agora, vamos aplicar isso ao caso dos caçadores. Quando inicio a caça a uma lebre, é apenas provável que eu a capture. Ela pode muito bem escapar de mim; o espectador não compartilha totalmente de minha expectativa de que eu deva pegá-la; muitos acidentes podem acontecer que me impediriam de capturá-la. Se alguém, nesse caso, viesse e pegasse a caça que eu havia soltado e estava perseguindo, isso pareceria uma grande transgressão das leis da caça justa; no entanto, não poderia, de forma justa, buscar reparação com o transgressor. O monteiro pode, em alguns países, impor uma multa a tal infrator. Se, depois de eu ter capturado a lebre ou outro animal selvagem, ela escapar, mas eu continuar a persegui-la e mantê-la à vista, o espectador passaria a concordar mais facilmente com minhas expectativas; alguém que me impedisse nessa perseguição pareceria ter cometido uma transgressão muito grave contra as regras da caça justa e teria se aproximado muito de uma violação do direito de propriedade. {Mas, depois que ela sai do meu poder, mesmo que eu ainda a veja, não há mais nenhuma conexão entre mim e ela; não posso mais reivindicar qualquer direito sobre ela, bem como sobre qualquer outro animal selvagem, pois não há mais probabilidade de eu pegá-la.} Porém, se alguém tivesse tirado de maneira violenta ou furtiva de mim aquilo que eu tinha efetivamente em minha posse, é claro que isso seria uma transgressão atroz do direito de propriedade, tal que poderia justificar, aos olhos do observador, meus esforços para recuperar o que me foi tão injustamente tirado. Assim, nessa fase da sociedade, a propriedade se estenderia apenas até a posse.

Contudo, quando os homens começaram a pensar em domesticar esses animais selvagens e trazê-los para perto de si, a propriedade necessariamente seria estendida muito mais. Os animais são de três tipos: 1º) *Ferae*, aqueles que estão sempre no estado selvagem; 2º) *Mansuefactae*, ou seja, aqueles que foram domesticados de modo que voltam para nós depois que os deixamos fora de nosso poder, e fazem isso habitualmente; embora haja outros da mesma espécie, como cervos, lebres, patos etc., dos quais alguns são selvagens e outros domesticados; 3º) *Mansuetae*, aqueles que só podem ser encontrados domesticados, como bois. Quando os homens começaram a criar animais domésticos, todos eles se enquadrariam na classe das *mansuefactae*, pois alguns ainda permaneciam selvagens. Porém, mesmo nesse caso, seria absolutamente necessário que a propriedade não cessasse imediatamente quando a posse terminasse. O proprietário não poderia ter todos os animais que domesticou ao seu redor; era necessário para a própria existência de qualquer propriedade desse tipo que ela se estendesse um pouco mais. Eles consideraram, portanto, que todos os animais permaneciam na propriedade de quem os possuía originalmente, enquanto mantivessem o hábito de voltar ao seu poder em determinados momentos. E isso continua a ser o caso com relação àqueles animais que são *mansuetae*, ou o que chamamos propriamente de domesticados. {Falcões, cervos etc., quando não mais regressam ao poder de seu dono, presumem-se cedidos a quem os capturar.} Mas, com o tempo, quando algumas espécies de animais passaram a ser encontradas apenas no estado de *mansuefactae*, perderam esse nome e se tornaram *mansuetae*. Uma extensão ainda maior foi, por esse meio, introduzida no conceito de propriedade, de modo que todos esses animais foram considerados como estando na propriedade de seu mestre enquanto pudessem ser distinguidos como seus; embora já tivessem havia muito deixado de voltar ao seu poder, ainda assim eram considerados como propriedade plena do dono. Isso foi sem dúvida uma grande extensão do conceito de propriedade, mas uma ainda maior surgiu com a introdução da agricultura. Parece provável que, de início, após o cultivo da terra, não houvesse propriedade privada desse tipo; o estabelecimento das habitações e a construção das cidades foi que introduziu a divisão das terras entre os indivíduos. O conceito de propriedade parece ter sido, inicialmente, restrito ao que estava ao redor da pessoa, suas roupas e quaisquer instrumentos que ela pudesse precisar. Isso seria naturalmente o costume entre os caçadores, cuja ocupação os levava a mudar continuamente seu local de residência. {Charlevois nos conta que certa mulher canadense, que tinha uma grande corda de [ ] que serve como dinheiro entre eles, era tão apegada a ela que nunca a deixava fora de sua vista. Um dia, aconteceu que ela levou a corda para um campo onde ia colher seu milho. Não havia árvore em seu campo, mas havia uma na propriedade do vizinho, bem ao lado. Nessa árvore, ela pendurou sua corda. Outra mulher, observando isso, foi até lá e a pegou. A dona da corda exigiu-a de volta, mas ela se recusou. O caso foi levado a um dos chefes da aldeia, que deu sua opinião de que, segundo a lei estrita, a corda pertencia à mulher que a retirara da árvore, e que a outra havia perdido todo direito de propriedade sobre ela por ter deixado a corda fora de sua posse. Contudo, se a outra mulher não quisesse cometer uma ação muito escandalosa e ganhar a fama de ser excessivamente avarenta (um termo extremamente desonroso naquele país), deveria devolvê-la à dona, o que ela fez.}

A introdução dos pastores fez que suas habitações fossem um pouco mais fixas, mas ainda assim muito incertas. As cabanas que construíam foram, com o consentimento da tribo, reconhecidas como propriedade do construtor. Não era evidente, de início, porque uma cabana deveria ser propriedade de alguém depois de ele tê-la deixado. Uma caverna ou gruta seria considerada como pertencente a quem a tivesse possuído enquanto permanecesse nela; mas não parecia que alguém tivesse qualquer direito a ela na noite seguinte só porque passara ali a noite anterior. A introdução da propriedade das casas deve, portanto, ter ocorrido com o consentimento comum dos membros de alguma tribo ou sociedade. Daí, com o tempo, a casa e os bens nela contidos começaram a ser considerados propriedade do construtor.

Daí as palavras gregas e latinas para propriedade, *dominium* e [ ]. {Deve-se observar que, mesmo na era dos caçadores, pode haver habitações fixas para as famílias, mas a propriedade não se estenderia para além da casa.} No entanto, ainda assim a propriedade não seria estendida para terras ou pastagens. A vida de um pastor exige que ele mude frequentemente sua localização, ou pelo menos o lugar de pastoreio, para encontrar pasto para seu gado. A propriedade do local onde ele construiu seria considerada como terminada assim que ele o deixasse, da mesma maneira que os lugares em um teatro ou uma cabana na praia pertencem a alguém enquanto ele os possui. Eles não conseguiriam facilmente conceber que um objeto tão extenso quanto a terra pertencesse a algo tão pequeno como um homem individual. Seria mais fácil conceber que um grande corpo, como uma nação inteira, tivesse propriedade sobre a terra. Portanto, percebemos que, em muitas nações, as diferentes tribos possuem seu próprio território sobre o qual as outras não ousam invadir (como os tártaros e os habitantes da costa da Guiné). Mas aqui se supõe que a propriedade permaneça com uma pessoa apenas enquanto ela efetivamente possui o objeto. Um campo que tinha sido pastoreado por um homem seria considerado seu apenas enquanto ele realmente permanecesse nele. Mesmo após a invenção da agricultura, levou algum tempo para que a terra fosse dividida em propriedades particulares. De início, toda a comunidade cultivava um pedaço de terra em comum; eles dividiam a colheita produzida por esse pedaço de terra entre os vários habitantes, de acordo com o número em cada família e a posição dos indivíduos na sociedade. A inclinação de qualquer pessoa não seria suficiente para constituir sua propriedade sobre um pedaço de terra, se fosse apenas por uma temporada; o resto da comunidade protestaria contra ele como alguém que estava se apropriando do que deveria ser de todos. Da mesma forma, qualquer corporação ou sociedade entre nós não permitiria que qualquer membro reservasse para seu uso pessoal parte de seu campo comum ou qualquer árvore nele etc., pois todos deveriam colher juntos o fruto desses bens comuns. {Como confirmação disso, aprendemos com Tacitus que cada nação que possuía alguma forma de agricultura cultivava um pedaço de terra, cujos produtos eram divididos entre os membros da comunidade.}

A origem da propriedade privada provavelmente se daria quando os homens se fixassem em habitações permanentes e passassem a viver em cidades, o que provavelmente aconteceria em toda sociedade mais avançada. O campo que cultivariam ao viverem juntos dessa forma seria o que estivesse mais próximo deles. Como seu local de residência se tornara fixo, logo perceberiam que seria mais fácil dividir a terra de uma vez por todas, em vez de ter o trabalho desnecessário de dividir o produto todo ano. Como consequência desse projeto, as principais figuras de tal comunidade, ou estado, se preferirem denominar um conjunto de homens nessa condição por tal título honroso, dividiram a terra comum em porções separadas para cada indivíduo ou família. Notamos, de fato, que Homero e Aristóteles, sempre que nos dão um relato sobre a fundação de uma colônia, a primeira coisa que mencionam é a divisão da terra. Aristóteles também menciona a maneira como isso foi feito. Ele nos diz que o terreno mais próximo à nova cidade construída foi dividido em parcelas separadas, pois era mais conveniente para cada um, porém o mais distante foi ainda considerado comum.

Uma coisa que fortalece a opinião de que a propriedade da terra foi estabelecida pelo magistrado principal após o cultivo é que, neste país, assim que a colheita é retirada do campo, o gado já não é mais mantido ou cuidado, mas é colocado no que chamam de corda longa; isto é, eles são soltos para vagar como desejarem. Embora isso seja contrário ao Ato do Parlamento, os camponeses estão tão apegados à ideia de que a propriedade da terra não dura mais do que a colheita que não há possibilidade de fazê-los observá-la, mesmo com a penalidade designada para ser aplicada.

Essa última espécie de propriedade, isto é, a propriedade da terra, é a maior extensão que a propriedade sofreu. Mais adiante, consideraremos em que forma ela tem sido limitada em diferentes países.

Pelos vários métodos mencionados, o direito de propriedade acabaria sendo estendido para quase todos os assuntos. No entanto, ainda existem algumas coisas que devem continuar sendo comuns de acordo com as regras de equidade. Assim, primeiramente, os animais selvagens não podem ser objeto de propriedade; ou seja, aqueles que, por sua rapidez ou ferocidade, se recusam a se submeter ao poder dos homens; estes são o que os juristas romanos chamavam de *fera natura*, assim como aqueles que não foram domesticados.

A tirania do governo feudal e a inclinação dos homens a extorquir tudo que podem de seus inferiores estenderam em alguma medida o direito de propriedade para esses assuntos. Pela lei civil e pelas constituições da maioria dos países na Antiguidade, a caça era considerada livre para todos. E isso certamente é o que mais se alinha à razão. Pois ninguém pode ter poder sobre um animal dessa natureza nem reivindicar a propriedade dele, porque ele pastou em seu terreno agora, pois talvez no momento seguinte ele esteja no terreno de outro. No entanto, quando o governo feudal foi estabelecido, que foi a base e ainda prevalece em alguma medida em todos os governos da Europa, o rei e seus nobres se apropriaram de tudo que puderam, sem grande risco de causar ressentimento em um povo escravizado. Entre outras usurpações, tornou-se regra que os animais selvagens pertencem apenas ao rei e aos seus senhores a quem ele concedeu o direito de caçá-los. Assim, no tempo de Henrique VII, foi feita uma lei que proibia qualquer pessoa de matar caça fora de sua própria propriedade, a não ser que fosse autorizada pelos donos da terra; outra foi feita no tempo de Jaime I, pela qual ninguém que não tivesse uma renda de 100 libras por ano em terras ou um arrendamento de 150 libras por um longo período (como 99 anos ou algum arrendamento vitalício) poderia caçar na própria propriedade; e, no tempo de Jorge I e II, foi estabelecido como punível com uma multa de 5 libras ter armas ou caça em posse, a não ser que tivesse a renda mencionada; e por outra lei nesse reinado, não só o magistrado, mas qualquer informante tinha direito de cobrar a multa. Não pode haver razão de equidade para essa constituição; se alguém causasse dano ao proprietário, ele poderia ser obrigado a pagar por isso, mas quando não há risco de dano, qualquer um poderia caçar como o proprietário da terra. A razão que eles dão é que essa proibição foi feita para evitar que as classes mais baixas gastassem seu tempo com um emprego tão improdutivo; mas a verdadeira razão é o prazer que os grandes têm em caçar e a grande inclinação que possuem para tirar tudo que podem das mãos dos outros. Da mesma forma, os peixes do mar e dos rios são naturalmente comuns a todos; mas o mesmo espírito de usurpação que tornou a caça do rei e de seus nobres se estendeu também aos peixes. Assim, todos os peixes maiores, por serem de maior importância, são considerados como pertencentes apenas ao rei ou a seus vassalos a quem ele concedeu o direito de pescá-los. Baleias, golfinhos, esturjões etc. são desse tipo. {Esses peixes maiores são todos chamados de reais.} O salmão também não pode ser pescado a menos que o rei o tenha concedido por uma carta régia expressa. Os peixes, assim como a caça, não podem ser objeto de propriedade; eles não estão sob nosso poder nem podem ser considerados pertencentes a uma propriedade de terra, pois estão frequentemente mudando de lugar, mas devem ser comuns a todos. Outra usurpação feita nos direitos das classes mais baixas foi a estipulação nas leis que estabeleciam que qualquer coisa que fosse *wafe*, como foi chamado (ou seja, tendo sido roubado, foi deixado pelo ladrão), deveria, se não fosse reclamado pelo proprietário dentro de um ano, ser apropriada pelo rei ou pelo senhor da terra onde fosse encontrado, e ao qual o rei tivesse concedido a franquia de *wafes*. Isso também se estendia a todos os objetos sem dono: αδέσποτα. Da mesma forma, os animais que haviam se perdido de seus donos e fossem encontrados em qualquer terreno não eram propriedade de quem os encontrasse, mas do senhor da propriedade. É evidente que, pela lei de equidade, tais posses deveriam ser devolvidas ao legítimo proprietário, da mesma forma que qualquer outro objeto, como um relógio que possa ser claramente identificado como seu, que é devolvido sempre que o proprietário puder provar sua posse. A única razão dada é que essa estipulação foi constituída para fazer que as pessoas ficassem mais atentas para prevenir a perda de animais e mais atentas para reclamá-los dentro do prazo. Contudo, admitindo que este seja o caso, por que não deveriam pertencer ao possuidor, em vez de serem entregues ao rei ou ao senhor da propriedade, que não têm direito sobre eles, nem mesmo por prescrição? Da mesma forma, a menos que o rei tivesse concedido a um proprietário de terra a franquia de tesouro *troff*,[1] este não poderia tomar para si o tesouro encontrado em sua própria terra, e muito menos o que encontrasse na terra de outro. Esses tesouros muitas vezes representavam boa parte da receita real, pois, embora hoje em dia sejam raramente encontrados, no passado, durante os períodos confusos em que a propriedade era muito insegura e era perigoso ser visto com dinheiro, pois

1 Em seguida, a grafia aparece como *troaf*. O que se sabe é que a franquia de tesouro *trove* (*trouver* em francês quer dizer encontrar; nesse sentido, *treasure trove* é o tesouro encontrado) dizia respeito ao privilégio de se apropriar de metais preciosos encontrados escondidos no solo e sem dono conhecido. (N. T.)

as leis não garantiam sua posse, nada era mais comum do que enterrar o que alguém havia conseguido juntar. Atualmente, na Turquia e nos domínios dos mongóis, quase todo homem tem um tesouro, e uma das últimas coisas que ele comunica aos herdeiros é o local onde seu tesouro pode ser encontrado. Em tais tempos, o direito sobre o tesouro *troaf* teria uma grande importância. A razão pela qual os nobres e os poderosos estabeleceram essas constituições era que o povo poderia ser mais facilmente levado a suportar uma usurpação desse tipo em detrimento de outros. Uma pessoa não desenvolve tal apego a uma coisa que possui por pouco tempo (como é o caso aqui) e que obteve com pouco esforço, como àquilo que obteve com grande esforço e trabalho; e assim não se sentirá tão ofendido por ser privado disso.

Além das coisas já mencionadas, há muitas outras que devem ser consideradas como comuns a todos, pois não podem ser diminuídas ou prejudicadas pelo uso, nem ninguém pode ser ofendido pelo uso delas. Assim, o ar é necessário para ser respirado por todos, e não se torna menos adequado ou diminui em quantidade para o uso dos outros. A água corrente, de maneira semelhante à do mar, é por natureza comum a todos. Uma fonte à beira do caminho não se torna pior porque alguém tenha bebido dela, nem o proprietário do terreno pode impedir alguém de beber nela. No entanto, se de fato a fonte estiver no meio do campo, o proprietário pode impedir o acesso, pois a pessoa não poderia chegar até ela sem lhe causar dano (a não ser que tenha uma servitude em relação a essa propriedade, *ad aquam appellendi*). Da mesma forma, a água dos rios e a navegação sobre eles, bem como a navegação ou o direito de navegar no mar, são comuns a todos. Ninguém é ofendido pelo uso que outro faça deles; quem tem um navio em determinado sítio não usurpa a propriedade desse local; ele só tem o direito sobre ele enquanto o possui; então, de fato, ele pode defender seu direito contra qualquer pessoa que queira deslocá-lo; mas, assim que o deixa, o direito cede ao próximo ocupante. {A costa do mar, da mesma forma, parece ser comum a toda a comunidade, e a anexação dela parece pertencer a todo o corpo social, mas o rei a usurpou para si, de tal forma que, em Lincolnshire, onde ocorrem frequentes acréscimos e diminuições, uma pessoa que teve 100 acres invadidos pelo mar não pôde tomar posse deles, embora sua carta abrangesse toda a terra entre aquela costa e a Dinamarca, porque o número de acres não estava especificado, e tudo foi cedido ao rei.} Embora o direito de navegação seja, dessa forma, naturalmente comum a todos, as nações e Estados que estão próximos a qualquer rio ou entrada do mar frequentemente usurparam a jurisdição, embora não o domínio ou a propriedade, sobre eles, de modo que não permitem que navios entrem neles sem sua permissão. A razão para isso é que, caso contrário, isso os exporia a seus inimigos e estranhos, permitindo que esses entrassem no coração de seu país. Não pretendem, no entanto, reivindicar qualquer direito sobre a água desses rios, mas apenas restringir a navegação.

São apenas os braços de mar, que fazem um pequeno contorno exterior da terra adjacente, que estão sob jurisdição, como os estuários de Clyde, Forth e o estuário de Murray. O mar Báltico, por outro lado, embora seja de grande extensão, está sob a jurisdição do rei da Dinamarca, porém isso não ocorreu porque fosse considerado parte ou anexo da terra, mas teve seu início devido ao tributo que ele arrecadou para a defesa dos faróis. Tanto a Suécia quanto a Dinamarca, embora seus territórios em suas margens tenham sido muitas vezes muito maiores do que são agora, nunca exigiram esse tipo de tributo. Da mesma forma que os rios e pequenos estuários são considerados parte ou anexo da terra, o mar e a costa do mar estão sob jurisdição. Assim, os estrangeiros não têm permissão para navegar ou pescar perto da costa sem permissão expressa. Este é particularmente o caso em partes do mar que estão próximas de qualquer forte e dentro do alcance de seus canhões, onde a nenhum navio se permite passar ou pescar sem reconhecer sua jurisdição. Que os estrangeiros não sejam autorizados a pescar tem algum fundamento na natureza, pois o que é obtido dessa forma é muitas vezes a principal parte do sustento de grande número de habitantes, e eles naturalmente se sentiriam ofendidos se os estrangeiros interrompessem esse direito. Além disso, os peixes em mares estreitos e rios não são inesgotáveis. A restrição, no entanto, sobre a navegação e a apropriação dos rios pela comunidade ou pelo Estado através do qual o território passa baseia-se no princípio da *acessão*, pelo qual as coisas menores cedem às maiores a que se aderem.

Anexo 2) Escravidão e população – LJ(A), p.192-4

Há diversos outros inconvenientes decorrentes da instituição da escravidão, que abordarei ao tratar de polícia. Vou apenas destacar um ou dois inconvenientes notáveis, ou seja, que ela é extremamente prejudicial à população. Como os senhores desejam escravos principalmente por seu trabalho, eles geralmente procuram homens, pois estes são mais capazes de suportar um grau elevado de trabalho pesado. As mulheres, por não terem a mesma força, são menos cobiçadas. Elas nunca são desejadas para fins de reprodução, pois, assim como é sempre muito mais barato comprar um boi ou um cavalo de um país pobre onde a manutenção é barata do que criá-los em um país rico, também é mais barato comprar um escravo de um país pobre do que criá-los localmente. Notamos, dessa forma, que havia poucos *vernae* (como os romanos os chamavam) em Roma; a maior parte era trazida da Síria, Cítia, Capadócia ou de outros países pobres. Fomos informados de que na ilha de Delos, que ficava no trajeto entre Roma e esses diferentes países, já foram vendidos, em um único dia, mais de 10 mil escravos em um mercado destinado aos romanos; daí podemos inferir o enorme volume anual de importação de escravos naquela época. Também existe uma importação massiva, embora não tão grande quanto a anterior, vinda da costa da África para as várias colônias europeias na América e nas ilhas das Índias Ocidentais. Desses escravos, apenas uma pequena parte é composta por mulheres. Demóstenes, em um de seus discursos, ao enumerar os bens deixados por seu pai, menciona que ele lhe deixou cinquenta escravos homens e apenas duas mulheres, o que mostra uma proporção de 1:25. O mesmo se observa nas ilhas açucareiras das Índias Ocidentais. É inevitável, dada a própria natureza das coisas, que essas mulheres vivam em estado de prostituição, uma condição extremamente inadequada para a reprodução; consequentemente, não há grandes probabilidades de que muitos filhos nasçam delas. Contudo, se porventura algumas crianças forem geradas, como é natural que ocasionalmente ocorra, não há grandes perspectivas de que sejam amparadas até a maturidade. Uma criança é uma planta delicada, que exige muito cuidado, assistência e atenção durante o crescimento. Estima-se que metade da humanidade morra antes dos 5 anos de idade. Mas isso ocorre principalmente entre as classes mais pobres, cujas crianças são negligenciadas e expostas a muitas dificuldades, como as intempéries e outros perigos. As classes mais abastadas, que podem se dedicar ao cuidado dos filhos, raramente perdem tantas crianças. Poucas mulheres de posição média que deram à luz oito filhos perderam quatro deles antes dos 5 anos, e muitas vezes não perderam nenhum. Portanto, é a negligência que explica essa alta mortalidade. E que crianças são mais propensas a serem negligenciadas do que as de escravos, que são desprezados e negligenciados por todos? Ainda que algumas crianças nasçam, poucas delas serão criadas. Verifica-se que, por todas essas razões combinadas, o estoque de escravos nas Índias Ocidentais seria completamente exaurido em cinco ou seis anos, de modo que, a cada ano, é necessário importar cerca de 1/5 ou 1/6 do total; uma proporção que não se encontra em nenhuma outra condição entre os homens.

Anexo 3) Privilégios de exclusividade – LJ(A), p.85-6

Acabo de tratar dos diversos direitos reais, não apenas da propriedade, mas também das servitudes e garantias, e mostrei que, originalmente, esses direitos eram meramente pessoais. Contudo, devido à determinação do legislador para evitar a confusão que isso gerava, foram mais tarde transformados em direitos reais. Também procurei demonstrar que os diversos deveres feudais eram, propriamente falando, servitudes e compunham, de longe, a maior e mais importante parte das servitudes em uso neste país. Aquela que é comumente distinguida pelo nome de servitude, entretanto, não é de fato uma servitude. Trata-se da obrigação imposta aos possuidores de certas propriedades de moer seus cereais em um moinho específico e em nenhum outro. Isso é conhecido como estar sujeito ao moinho, e esse encargo é geralmente denominado pelos juristas como a servitude de *thirlage*. Contudo, é evidente que isso não configura uma servitude, mas sim um privilégio de exclusividade. O fato de que as diversas propriedades vizinhas sejam obrigadas a moer em um determinado moinho não corresponde ao conceito de servitude, que implica necessariamente um *jus in re aliena constitutum* [direito constituído sobre coisa alheia]. Trata-se de um privilégio exclusivo para moer todo o cereal cultivado em uma determinada área. Esse privilégio se estende por quase todas as partes baixas da Escócia; dificilmente existe uma propriedade que não esteja vinculada a algum moinho. Na conjuntura atual, essa é uma das antigas constituições que seria muito melhor se fosse abolida, e existem muitas outras semelhantes. Não obstante, pode ter sido muito conveniente na constituição ou estabelecimento inicial dos moinhos. Um moinho de vento ou de água realiza o trabalho com muito mais facilidade e em menos tempo do que poderia ser feito manualmente. Quando, portanto, algumas pessoas estabeleceram essas máquinas para atender à vizinhança, era necessário que fossem garantidas em um lucro razoável. Para isso, os vizinhos, abrangendo maior ou menor distância, comprometeram-se, junto com seus herdeiros, a utilizar esse serviço, garantindo assim ao proprietário uma subsistência tolerável. Entretanto, na atualidade, tais constituições são não apenas totalmente inúteis, mas também bastante prejudiciais, uma vez que desestimulam a indústria e o desenvolvimento das artes. Em muitos lugares, são um considerável incômodo e um grande fardo para aqueles que estão sujeitos a elas. Provavelmente, por essa razão, os juristas as denominaram servitudes, no sentido de que representavam um encargo.

Da mesma forma, os privilégios de exclusividade das corporações, que, como procurei demonstrar, atualmente são prejudiciais à comunidade, mas talvez tenham sido convenientes e até mesmo necessários aos indivíduos dessas corporações em seu início. Quando um grupo de pessoas concordava em viver em comunidade, era necessário que tivessem meios para se defender das invasões de vizinhos, ou seja, que dispusessem de uma jurisdição de certa extensão, o que todas as cidades, de fato, possuem. Além disso, era preciso garantir não apenas sua segurança, mas também sua prosperidade. Verifica-se que uma sociedade deve estar em estágio bastante avançado para que os diferentes ofícios possam garantir subsistência. Profissões que não proporcionam diretamente alimentos, como pão e carne, ou mesmo algumas dessas atividades, não poderiam de início ser a única fonte de sustento. Um carpinteiro ou um tecelão não confiaria apenas em seu ofício; com frequência, exerceria essa atividade como uma ocupação subsidiária. Até hoje, em partes remotas e pouco povoadas do país, um tecelão ou um ferreiro, além de praticar seu ofício, cultiva uma pequena propriedade, acumulando assim as atividades de agricultor e artesão. Para acelerar a especialização dos ofícios, além do que o progresso natural da sociedade permitiria, e evitar a incerteza dos que se dedicavam a uma única profissão, o legislador determinou que esses trabalhadores deveriam ter o privilégio de exercer seus ofícios sem o receio de perder seu sustento devido ao aumento de concorrentes. Essa medida parece bastante razoável para os primeiros estágios das artes, como forma de levá-las ao seu devido aprimoramento, e é confirmada pelo fato de ter sido prática comum em diversas nações da Europa. No entanto, como esse objetivo já foi plenamente alcançado, seria desejável que esses privilégios, assim como muitos outros resquícios da antiga jurisprudência, fossem eliminados.

Anexo 4) Divisão do trabalho – LJ(A), p.340-9

Terça-feira, 29 de março de 1763.

Na aula de ontem, procurei explicar as causas que incitam o homem à indústria e que lhe são peculiares em relação aos demais animais: a fragilidade natural de sua constituição e seus desejos de elegância e refinamento. Essas carências um selvagem solitário pode, de algum modo, suprir, mas não da forma considerada absolutamente necessária em qualquer país onde o governo já tenha sido estabelecido por algum tempo. Mostrei também como a maior parte das artes e das ciências foi inventada e aprimorada para atender a três grandes carências da humanidade ou para servir a estes três fins: alimentação, vestuário e moradia. Demonstrei que a humanidade está muito mais bem provida de todos os itens necessários e convenientes à vida em um estado civilizado do que em um estado selvagem; que a abundância e a opulência são muito maiores. A indústria não assistida de um selvagem não pode, de forma alguma, fornecer-lhe aquilo que agora se tornou necessário até mesmo para o mais humilde artesão. Podemos perceber essa diferença ao comparar o modo de vida de um trabalhador diarista comum na Inglaterra ou na Holanda com o de um príncipe selvagem, que tem à sua disposição as vidas e as liberdades de mil ou até 10 mil selvagens nus. É evidente que este homem, a quem falsamente julgamos viver de maneira simples e modesta, está muito mais bem provido do que o próprio monarca. Cada parte de seu vestuário, utensílios e alimentos foi produzida pelo trabalho conjunto de um número infinito de mãos, e estas, por sua vez, necessitaram de uma enorme quantidade de pessoas para lhes fornecer ferramentas para suas respectivas atividades. De modo que esse trabalhador não poderia ser provido de maneira tão simples (como costumamos dizer) sem a colaboração de cerca de mil mãos. Sua vida, de fato, é simples quando comparada ao luxo e à profusão de um nobre europeu. Mas talvez a opulência e o luxo dos mais ricos não superem tanto a abundância e o conforto de um agricultor industrioso quanto este último supera a vida desprovida e desassistida do selvagem mais respeitado. Não deveria parecer estranho que o homem de posses supere em tanto, em termos de comodidades e facilidades da vida, o selvagem rude e indigente. Nas sociedades civilizadas, o trabalho e o tempo dos pobres são sacrificados para manter os ricos em conforto e luxo. O proprietário de terras é sustentado na ociosidade e no luxo pelo trabalho de seus arrendatários, que cultivam a terra tanto para ele quanto para si mesmos. O homem com dinheiro é mantido por suas exações sobre o mercador industrioso e sobre os necessitados, que são obrigados a sustentá-lo em conforto em troca do uso de seu dinheiro. Contudo, cada selvagem desfruta plenamente dos frutos de seu próprio trabalho; não há proprietários de terra, usurários ou coletores de impostos. Portanto, deveríamos esperar que o selvagem estivesse muito mais bem provido do que o pobre dependente que trabalha tanto para si quanto para os outros.

Contudo, a realidade é bem diferente. A indigência de um selvagem é muito maior do que a do mais humilde cidadão de qualquer país que mereça ser chamado de civilizado. Há ainda outra consideração que aumenta a dificuldade de explicar essa diferença. Se supuséssemos que o trabalho fosse igualmente repartido entre todos, essa dificuldade desapareceria. Ou seja, se considerássemos que, dos 10 mil cujos trabalhos são necessários para sustentar um único indivíduo, cada um fosse sustentado pelo trabalho dos outros, haveria uma proporção recíproca de trabalho de um para 10 mil e de 10 mil para um, de forma que cada um teria o trabalho de um a seu favor. Mas em nenhum estado civilizado isso ocorre. De 10 mil famílias que se sustentam mutuamente, talvez cem absolutamente não trabalhem e não contribuam para o sustento comum. As demais precisam sustentá-las, além de si mesmas, e ainda assim os que trabalham têm uma parcela muito menor de conforto, comodidades e abundância do que aqueles que não trabalham. O rico e opulento mercador, que nada faz além de dar algumas instruções, vive em um estado de luxo e conforto muito superior ao de seus funcionários, que realizam todo o trabalho. Estes últimos, excetuando-se o confinamento, estão em uma condição de conforto e abundância muito superior à do artesão cujo trabalho produziu essas mercadorias. O trabalho desse artesão também não é tão penoso; ele trabalha abrigado, protegido das intempéries, e ganha a vida de forma relativamente confortável se o compararmos ao pobre trabalhador. Este enfrenta todos os inconvenientes do solo e das estações, está continuamente exposto às intempéries e, ao mesmo tempo, é submetido ao trabalho mais árduo. Assim, aquele que, por assim dizer, sustenta toda a estrutura da sociedade e fornece os meios para a conveniência e o conforto de todos os demais possui apenas uma parcela muito pequena e vive soterrado na obscuridade. Ele carrega nos ombros toda a humanidade e, incapaz de suportar esse peso, é por ele esmagado, empurrado para os recantos mais baixos da terra, de onde sustenta todos os outros. Como, então, explicar a considerável parcela de comodidades de que ele e os mais pobres desfrutam? Somente a divisão do trabalho entre diferentes mãos pode explicar isso. Vamos considerar os efeitos dessa divisão em um ramo específico de negócio e, a partir daí, julgar seu impacto no todo. Tomemos para esse propósito um exemplo trivial, mas que o ilustrará suficientemente: a fabricação de alfinetes. Suponhamos que um homem devesse extrair o minério, quebrá-lo e derretê-lo, fundi-lo, preparar os fornos e forjar o latão em barras, estirá-las em fios, cortar esses fios, moldar a cabeça e assim por diante. Ele dificilmente conseguiria fabricar um único alfinete em um ano. Como o trabalhador deve obter o preço de seu trabalho, e se avaliarmos o trabalho de um homem por ano em 6 libras, cada alfinete custaria, nesse caso, cerca de 6 libras. Se considerarmos que a maior parte do trabalho já foi feito para ele, e que o latão lhe é dado já em fios, e ele realiza todas as operações necessárias para transformar o fio em alfinetes, não seria capaz de fabricar mais de vinte alfinetes por dia. Considerando que o valor do trabalho diário, somado ao custo do latão e ao desgaste das ferramentas, seria de aproximadamente 20 *pence*, ele não poderia vender seus alfinetes por menos de 1 *penny* cada. No entanto, o fabricante de alfinetes divide essa tarefa entre muitas mãos: uma pessoa corta o fio, outra afia uma extremidade para receber a cabeça, três ou quatro são empregadas na fabricação da cabeça, uma a coloca, outra forma a ponta, outra galvaniza e outra empacota os alfinetes. Assim, na fabricação de um alfinete, estão envolvidas cerca de dezoito pessoas. Esses trabalhadores, em um dia, produzirão cerca de 36 mil alfinetes, o que equivale a cerca de 2 mil por pessoa. Dessa forma, o trabalho é extremamente aumentado, e o fabricante pode tanto aumentar os salários dos trabalhadores quanto vender os produtos mais baratos. Em vez de custar 6 libras ou 20 *pence* por alfinete, ele agora pode vender algumas dúzias por meio *penny*. O mesmo ocorre em todas as outras artes mecânicas.

O trabalho do agricultor é inteiramente separado do trabalho do manufator. O agricultor tem sua parte, e o manufator a dele. Quantas mãos diferentes e quantos negócios separados existem entre o criador que alimenta as ovelhas ou o cultivador do linho, e aquele que alisa e prensa a lã ou aquele que esmalta e finaliza o linho? A agricultura, no entanto, não permite essa separação de tarefas no mesmo grau que as manufaturas de lã, linho ou trabalhos em ferro. Muitas vezes, o mesmo homem deve ser o lavrador, semeador, gradador, ceifador e debulhador do cereal (embora aqui possa haver algumas distinções). Mas a diferença das estações em que esses trabalhos são realizados torna impossível que alguém ganhe a vida fazendo apenas uma dessas atividades. O debulhador e o moleiro, por exemplo, conseguem trabalhar igualmente em qualquer época do ano. O agricultor pode também ser muito auxiliado quando as diferentes partes do trabalho necessárias para fornecer seus instrumentos são feitas por outras mãos, como carpinteiros de arados, construtores de carros e vagões, e ferreiros que cuidam das partes de ferro dessas ferramentas. Ainda assim, a impossibilidade de separar o trabalho na mesma extensão que ocorre nas manufaturas torna impossível que os aprimoramentos na agricultura acompanhem o ritmo das manufaturas. Embora um Estado opulento supere sem dúvida um Estado mais pobre tanto no cultivo do solo quanto na qualidade e no preço acessível de suas manufaturas, isso não será tão evidente no caso dos produtos agrícolas quanto no das artes manuais. Assim, o cereal da França é geralmente tão bom em todos os aspectos e tão barato quanto o da Inglaterra; mas os brinquedos, botões, fivelas, facas etc. desta última superam amplamente os da outra em acabamento, robustez e preço acessível. Quando esses aprimoramentos são alcançados, cada ramo do comércio será capaz de proporcionar tanto a opulência e os lucros consideráveis aos grandes proprietários quanto recompensar suficientemente a indústria dos trabalhadores. Cada ofício poderá oferecer algo para aqueles que não trabalham e ainda proporcionar uma boa remuneração aos industriosos. Voltando ao exemplo trivial mencionado anteriormente: suponha que os fabricantes de alfinetes possam produzir mil alfinetes por dia, e que estes (incluindo o custo do metal, que é de cerca de 20 *pence* por libra, quantidade da qual podem ser feitos muitos milhares de alfinetes) sejam vendidos a uma taxa de 3 meio-*pence* (*halfpence*) por cada cem unidades. Assim, os mil alfinetes valeriam 15 *pence*, dos quais o artesão poderia destinar 3 ao seu mestre e reter 12 como pagamento por seu trabalho. Ou poderia entregar duzentos alfinetes ao mestre e manter oitocentos para si, pois dar ao mestre uma parte dos alfinetes ou o valor correspondente dá no mesmo. Se supusermos novamente que o fabricante de alfinetes consiga organizar o trabalho de modo que cada homem produza 2 mil alfinetes por dia e que estes sejam vendidos a 1 *penny* por cada cem unidades, o valor total seria de 20 *pence*. O mestre poderia ficar com 5 *pence*, enquanto o artesão receberia 15 *pence*. Nesse caso, o custo do trabalho seria menor, o público estaria muito mais bem abastecido e o artesão seria mais bem remunerado. Agora, o trabalho custa muito pouco. O fio de latão custa cerca de 20 *pence* por libra, e depois de ser transformado em alfinetes (dos quais podem ser feitos vários milhares com 1 libra), o custo total não ultrapassa 2 xelins e 6 *pence*. Dessa forma, o custo do trabalho de 1 libra de alfinetes é de apenas 10 *pence*. É nesse sentido que o preço da mão de obra pode ser elevado enquanto o custo do trabalho permanece baixo. Essas duas coisas, que aos olhos do público parecem completamente incompatíveis, são na verdade perfeitamente consistentes. Isso ocorre porque os aprimoramentos nas artes tornam a produção muito mais fácil, permitindo que o artesão receba um salário elevado enquanto os bens ainda permanecem a um preço acessível. Aquele estado é opulento onde as necessidades e conveniências da vida são facilmente obtidos, independentemente de quaisquer outras condições; e nada mais merece o nome de opulência além dessa acessibilidade. Isto é, um estado é opulento quando, sem grande esforço e com uma aplicação adequada da indústria, essas coisas podem ser facilmente alcançadas, independentemente da abundância de dinheiro ou de outros bens desse tipo.

A indústria e o trabalho bem aplicados sempre melhoram a produção, e um estado opulento pode sempre oferecer mercadorias a preços mais razoáveis do que um estado pobre. Se, em algum momento, ocorrer que, de dois estados – sendo um opulento e o outro pobre –, o primeiro perca algum ramo de seu comércio por ser superado no preço pelo outro, que pode oferecer a mercadoria por um valor menor, a opulência do primeiro jamais será a causa disso. Devemos buscar a explicação em outro lugar. Isso deve resultar de inconveniências indevidas que esse ramo de negócios sofreu, devido a impostos ou tributos opressivos e insustentáveis, ou à insolência e opressão dos administradores, ainda mais insuportáveis do que qualquer imposto, ou ao preço excessivo das necessidades da vida por alguma causa específica. Assim como um mercador rico pode sempre vender mais barato do que um mercador pobre, uma nação rica pode fazer o mesmo em relação a uma nação menos rica. Na Holanda, onde os artesãos são tão bem remunerados quanto em qualquer outro lugar, é possível adquirir mercadorias para exportação mais baratas do que em qualquer outro lugar, embora para consumo interno os preços sejam relativamente altos. Essa diferença deve-se inteiramente aos impostos e tributações de venda aplicados no mercado interno, mas não no externo. Os mestres, possuindo estoques maiores em seus diversos trabalhos, conseguem dividir o trabalho entre um número maior de mãos; com isso, obtêm um trabalho melhor e podem oferecê-lo a um preço mais baixo. Com a divisão do trabalho, a quantidade de produção é multiplicada por dez, vinte ou quarenta vezes em comparação com a produção feita por menos trabalhadores, e quanto mais altamente o trabalho for dividido, mais barato ele sempre será. Podemos observar, portanto – embora isso não seja geralmente percebido –, que o preço de quase todas as mercadorias caiu desde a Revolução, seja de tecidos de linho e lã, seja de todos os tipos de produtos manufaturados, apesar da suposta abundância de dinheiro. As únicas coisas que aumentaram de preço foram o pasto e, consequentemente, a carne de açougue, por uma razão particular. No país dos mogóis, onde todas as artes e manufaturas são levadas ao mais alto grau de perfeição, todos as necessidades da vida podem ser compradas por muito menos dinheiro do que aqui. Lá, os tecidos de algodão e as sedas, que em suas diversas formas são muito melhores para vestuário do que nossos linhos e lãs, são muito mais baratos. Não fosse pelos altos impostos sobre esses produtos (apesar do custo elevado do transporte), que às vezes chegam a ser quatro ou cinco vezes o valor original, seríamos vestidos pelo trabalho dos mogóis, com algodões e sedas que seriam mais baratos e melhores do que qualquer coisa produzida localmente. Somente esses impostos mantêm nossos manufatores.

Não devemos julgar se o trabalho é barato ou caro pelo preço monetário dele, mas sim pela quantidade de bens necessários à vida que pode ser obtida com seus frutos. Somos informados de que em Bengala o pagamento por um dia de trabalho é cerca de 2 *pence*, mas não devemos concluir daí que o trabalho seja mais barato do que neste país. O trabalho pode ser tão bem recompensado naquele país com 1 *penny* quanto em Londres com 1 xelim ou 1 xelim e 6 *pence*, já que 1 *penny* lá pode adquirir a mesma quantidade dos bens necessários à vida quanto 1 xelim aqui. As conveniências da vida são mais acessíveis, e esse baixo preço monetário do trabalho prevalece, contrariamente às noções comumente aceitas, mesmo com uma grande abundância de dinheiro naquela região. O preço monetário do trabalho raramente aumenta na mesma proporção em que avançam as melhorias na indústria e nas artes. O ouro e a prata, sendo úteis nas trocas de mercadorias, certamente contribuem para a riqueza de um país ao serem multiplicados. No entanto, não podem ser multiplicados com a mesma facilidade que outras mercadorias. Um homem que cultiva 1 acre pode, cultivando 2 ou adotando um determinado método de manejo daquele único acre, quase certamente dobrar seu estoque de cereais; mas não tem a mesma certeza de que, aplicando o dobro de esforço à mina, conseguirá multiplicar na mesma proporção a quantidade de ouro e prata. O mesmo acréscimo de esforço aplicado à agricultura ou a qualquer outro tipo de produção é muito mais certeiro para multiplicar cereais ou outros produtos do que para multiplicar ouro. E, como mostrarei mais adiante, todas as outras atividades são geralmente mais lucrativas do que a exploração de minas de ouro.

Esse aumento no estoque de mercadorias e a redução no custo do trabalho, resultante da divisão do trabalho, tem três causas. Primeiro, a destreza que ela proporciona aos trabalhadores; segundo, a economia de tempo que se perde ao passar de uma tarefa para outra; e terceiro, a invenção de máquinas que ela fomenta. O primeiro aspecto, o aumento da destreza devido à divisão do trabalho, é imenso. Como o trabalho é reduzido a operações extremamente simples e um homem é constantemente empregado em apenas uma delas, ele adquire uma destreza surpreendente, sendo capaz de realizar uma quantidade de trabalho muitas vezes superior à de outro. Um ferreiro do campo que ocasionalmente trabalha em diversos tipos de ofícios – fechaduras, arados, grades, dobradiças etc. – e que em horas vagas se dedica a fazer pregos, pode produzir no máximo 1,5 mil pregos por dia. Um pregoeiro de 15 anos que nunca trabalhou em outra coisa pode fabricar entre 3 mil e 4 mil pregos. Já um ferreiro que talvez nunca tenha feito pregos, mesmo sendo experiente em diversos tipos de trabalhos, não conseguirá fazer mais do que duzentos ou trezentos pregos, e ainda assim de qualidade inferior. Essa grande diferença existe mesmo que a fabricação de pregos não seja uma das operações mais simples, considerando a maneira como é praticada. A diferença na fabricação de agulhas ou alfinetes, que são reduzidas às operações mais simples, é ainda maior. A rapidez com que algumas dessas operações são executadas por aqueles que há muito tempo estão habituados a elas é absolutamente impressionante e inconcebível para aqueles que não estão acostumados a algo semelhante.

Em segundo lugar, a economia de tempo proporcionada por essa divisão do trabalho é muito considerável. É absolutamente evidente que deve haver uma perda de tempo em certos casos em que o trabalho precisa ser realizado em lugares diferentes. Um tecelão que também cultiva uma fazenda deve perder bastante tempo ao se deslocar do campo até seu tear. Mas, ainda que os diferentes ramos de um ofício sejam exercidos dentro do mesmo local de trabalho, mesmo assim há uma perda considerável. Ele se dispersa e descansa entre uma tarefa e outra; dificilmente alguém consegue aplicar a mente a um trabalho de imediato; sente-se uma espécie de apatia e inatividade no início, o que torna natural essa tendência a demorar-se entre as tarefas. Um homem de espírito, quando sob forte pressão, passará rapidamente de um trabalho a outro e aplicará a mesma energia em ambos. Mas até mesmo um homem de espírito precisa ser pressionado para agir assim; do contrário, até ele se demorará entre as tarefas. Essa é uma das principais razões pelas quais os trabalhadores do campo, que não conseguem dedicar-se exclusivamente a um único ramo – onde um ferreiro não pode viver apenas de fabricar fechaduras ou pregos, mas deve trabalhar com os mais diversos tipos de ferramentas e em diferentes tipos de serviço; onde um carpinteiro não pode sustentar-se apenas fazendo cadeiras e mesas, nem se limitar ao uso do machado, mas precisa ora aplainar, ora serrar, ora talhar com a machadinha, ora com a goiva e, depois, trabalhar com o formão – acabam adquirindo uma certa indolência e uma tendência à dispersão, algo completamente distinto da atividade dinâmica do operário urbano, além da falta de destreza.

Em terceiro lugar, a invenção de máquinas aumenta enormemente a quantidade de trabalho realizado. Isso é evidente até mesmo nas operações mais simples. Um arado, com dois homens e três cavalos, lavrará mais terra do que vinte homens poderiam cavar com a pá. Um moinho de vento ou de água, operado pelo moleiro, realizará mais trabalho do que oito homens com moinhos manuais, e isso com grande facilidade, ao passo que o moinho manual era considerado o trabalho mais árduo a que um homem poderia ser submetido, de modo que apenas aqueles culpados de algum crime capital eram forçados a operá-lo. No entanto, o moinho manual estava longe de ser uma máquina desprezível e exigiu uma boa dose de engenhosidade para ser inventado. Quão superior não era ele em comparação ao método primitivo de esfregar o grão entre duas pedras ásperas, prática não apenas comum entre povos selvagens, mas também entre os habitantes das regiões mais remotas deste país. Quando alguém se dedica continuamente a uma mesma atividade, sua mente naturalmente se ocupará em buscar os meios mais adequados para aperfeiçoá-la. Talvez tenha sido um agricultor quem primeiro inventou o arado, embora o fabricante de arados, habituado a pensar sobre isso, possa ter contribuído para seu aprimoramento. E não há nada de tão misterioso nas invenções desse instrumento que impeça um ou outro de ter sido seu criador. O arado de semeadura, o mais engenhoso de todos, foi invenção de um agricultor.

Um escravo, forçado a moer grãos até reduzi-los a pó entre duas pedras ásperas e duras, provavelmente foi quem primeiro pensou em facilitar o trabalho sustentando uma das pedras sobre um eixo e girando-a por meio de uma manivela horizontal. Ele mesmo pode ter aprimorado o mecanismo com a introdução do alimentador e da tremonha e, com a ajuda do fabricante de moinhos, adaptado a engrenagem e outros componentes, permitindo que o grão fosse alimentado por meio de uma abertura na pedra superior. O fabricante de rodas, por sua vez, após longos anos de experiência e reflexão, pode ter concebido a roda dentada que, acionada por uma manivela vertical, facilitava imensamente o trabalho ao dar ao operador maior controle sobre o mecanismo. No entanto, o homem que primeiro teve a ideia de aplicar a força da água corrente, e, mais ainda, a força do vento, para movimentar esse mecanismo, substituindo a manivela por uma roda externa, não foi um moleiro nem um fabricante de moinhos, mas um filósofo, um daqueles homens que, embora não executem trabalho manual, ao observarem todas as coisas são capazes, graças a essa forma ampliada de pensar, de combiná-las para produzir efeitos aparentemente improváveis. Aplicar uma força já utilizada dessa maneira é algo que muitos, ou mesmo qualquer um, pode fazer, desde que esteja suficientemente envolvido com esse tipo de trabalho; mas empregar forças que nunca antes haviam sido usadas dessa forma e que parecem completamente inadequadas para tal propósito deve ser obra de um desses observadores universais a quem chamamos filósofos. A máquina a vapor, que eleva a água por meio de uma força que dificilmente pareceria adequada a tal efeito, ainda que tenha sido posteriormente aperfeiçoada por artífices argutos, foi invenção de um engenhoso filósofo; e o mesmo, sem dúvida, pode ser dito do inventor dos moinhos de vento e de água.

A própria filosofia torna-se uma profissão distinta e, com o tempo, como todas as outras, subdivide-se em diversas áreas: temos o filósofo mecânico, o químico, o astrônomo, o metafísico, o teólogo e o filósofo moral. Essa divisão aprimora a filosofia, assim como acontece com qualquer outro ofício. Os filósofos, tendo cada um sua ocupação específica, produzem mais trabalho no conjunto e em cada ramo do que antigamente.

Essa divisão do trabalho não é, contudo, resultado de nenhuma polícia humana, mas a consequência necessária de uma disposição natural inteiramente peculiar aos homens, a saber, a disposição para barganhar, permutar e trocar. E, sendo essa disposição exclusiva do homem, dela decorre a divisão do trabalho entre diferentes pessoas que atuam em conjunto. Observa-se que os cães de caça, em uma perseguição, fazem a lebre voltar-se uns para os outros e, dessa forma, auxiliam-se mutuamente e dividem o trabalho; mas isso não surge de nenhum contrato, como fica evidente pelo fato de que, geralmente, brigam entre si depois de matá-la. Jamais se viu cães fazerem um acordo para trocar um osso por outro, nem utilizarem sinais para declarar: "Isto é meu, aquilo é teu". Os cães atraem a atenção dos outros por meio de sua bajulação e afagos. O homem, às vezes, recorre a esse mesmo artifício quando nenhum outro meio lhe é eficaz para obter o que deseja, adulando e lisonjeando. Mas isso raramente ocorre; em geral, ele recorre a outros expedientes. Os demais animais vivem completamente independentes uns dos outros. Às vezes, quando estão em perigo, seus gritos podem atrair a atenção de um homem ou de outros animais, mas isso é raro, e a natureza não parece ter previsto esse recurso mais do que teria previsto um meio de salvação para quem se vê naufragado no oceano. Ainda assim, a reprodução e a preservação das espécies continuam a ocorrer. Já o homem, que constantemente necessita da ajuda dos outros, deve encontrar um meio de obtê-la. Ele não conta apenas com a persuasão e o agrado; tampouco espera auxílio se não puder demonstrar que esse auxílio será vantajoso para aquele a quem recorre. O amor puro não é suficiente; ele precisa, de algum modo, apelar para o amor-próprio do outro. A troca faz isso da maneira mais simples. Quando você procura um cervejeiro ou um açougueiro em busca de cerveja ou carne, não lhe explica o quanto precisa desses bens, mas sim o quanto seria vantajoso para ele vendê-los a você por determinado preço. Você não apela à sua humanidade, mas ao seu amor-próprio. Os mendigos são os únicos que dependem inteiramente da caridade para subsistir, mas nem mesmo eles o fazem por completo. Pois aquilo que obtêm de uma pessoa por meio de suas súplicas, eles trocam por algo de que necessitam mais. Dão suas roupas velhas a um em troca de abrigo, o dinheiro que recebem a outro em troca de pão; assim, até mesmo eles recorrem ao comércio e à troca. Esse espírito de permutação e barganha é a causa da separação dos ofícios e do aprimoramento das artes. Um selvagem que se sustenta caçando, ao fazer mais flechas do que precisa, pode dá-las de presente a alguns de seus companheiros, que, em troca, lhe oferecem um pouco da carne de caça que conseguiram. Com o tempo, percebendo que, ao fabricar flechas e oferecê-las a seus vizinhos, já que as faz melhor do que o comum, consegue obter mais carne do que caçando por conta própria, ele abandona a caça, exceto como distração, e torna-se fabricante de flechas. Da mesma forma, aquele que produz coberturas para cabanas torna-se exclusivamente fabricante de coberturas; outro se especializa em ferraria, outro em curtimento de couro, e assim por diante. Dessa maneira, a certeza de poder trocar o excedente de sua produção por outros bens leva os homens a se dividirem em diferentes ofícios e a aplicarem seus talentos a uma única atividade.

Não é a diferença de talentos e gênio naturais (que, se é que existe, é muito pequena), como geralmente se supõe, que causa essa separação dos ofícios; ao contrário, é essa separação dos ofícios que, ao proporcionar diferentes perspectivas, ocasiona a diversidade de gênio. Nenhuma diferença de gênio pode ser maior do que a que existe entre um filósofo e um carregador, mas não parece ter havido entre eles qualquer diferença original. Nos primeiros cinco ou seis anos de vida, quase não havia distinção aparente entre os dois; seus companheiros os viam como pessoas de nível praticamente igual. Nenhuma sabedoria ou engenhosidade se manifestava em um de modo superior ao outro. A partir dessa idade, começou-se a perceber uma diferença entre eles. O modo de vida passou então a influenciá-los e, sem dúvida, não fosse por isso, teriam permanecido os mesmos. É a diferença de ocupações que causa a diferença de gênio; e, de fato, vemos que entre os povos selvagens, onde há muito pouca diversidade de ocupações, quase não há diversidade de temperamento ou gênio.

Essa disposição para barganhar, permutar e trocar não apenas dá origem à diversidade de ocupações, mas também a torna útil. Muitos animais que são incontestavelmente da mesma espécie e possuem gênios muito distintos não tiram proveito disso, pois lhes falta essa disposição. O filósofo e o carregador não diferem tanto em gênio natural quanto os diferentes tipos de cães. Ainda assim, esses últimos não são de nenhuma forma úteis uns aos outros. A velocidade do galgo, a força e sagacidade do mastim e a docilidade do pastor, por não darem origem a uma divisão do trabalho, de modo algum aliviam o esforço da espécie. Cada um trabalha por si mesmo. Mas até mesmo o filósofo e o carregador são mutuamente benéficos. O carregador auxilia o filósofo não apenas transportando-lhe o que ele precisa, mas também, ao ajudar a embalar, carregar e desembalar as mercadorias que enchem as lojas e armazéns dos mercadores, faz que tudo o que o filósofo compra saia a um preço mais baixo do que se um trabalhador menos diligente estivesse empregado. O filósofo, por sua vez, beneficia o carregador não apenas ao ser ocasionalmente seu cliente, mas também pelos aprimoramentos que promove nas diferentes artes. Todos que queimam carvão ou comem pão são beneficiados pelo filósofo que inventou a máquina a vapor ou o moinho de cereais; e aqueles que não inventam ou aprimoraram engenhos ainda são benéficos, pois preservam o conhecimento das ideias [ ] outros ou elaboram planos de aprimoramento para outras ciências.

Anexo 5) Efeitos da proibição da exportação de moeda e de metal precioso – LJ(A), p.385-94

Uma dessas regulamentações prejudiciais, praticada por muitos países, é a proibição da exportação de moeda e de metal precioso. Como observei anteriormente, ainda é crime de felonia contra o rei exportar moeda, e essa proibição antigamente se estendia também ao metal precioso. Até o reinado do rei Guilherme, havia na Grã-Bretanha dois tipos de dinheiro: a moeda cunhada com serrilha e a moeda sem serrilha.

A primeira não estava sujeita a ser raspada nem danificada (pois a técnica [ ], agora frequentemente praticada, não era então conhecida).[2] A segunda, porém, sofria bastante com esse tipo de adulteração, sendo reduzida em seu valor talvez em 1/8. Isso gerou grande clamor, com certa razão, pois a moeda não conservava o valor que deveria ter, e era provável que surgisse grande confusão. Diante disso, o Parlamento tomou a decisão geral de recolher todas as moedas raspadas e emitir outras de mesmo valor nominal, mas com o peso e padrão corretos. Isso foi feito, e a nova cunhagem, juntamente com a perda decorrente da moeda raspada, custou à nação 2 milhões. A etapa seguinte, depois de assim prover o país com moeda, foi impedir que ela fosse levada para o exterior. Para isso, as antigas leis foram restabelecidas, tornando crime de felonia exportá-la e, como consequência natural dessa regulamentação, a exportação de metal precioso também passou a ser punível com pena capital. No entanto, essa última medida foi logo revogada, permitindo-se a exportação de metal precioso sob certas regras e diretrizes. Os mercadores consideravam isso absolutamente necessário, pois, do contrário, nenhum comércio exterior poderia ser realizado; por essa razão, peticionaram e conseguiram que a proibição fosse abolida. Contudo, a ideia predominante era de que quanto maior fosse a quantidade de moeda corrente no país, melhor; acreditava-se que nunca poderia haver dinheiro demais. Por essa razão, a cunhagem de metal precioso era incentivada, pois se pensava que isso aumentava seu valor. Para esse fim, o custo de cunhagem foi eliminado: qualquer pessoa que levasse uma libra de ouro à Casa da Moeda rece-

2 Ver notas 17, p.149, e 29, p.208, sobre *debasement* e *clipping*, respectivamente. (N. T.)

bia a mesma quantidade convertida em 44½ guinéus, ou uma libra de prata convertida em 63 xelins, pagando apenas alguns xelins aos empregados que realizavam o serviço, e até mesmo esse pagamento foi posteriormente proibido. Imaginava-se que transformá-lo em moeda aumentava a riqueza pública, mas 1 guiné ou 1 xelim não valem mais do que o equivalente em metal precioso não cunhado contido neles. Por essa razão, o ouro cunhado nunca pode ter um preço superior ao de um lingote não cunhado de igual peso. Pois, se a diferença fosse de apenas 6 *pence* por libra a mais, alguém levaria o ouro à Casa da Moeda e o converteria em moeda; assim, o ouro não cunhado deve sempre valer pelo menos o mesmo que o cunhado. Geralmente, ele vale até mais, pois é mais adequado para exportação e não está sujeito ao risco de incorrer em penalidades. E como os lingotes são mais difíceis de obter do que o metal cunhado, grande parte das moedas acaba sendo derretida, apesar da penalidade associada a isso. Além disso, a menos que alguém seja um tolo completo, é impossível ser descoberto, pois o processo pode ser realizado em um instante. Caso se saiba que uma pessoa recebeu uma quantia em dinheiro do banco, ninguém tem o direito de investigar nem pode descobrir como ela a utilizou. Pois, mesmo que esse dinheiro desapareça, não há obrigação de revelar onde foi empregado. Dessa forma, essas regulamentações são, em grande parte, ineficazes. No entanto, elas são prejudiciais na medida em que têm algum efeito, pois tentam lançar mais dinheiro no fluxo da circulação do que seria naturalmente adequado. Esse volume nunca pode ultrapassar o necessário para a circulação nem estar muito abaixo dele. Não há motivo para temer a falta de dinheiro, pois, se houver escassez, ela logo será suprida pela exportação de bens; e, se houver excesso, ele será enviado para o exterior na forma de mercadorias, seja como moeda ou fundido. Há ainda uma conveniência peculiar no ouro e na prata: quando derretidos, eles praticamente não perdem nada; a prata perde muito pouco e o ouro, nada, sendo o mais estável de todos os metais, podendo ser fundido vinte vezes sem perda. O fato de a cunhagem ser feita sem custo incentiva tanto a fusão quanto a exportação de moedas e de metal precioso. Porém, se fosse imposta uma pequena taxa sobre a cunhagem, isso logo cessaria. Uma onça de prata ou ouro, quando cunhada, torna-se mais apropriada para a troca do que antes, e o processo de cunhagem envolve custos; sendo assim, faz sentido que ela tenha um valor maior. Dessa forma, o mestre da Casa da Moeda poderia emitir a libra de ouro não em 44½ guinéus, mas poderia transformá-la, quando não cunhada valendo 44½ guinéus, em 45. Assim, não haveria mais tentação para derreter ou exportar as moedas. O mestre da Casa da Moeda, contudo, não deveria ter liberdade para cobrar qualquer preço que desejasse pela cunhagem, pois é necessário que ele seja o único responsável por esse processo e detenha o monopólio da cunhagem. Portanto, assim como em todos os outros monopólios, é essencial que haja um preço fixo ou tabelado. Dessa maneira, as 14 mil libras que são gastas anualmente na cunhagem poderiam ser economizadas e destinadas a outro propósito. Assim, a proibição da exportação torna-se, em grande parte, ineficaz. No entanto, em certa medida, ela ainda surte efeito e, onde o faz, não apenas eleva os preços das mercadorias no mercado interno, mas também deixa o comércio em desvantagem. Portugal tem pouco ou nada além de dinheiro para oferecer em troca de nosso cereal e de outras mercadorias. Se, portanto, a exportação de moeda for proibida sob penas severas, o mercador português que adquirir mercadorias deverá pagar não apenas o preço natural e os custos de transporte, mas também um valor adicional pelo risco que o mercador inglês corre ao retirar o dinheiro do país. Qualquer um que já esteve lá sabe da dificuldade de retirar dinheiro do país; quase todos que não são mercadores precisam transportá-lo aos poucos, carregando-o no bolso ao embarcar em um navio, um por um. Se essa proibição fosse revogada, mais ouro e prata poderiam ser enviados para fora do reino, porém, ao mesmo tempo, mais mercadorias seriam importadas, e isso a um preço superior à mera diferença no valor da moeda, pois a desvantagem sob a qual os portugueses atualmente compram seria eliminada. Como precisam de bens estrangeiros, pois os obtêm a preços mais baixos do que os seus próprios, são levados, dessa forma, a vender barato e comprar caro. Com a balança comercial desfavorável, devem pagar a diferença em dinheiro, e, se a exportação de moeda ou metais for proibida, os preços subirão ainda mais, resultando no pagamento de mais dinheiro por menos mercadorias.

Em segundo lugar, toda acumulação desnecessária de riqueza não pode ter qualquer propósito útil. Trata-se apenas de um fundo morto, que nada traz ao país, prejudica a produção interna e impede a exportação. Com o aumento da quantidade de dinheiro, os preços das mercadorias e da mão de obra devem subir proporcionalmente, e a indústria ficará estagnada, pois não poderá vender barato e será subestimada por todas as outras nações. Não haverá mercado externo, e como os demais países produzem a custos mais baixos, seus produtos serão importados; e, caso sejam proibidos, serão contrabandeados, pois nenhuma proibição impedirá esse comércio quando há um grande lucro envolvido. De fato, o dinheiro sairá do reino dessa forma; mas, ainda assim, se houver fontes de suprimento, como as minas americanas da Espanha e de Portugal, a moeda poderá ser represada a um nível antinatural, mesmo que a quantidade que sai seja igual à que entra, assim como uma represa em um rio eleva o nível das águas, ainda que a mesma quantidade (que chega a ela) acabe por transbordar. Dessa maneira, o preço do trabalho continuará artificialmente alto, permitindo que todas as outras nações vendam por preços mais baixos e tornando as manufaturas locais insuficientes até mesmo para o próprio abastecimento interno, já que os estrangeiros podem oferecer bens a um custo menor. Ainda que a lã espanhola seja absolutamente necessária, pelo que até agora se descobriu, para a produção de tecidos finos, nunca houve exportação dela a partir da Espanha. A qualidade que atribuímos, talvez de forma exagerada, à nossa própria lã – a ideia de que nenhum tecido poderia ser produzido sem ela e que, se conseguíssemos retê-la dentro do país, dominaríamos o comércio de vestuário – parece, na verdade, ser o caso real da lã espanhola. No entanto, os espanhóis nunca a manufaturaram para venda. O alto preço monetário de todas as mercadorias os impede de atender a outros mercados, e eles próprios são abastecidos por produtos estrangeiros introduzidos ilegalmente em seu território. Esse parece ser um dos principais fatores, entre muitos outros, responsáveis pela miséria da Espanha e de Portugal. Isso reduz sua indústria, diminui seu estoque e destrói sua opulência.

Em terceiro lugar, outra consequência negativa desse sistema é o incentivo inadequado e absurdo a certos ofícios ou ramos do comércio, ao mesmo tempo em que outros são oprimidos ou proibidos. Como algumas atividades comerciais parecem resultar em um saldo desfavorável, supõe-se que essas transações retirem dinheiro do reino e reduzam sua riqueza. Por essa razão, foram consideradas prejudiciais e, portanto, restringidas. Outras, em que o saldo era favorável ao país – ou seja, que trariam dinheiro para o reino –, foram incentivadas com grande empenho. O comércio com a França, por esse motivo, foi desestimulado em todos os setores, pois, como os franceses possuem todas as produções e manufaturas que nós temos, não têm necessidade das nossas. Além disso, como possuem algumas mercadorias que nos faltam, seria preciso enviar dinheiro para adquiri-las. Já os portugueses, que não possuem nenhuma das produções que nós temos e dispõem de poucos outros bens, pagam-nos inteiramente em dinheiro e, por isso, foram amplamente incentivados. Dessa forma, passaram a nos fornecer quase exclusivamente frutas e vinhos, que não apenas são mais caros, por virem de um país de menor indústria e de localização mais distante, mas também de qualidade inferior. O comércio com a França, no entanto, seria muito mais vantajoso, pois nos proporcionaria uma quantidade muito maior de bens e uma variedade mais ampla de produtos que poderiam ser trabalhados pela indústria do povo.

Quarta-feira, 13 de abril de 1763.

Comecei ontem a apresentar um relato sobre os efeitos práticos prejudiciais decorrentes daquele sistema ou teoria que depositava a opulência de uma nação em sua moeda e dinheiro. O primeiro desses efeitos foi a regulamentação da moeda e do metal precioso no que diz respeito à exportação. Acreditava-se que acumular dinheiro e acumular riqueza eram uma única e mesma coisa. Por isso, todos os meios seriam empregados para trazer para o país todo o dinheiro possível e impedir que qualquer quantia saísse. Com essa visão, os espanhóis, tendo descoberto as minas de prata no Peru e sem conhecimento das do Brasil, imaginavam deter o controle exclusivo sobre a prata e pensavam que, se conseguissem mantê-la dentro do país, se tornariam não apenas o reino mais poderoso, mas também o mais rico da Europa. Assim, proibiram a exportação de ouro e prata; posteriormente, os portugueses seguiram o mesmo plano. No entanto, como mencionei, essa medida é, em grande parte, ineficaz, pois o saldo negativo da balança comercial desses países inevitavelmente resulta na saída de ouro e prata. Além disso, as mercadorias de que necessitam são adquiridas em condições desvantajosas. O mercador português que compra de um inglês não paga apenas pelo valor dos bens, mas também pelo risco que corre ao tentar enviar o dinheiro para fora do país, arcando com um custo adicional de 3%, 4%, 5% ou até mesmo 10%. Já o mercador inglês, ao receber o pagamento, corre o risco de nunca [ ], por isso cobra um valor extra do mercador português como uma espécie de seguro contra essa incerteza. Na medida em que essas regulações são eficazes, também são prejudiciais. Elas represam o dinheiro a um nível artificialmente elevado, e, embora ele continue saindo, a represa mantém o fluxo constante, pois uma quantidade equivalente entra no país. Esse acúmulo, sendo superior ao necessário para a circulação, transforma-se em fundo morto, e, quando forçado a entrar no canal de circulação, seu único efeito é elevar todos os preços a um nível artificialmente alto. Se essa represa fosse perfurada, a saída de ouro desses reinos logo faria que os preços voltassem ao seu nível natural; a quantidade de ouro e prata diminuiria, mas as mercadorias entrariam em maior abundância e com valor mais baixos. O canal de circulação fica dessa forma completamente saturado, tornando todos os bens e todo trabalho excessivamente caros, de modo que nada pode ser produzido para o mercado externo. A única coisa proveniente da Espanha que já se viu foi o resultado direto de sua produção natural. {A Espanha é o melhor país de pastoreio do mundo, com suas colinas arenosas cobertas de excelente pastagem.} Possui lã, sem a qual não se pode fabricar pano de alta qualidade na Europa, e, no entanto, nunca se viu um tecido espanhol no mercado, nem qualquer outra coisa. Os únicos artigos de sua produção própria são frutas e vinhos, que constituem quase a totalidade das riquezas naturais desse país. A única outra mercadoria que se encontra é o aço espanhol, que é de qualidade excepcional, mas produzido em quantidades insignificantes. No tempo do rei Guilherme, também foram instituídas regulações na Grã-Bretanha. Já mencionei essas medidas, bem como suas consequências negativas em relação à fundição e exportação de moedas, e a maneira pela qual esse problema poderia ser solucionado. No entanto, qualquer tentativa desse tipo será sempre inútil, pois o canal de circulação jamais poderá conter mais do que uma quantidade determinada de dinheiro.

Anexo 6) Cálculo do valor do estoque de todo o reino – LJ(A), p.381-4

Terça-feira, 12 de abril de 1763.

Este sistema, tão diferente daquele que venho tentando explicar, já havia sido sugerido por escritores anteriores, mas foi o sr. Mun o primeiro a organizá-lo em um sistema coerente.

Muitos escritores o adotaram desde então. O sr. Locke também o seguiu e, de fato, conferiu-lhe um tom um pouco mais filosófico e uma aparência de plausibilidade por meio de algumas correções. Ele admitia que outras mercadorias, como cereal, tecidos, gado etc., faziam parte da riqueza de uma nação, mas ao mesmo tempo afirmava que elas representavam apenas uma pequena ou, pelo menos, insignificante parte dela, por serem perecíveis, ao passo que o ouro e a prata, devido à sua durabilidade, tornavam-se uma parte real da riqueza, um estoque no qual a nação poderia confiar em todas as emergências e pelo qual seria sustentada em abundância e opulência. No entanto, é evidente, com a menor atenção, que a qualidade perecível de todas as outras mercadorias está longe de torná-las inferiores ao ouro e à prata, que não podem ser consumidos. Pelo contrário, é justamente essa característica que lhes confere um valor real maior, pois sua capacidade de consumo é o que lhes dá valor no país; e não faz diferença se o bem consumido é de produção nacional ou estrangeira. Um grande nível de consumo gera a necessidade de maior produção. Se for produzido internamente, há um incentivo para que mais pessoas se dediquem à manufatura e à indústria. Se for um produto estrangeiro, então será necessário produzir mais alguma outra mercadoria internamente para trocá-la por esse bem importado. O consumo, ao estimular a indústria, promove a opulência, pois todo indivíduo industrioso em sua área de atuação produz mais do que pode destruir ou consumir por si mesmo. O dinheiro em espécie (ou algo que o substitua) representa a menor parte das riquezas de um país. A mais alta estimativa da quantidade de dinheiro na Grã-Bretanha não a coloca acima de 30 milhões; provavelmente é ainda menos, mas por nenhum cálculo pode ser mais. Sob qualquer perspectiva, essa quantia constitui apenas uma fração muito pequena da opulência nacional. Como prova disso, a dívida nacional está agora em torno de 120 ou 130 milhões. Isso não pode representar um fardo excessivo, visto que o pagamento dos juros ocorre com facilidade, o que não seria possível se a opulência nacional não ultrapassasse os 30 milhões, pois, nesse caso, a dívida corresponderia a um quinto ou um sexto de toda a riqueza nacional, algo impossível de se arrecadar. Sem dúvida, os 30 milhões representam uma proporção muito pequena em relação ao estoque ou opulência do país. Se supusermos que a Grã-Bretanha tem 10 milhões de habitantes e que cada um consome o equivalente a 10 libras por ano, o total do consumo chegaria a 1 milhão. E essa estimativa não é, de forma alguma, exagerada. Pois, se considerarmos o consumo imoderado dos ricos, algo que dificilmente poderíamos conceber como tão grande se não o víssemos, isso compensará amplamente aqueles que consomem menos. O consumo das crianças não é tão elevado; poucos adultos consomem menos de 10 libras, e o luxo dos ricos aumenta a produção, o que, por sua vez, proporciona maior quantidade de bens aos pobres. O soldo de um soldado é de 9 libras por ano, além do que ele recebe, retido como pagamento atrasado, cerca de 3 libras para vestuário e alojamento, de modo que seu consumo totaliza 12 libras. De fato, algumas pessoas consomem menos do que isso, mas o luxo de outros equilibra plenamente essa diferença. O consumo, portanto, atinge 100 milhões. O estoque que pode sustentar esse nível de consumo deve ser muito maior, pois dificilmente podemos imaginar que o estoque renda mais de 10% por meio do trabalho da população. É a partir desse estoque acumulado que todos os trabalhadores são mantidos até que seu trabalho seja levado ao mercado. Assim, o estoque que permitiu esse nível de produção deve ser de aproximadamente 1.000 milhões. Sob essa perspectiva, é fácil compreender como 20 milhões poderiam ser poupados no reino para despesas extraordinárias da guerra. Mas se o estoque total fosse de apenas 30 milhões, dificilmente poderíamos imaginar que dois terços desse montante poderiam ser dispensados sem a maior das perturbações. Nem mesmo um quinto ou um sexto poderia ser retirado sem grandes dificuldades; mas, se o estoque for de 1.000 milhões, essa redução não representa uma grande diminuição. Nesse caso, o dinheiro em espécie representa apenas uma pequena parte do estoque total. O imposto sobre a terra, quando foi instituído no reinado de Guilherme, supostamente correspondia a 4 xelins por libra, ou a um quinto do valor do aluguel, e gerava uma receita de 2,5 milhões somente na Inglaterra. Se isso representava um quinto, então o valor total dos arrendamentos seria de 12,5 milhões. No entanto, é bem sabido que, na maioria dos condados, os registros dos arrendamentos foram subestimados em relação ao valor real, de modo que, mesmo naquela época, o imposto não passava de 2 xelins por libra. Mas mesmo naqueles condados onde foi registrado um valor justo dos aluguéis, a terra foi tão aprimorada (especialmente desde que foi concedida o subsídio sobre o cereal, que teve o bom efeito de estimular o cultivo adequado do país) que o imposto não representará mais do que um terço do valor do aluguel. No geral, é suficiente considerar que esse imposto, chamado de 4 xelins, equivale a 2 xelins por libra do valor real do aluguel, o que resultaria em um total de aproximadamente 25 milhões. O valor dos aluguéis na Inglaterra não pode ser calculado em mais de um terço do valor do produto; na realidade, é ainda menor. Nas regiões mais baixas do país, onde o valor dos aluguéis é mais elevado, geralmente estabelecido no valor máximo que o locatário pode pagar, essa proporção pode se manter. No entanto, como a Inglaterra é um país mais próspero, a remuneração do agricultor também deve ser maior. Um homem que está à beira da fome aceitará qualquer contrato que lhe proporcione um mínimo de subsistência, por mais precário que seja. Mas aquele que já possui um estoque que poderia sustentá-lo por alguns anos não aceitará um contrato que não lhe proporcione um lucro considerável. Como esse é o caso de muitos agricultores ingleses, os aluguéis são elevados. Mas mesmo supondo que representem um terço do produto, então o valor total do produto deve ser de aproximadamente 75 milhões. Se reservarmos 15 milhões para as sementes necessárias à manutenção das colheitas, para as despesas com a criação de gado e outros custos gerais – o que certamente é mais do que o necessário –, restariam 60 milhões para o consumo anual em gado, cereal e outros produtos da terra. Esses 75 milhões representam o valor do produto bruto da terra, sem qualquer processo de manufatura: o grão recém-debulhado, a lã recém-tosquiada, o linho recém-colhido e o gado recém-engordado. Agora, seria muito estranho se todo o trabalho empregado para transformar o cereal em pão e cerveja, e a lã e o linho em tecidos dos mais variados tipos, não aumentasse esse valor em pelo menos 40 milhões, totalizando assim 100 milhões, de modo que o produto total do país não pode ser muito inferior a 1.000 milhões. Se, por outro lado, supusermos que cada habitante gasta, em média, 6 *pence* por dia – o que não é um valor excessivo –, ele precisará de 2 *pence* para pão e cerveja, 2 *pence* para carne de açougue e os outros 2 *pence* para vestuário, moradia e demais necessidades. Esse valor é aproximadamente equivalente ao soldo de um soldado, sem considerar seus pagamentos atrasados, que giram em torno de 9 libras por ano. Assim, multiplicado por toda a população, o consumo anual da nação chegaria a 99 milhões de libras, ou podemos arredondar para 100 milhões. Sob qualquer perspectiva, o dinheiro em espécie, que totaliza 30 milhões, representa uma proporção muito pequena em relação ao estoque total de riqueza do reino da Grã-Bretanha. Na verdade, é provável que esse montante seja ainda menor do que 30 milhões. O único método que temos para estimar a quantidade de dinheiro necessária para manter a circulação é o valor total dos aluguéis de terras. De acordo com o cálculo do imposto sobre a terra, esse valor é de apenas 12,5 milhões por semestre. Os proprietários de terras, na realidade, pagam por todos os outros. Eles pagam os aluguéis para quitar uma hipoteca ou remunerar o administrador; estes, por sua vez, pagam ao comerciante, padeiro ou açougueiro; e estes, por sua vez, pagam ao grande negociante, seja no país ou no exterior, que os abastece de mercadorias ou a outros correspondentes. Assim, a renda da terra circula por todo o país e sustenta toda a nação. Ela é recolhida nas mãos dos arrendatários e, em seguida, é distribuída novamente pelos proprietários que a recebem deles. Por isso, antes do prazo de pagamento, há uma grande escassez de dinheiro, mas logo depois há grande abundância, e os outros prazos de pagamento costumam ocorrer logo em seguida. Antes desse prazo, os arrendatários passaram um tempo reunindo os recursos necessários, e, depois desse período, o dinheiro rapidamente se espalha por todo o reino. O montante total deve, portanto, atingir pelo menos 12,5 milhões de libras. É verdade que esse valor não se acumula inteiramente nas mãos dos arrendatários, e mesmo que consideremos um montante equivalente para outras transações – o que já seria mais do que necessário nesse período –, o total não passaria de 25 milhões. Não podemos identificar onde haveria mais dinheiro sendo empregado ou disponível em um único momento; e provar que há mais dinheiro circulando em momentos diferentes não significa nada. Doze milhões e meio são absolutamente necessários para a circulação, e se considerarmos que, desse valor e dos outros 12,5 milhões alocados para o comércio na ausência do primeiro, uma grande parte – embora não tanto quanto neste país – consiste em notas bancárias, a estimativa de 28 ou mesmo de 20 milhões é suficiente. Assim, a parcela da riqueza do reino que está em dinheiro em espécie representa apenas uma fração muito pequena em comparação com o estoque total.

Anexo 7) Sobre estoque e lucro – LJ(A), p.356-7

Eu também havia começado a tratar dos preços das mercadorias. Em todas as categorias de bens, há dois preços distintos a serem considerados: o preço natural e o preço de mercado. O primeiro é aquele necessário para induzir alguém a se dedicar a uma determinada atividade. Assim, ninguém se tornaria um escritor sem a perspectiva de sustento e de compensação pelos custos de sua formação. O sustento é a primeira necessidade que qualquer atividade deve prover. Mas, se esse ofício oferecer apenas o mínimo necessário para a manutenção, isso não será suficiente para atrair ninguém a ele. Talvez, por um acaso, eu tenha acabado em um ramo incomum e, por força de dedicação, consiga obter dele um sustento miserável, mas, se for apenas isso, essa atividade terminará comigo. Ninguém buscará ingressar nela, especialmente se exigir alguma formação, pois, como trabalhador diarista, ele poderá garantir seu sustento sem necessidade de educação prévia e com muito mais segurança. A maioria das ocupações exige algum tipo de aprendizado. Há, portanto, o custo com alimentação, vestuário e moradia durante esse período, que foi coberto por meus pais e, assim como a taxa de aprendizado de um aprendiz, deve ser contabilizado como parte do custo dessa profissão. Há aqui um estoque que precisa ser recuperado por qualquer ofício, não apenas do montante principal, mas também com os juros e os lucros que eu poderia ter obtido com ele. Isso deve ocorrer em um período razoável de tempo, para que o risco de falecer antes de recuperar esse investimento seja compensado. Muitas profissões exigem, além do domínio das ferramentas do ofício, conhecimento em diversas outras áreas. As profissões liberais, como o direito e a medicina, também devem compensar o risco de que o indivíduo, ainda que viva, não obtenha qualquer retorno financeiro de sua atividade. Esse mesmo princípio se aplica a muitas outras artes além das liberais. No ramo da mineração de metais preciosos, se considerarmos os custos do trabalho e o risco de não se extrair nenhum metal – seja na exploração de veios antigos ou na descoberta de novos –, perceberemos que o preço da prata está longe de ser exagerado. Se compararmos um número equivalente de pessoas trabalhando na mineração e no cultivo de cereais, veremos que, no geral, os segundos são recompensados tão bem quanto os primeiros, levando-se em conta os custos e o risco de nunca recuperar o dinheiro. Se compararmos cem pessoas cultivando cereais com o mesmo número de trabalhadores e com o mesmo custo que outros cem empregados na mineração, veremos que os lucros dos primeiros não são, de forma alguma, menores. Talvez 75 dos mineradores nada consigam extrair. Os 25 restantes, portanto, precisam obter lucros que sejam equivalentes aos que deveriam ter sido distribuídos entre os cem. Assim, enquanto alguns acumulam grandes fortunas, outros nada conseguem, e, no conjunto, as riquezas geradas por esses cem não são maiores do que as fortunas moderadas adquiridas por um número equivalente de agricultores. Dessa forma, podemos aplicar aqui, talvez com mais justiça, um dito geralmente usado em outro contexto: *não há ofício pior no mundo do que o de garimpeiro de ouro*. Se a mineração não proporcionasse lucros superiores ao necessário para manter os trabalhadores, ninguém se aventuraria nela. Como três quartos dos que se dedicam a essa atividade perdem todo o seu esforço, os ganhos dos demais devem ser suficientemente elevados para equivaler ao que deveria sustentar todo o grupo. São essas as condições que regulam o preço natural e, quando ele cobre todas essas exigências, há um incentivo adequado para que as pessoas se dediquem a essa atividade.

SOBRE O LIVRO

Formato: 13,7 x 21 cm

Mancha: 23 x 44 paicas

Tipologia: Venetian 301 12,5/16

Papel: Off-white 80 g/m² (miolo)

Cartão Triplex 250 g/m² (capa)

1ª edição Editora Unesp: 2025

EQUIPE DE REALIZAÇÃO

Edição de texto

Silvia Massimini Felix (Copidesque)

Jennifer Rangel de França (Revisão)

Capa

Vicente Pimenta

Editoração eletrônica

Eduardo Seiji Seki

Assistente de produção

Erick Abreu

Assistência editorial

Alberto Bononi

Gabriel Joppert

Rettec artes gráficas e editora

Rua Xavier Curado, 388 • Ipiranga - SP • 04210 100
Tel.: (11) 2063 7000 • Fax: (11) 2061 8709
rettec@rettec.com.br • www.rettec.com.br